자립안보와 평화체제 추진전략
Strategy for Self-Reliant Security and Peace Regime

- 한미동맹과 베트남통일 교훈을 중심으로 -
Lesson from ROK-US Alliance and The Vietnam Unification

정경영 · 오홍국 · 장삼열 · 정지웅 · 최용호 공저

도서
출판 KCP7·27

머 리 말

이 책은 자주국방과 한미동맹 그리고 베트남전쟁과 통일의 교훈을 중심으로 우리의 자립안보전략과 한반도 평화체제 추진전략을 모색하기 위해 기획한 연구 산물이다.

외세 의존하는 안보로 국가가 소멸된 교훈을 감안할 때 과도하게 동맹에 의존하는 안보에서 떨쳐 일어나, 우리의 의지와 전략, 능력으로 이 나라를 지키는 자립안보로 거듭나야 한다.

한반도의 통일은 점진적이고 평화적인 방법으로 남북 간 합의에 의해 추진하는 것이 가장 바람직할 뿐만 아니라 추구해야 할 통일전략이다. 동시에 예기치 않은 우발사태 또는 북한이 감행하는 전면전의 위협에도 대비해야 한다. 어떠한 유형의 통일이든 중심축의 역할을 담당해야 할 안보가 무너지면 대한민국이 주도하는 통일은 불가능하다.

2018년 4월 27일 남북정상간 판문점선언과 6월 12일 미북정상 간 공동성명은 긴장과 대결을 넘어 평화와 협력으로 전환하는 계기가 되어 한반도는 물론 동북아의 질서 재편을 예고하고 있다. 남북한과 함께 미국과 중국이 한반도 정전체제의 당사자로서 의기가 투합 될 때 비핵화가 이루어지고, 한반도 평화체제를 구축할 수 있다고 믿는다.

한미동맹은 한반도에서 전쟁을 억제하고 평화를 유지함으로써 대한민국이 경제발전과 민주화를 동시에 달성하는 데 크게 기여했다. 한미동맹에 힘입어 대한민국은 북한 대비 압도적 우위의 국력을 달성할 수 있었다. 대한민국의 국민은 폭압 수령통치하에서 피폐한 삶을 살아온 북한의 주민과 달리 인간다운 삶은 물

론 자유와 인권을 향유하며 법치주의 체제 하에서 고귀한 가치
를 누려 왔다.

한미동맹은 한반도의 평화체제 구축과 공동번영에 기여하는
동맹으로 발전될 수 있도록 계속 진화되어야 한다. 북한지역에
서도 우리와 동일한 문명혜택을 누릴 수 있도록 한반도 통일에
기여하는 동맹으로 거듭나야 한다.

이 시점에서 나라의 안보를 통째로 동맹국에 의존했던 남베트
남의 사례를 보다 심각하게 반추해 볼 필요가 있다. 베트남전쟁
과 통일이 주는 역사적 교훈은 엄중하다. 최대 55만여 명의 최첨
단무기로 무장한 미군과 5만여 명의 최정예 한국군 등 7개 국가
의 연합군이 파병되었음에도 남베트남은 건국 20년 만에 지구상
에서 사라지고 말았다. 파리평화협정에 의해 외국군이 철수한지
불과 2년만이었다. 외세에 의존하는 안보가 얼마나 허무하게 무
너질 수 있는가를 생생하게 보여준 사례다.

우리는 북한 대비 압도적 우위의 국력과 국제사회의 격상된
위상을 과시하고 있다. 그 연장선상에서 대한민국 주도의 통일
에 북한이 승복하게 될 것이라는 기대가 많다. 독일 통일사례에
서 한반도 통일의 모델을 찾으려 한다. 베트남전쟁과 북베트남
에 의한 무력통일의 교훈을 애써 외면하려는 경향이 많다. 따라
서 그들의 통일과정과 교훈에 대한 연구가 미진할 수밖에 없다.

국내의 베트남전쟁 연구는 대부분 '공산주의 집단에 의한 자유
베트남 패망'이라는 이데올로기 대결에 그 초점이 맞추어져 있
다. 호찌민세력이 주도했던 북베트남의 통일전략과 노력에 대해
서는 애써 무시하거나 폄하하고 있다. 우리와 이념을 달리했던
공산베트남이 주도했던 통일과 같은 맥락에서 북한 공산주의자
가 주도하는 통일을 기피하려는 기본인식에서 비롯된 것으로 보

인다. 그러나 베트남전쟁의 승패요인과 베트남 통일의 교훈을 보다 냉정하고, 엄중하게 학습해야만 북한 주도의 통일에 휘말려들지 않을 수 있다는 사실을 유념해야 한다.

북베트남 주도의 30년 구국항쟁에서 승리한 베트남의 저력은 무엇인가? 독립과 자유를 위한 호찌민의 정치적 능력과 보응웬지압의 군사적 역할, 그리고 그들의 조합을 냉정하게 주목해야 한다. 지도자의 솔선수범과 지도자에 대한 국민의 신뢰, 지도자의 일관된 통일정책과 국가전략에 따라 전 국민이 자발적으로 참여한 총력전, 지도층이 국민과 함께 참여한 게릴라전 등의 교훈을 면밀하게 살펴야 한다.

북베트남이 열세한 국력과 군사력에도 평화협상 테이블에서 주도권을 장악할 수 있었던 요인은 무엇인가? 무력통일 과정에서 호찌민루트의 전략적 가치는 무엇이며, 군사적 의미는 무엇인가? 베트남전쟁에서 남베트남이 패전한 결정적 요인은 무엇이었나? 등은 자립안보와 평화통일을 지향하는 본 연구진이 머리를 싸맸던 물음이다. 자주국방을 지향하는 우리에게 40여 년 전 남베트남 정부의 무능한 전쟁지도와 군부의 군사전략 부재, 국민들의 분열과 혼란으로 패망을 자초했던 역사적 교훈은 의미심장하다.

이러한 문제의식과 역사인식을 함께 해온 연구진은 2015년부터 정례적인 발표회와 토론회를 갖고 한미동맹, 베트남전쟁과 통일, 전작권 전환, 평화체제, 한반도 통일 이슈를 논의하면서 통일을 향한 자립안보전략 개발에 고뇌했다.

연구진 모두는 한반도가 처한 오늘의 상황뿐만 아니라 통일을 추구해나가는 과정에서도 자립안보태세 구축이 가장 선결되어야 할 과제라고 본다. 자신의 안보를 남에게 의존하는 것이 아니라,

내부에서 힘을 기르고 평화통일을 힘으로 뒷받침하는 한편 북한의 우발사태와 전면전 상황에 효과적으로 대처하기 위한 자립안보태세가 필수적이며, 동시에 '한국 주도-미군 지원'의 신 동맹체제가 구축되어야 한다고 보았다.

이 책은 서장(序章)과 5개 장, 결론 순으로 구성되어 있다. 서장에서는 한미동맹의 공과(功過)에 대한 평가와 베트남전쟁의 승패 및 통일의 교훈을 개괄하고 4·27판문점선언과 6·12공동성명 등 안보의 대전환기를 맞아 도전과 과제를 논의한 후, 자립안보, 동맹, 통일에 대한 이론적 고찰을 제시하고 있다.

제1장 자주국방과 한미동맹에서는 한미동맹의 형성과 발전, 자주국방의 부침(浮沈), 협력적 자주국방과 동맹의존의 심화를 논의하면서 미래지향적 포괄적 전략동맹을 제안하고 있다.

제2장 북베트남 화전양면전략과 통일 교훈에서는 구국항쟁과 평화협상, 북베트남 무력통일과 남베트남 패망 분석을 통해 독립과 자유를 위한 총력전, 끈질긴 평화협상전략, 내·외부 간접접근전략의 시사점을 도출, 자립안보를 통한 통일전략이 구현되어야 함을 강조하고 있다.

제3장 베트남전쟁 승패요인에서는 군사사상과 군사전략, 지도자와 국제협력차원에서 심층 분석을 통해 항불(抗佛)·항미(抗美)전쟁에서 승리한 베트남의 저력과 남베트남의 국가소멸과 미군이 고전(苦戰)한 교훈을 분석했다. 이어 한반도 통일에 주는 교훈을 제시하고 있다.

제4장 자립안보와 전작권 전환에서는 안보환경 평가를 통해 시사점을 도출하고, 4·27판문점선언과 6·12공동성명의 과제와 도전에 대해 논의하면서 평화협정 체결과 주한미군의 미래에 대해 검토한다. 이어 전작권 전환의 목적과 의의를 살펴보고, 전작

권 전환 이후의 모습에 대해 지휘구조 및 전력구조, 유엔사와 관계를 논의한 후, 전작권 전환을 위한 공감대 확대 전략을 모색한다. 마지막으로 전작권 전환 추진을 위한 로드맵을 제시한다.

제5장 통일비전과 평화체제 추진전략에서는 통일비전, 국내정치와 남북관계, 국제협력 차원에서 통일전략을 논의한 후 남북 간 신뢰관계의 형성, 한반도 평화의 제도화, 동북아지역 경제협력, 다자간 협의체제 발전, 사실상의 통일 추진이라는 통일로드맵을 제시하고 있다.

결론, 자립안보 및 평화체제 추진전략에서는 상기 논의를 바탕으로 외세에 의존하는 것이 통일에 도움이 되는가, 국민통합과 국제협력 없이 통일이 가능한가, 통일에 있어서 군의 역할은 무엇인가와 강력한 안보태세로 국민과 함께 하는 국방이 되기 위한 자립안보 추진전략을 제안하고 있다. 또한 한반도 평화체제는 북핵폐기, 평화협정, 군축, 국민통합과 전작권 전환, 동북아 안보협력레짐이 상호 연계되어 추진될 때 가능하다는 인식하에 평화체제 추진전략을 제시하고 있다.

통일한국의 비전을 구현해나가는 정부, 분단을 극복하겠다는 의지로 뭉친 국민, 선열들의 혼백이 어려 있는 조국강토를 되찾겠다는 정신으로 무장한 군의 삼위일체 안보태세가 통일의 구심력 역할을 수행한다는 것이 우리 연구진의 메시지다.

이 책이 안보의 대전환기에 새로운 국가안보전략 수립에 기여하고, 평화창출을 통해서 한반도 평화체제를 구축하며, 유사시 승리하여 자유민주통일한국을 성취하는 데 기여한다면 그 보다 더 큰 보람이 없을 것이다.

2018년 7월 27일

공저자

▌ 목차

▌ 표 목차

▌ 그림 목차

▌ 사진 목차

서 장
안보의 대전환기, 도전과 과제

한반도 평화체제는 자립안보를 바탕으로 점진적·평화적인 방법으로 추진하는 것이 최선의 전략이다. 동시에 예상치 않은 우발사태가 발생하거나 북한의 도발에 의한 전면전이 발발할 경우 우리 군이 주도하고 미군이 지원하는 새로운 형태의 한미동맹으로 통일을 성취할 수 있어야 한다.

한반도 평화체제는 북핵폐기, 단계적 군축, 평화협정, 국민통합, 동북아안보협력 레짐이 선순환적으로 추진될 때 가능하며, 특히 대한민국의 외교안보 역량이 뒷받침되어야 한다.

이 책의 서장(序章)에서는 지난 60여 년 동안 계속되어온 한미동맹의 공과(功過)를 평가한 후 베트남전쟁과 통일의 교훈을 제시한다. 이어 4·27판문점선언과 6·12공동성명에 따른 안보의 대전환기 도전과 과제를 고찰한다. 논의 바탕을 제공하는 자주, 자립, 동맹, 통일에 대한 이론적 고찰과 함께 책의 구성으로 엮었다.

1. 한미동맹의 공과(功過) 평가

한미동맹의 공헌

1953년 10월 1일 한미상호방위조약이 체결된 후 지난 65년 동안 한미동맹은 한반도에서 전쟁을 억제하고 평화를 유지하는 데 결정적으로 기여했다. 대한민국은 한미동맹을 기반으로 경제발전과 민주화를 달성할 수 있었으며, 대한민국의 자유민주주의와 시장경제 체제가 북한의 수령통치와 사회주의 통제경제보다 우월하다는 사실이 증명되었다. 북한대비 남한이 GDP 49배, 1인당 국민소득 31배, 무역규모 146배 등 압도적인 우위의 국력이 그 사실을 입증한다.

한미상호방위조약, 주한미군, 연합사로 상징되는 한미 군사동맹은 전쟁억제의 기제로 작용해 왔다. 주한미군의 경제적 가치 또한 지대했다. 그 동안 미군이 주둔함으로써 국방비 절약효과는 물론 경제성장에 미친 효과를 보면 주한미군의 가치를 알 수 있다.

2018년 현재 국방비는 GDP의 2.38%인 43조 1581억 원이다. 냉전시대인 1985년부터 1989년까지 국방비는 연평균 GDP의 4.4%였다. 미군이 없었다면 GDP의 8.1%를 국방비에 충당해야 했을 것이며, 이는 GDP 3.7%의 절감효과로 나타났다.

탈냉전 시기 1990년부터 1999년까지 10년 동안의 연 평균 국방비는 GDP의 3.36%이었다. 그 시기 주한미군이 없었다면 GDP 4.8%의 국방비를 더 부담했어야 할 것이다. 따라서 미군 주둔으로 GDP 1.45%가 증대되는 효과를 거두었다. 대한민국은

그만큼 국방비를 절감하고 이를 경제발전에 집중할 수 있었다.[1]

또한 주한미군 장비 대체 비용은 17조-31조원으로 추산되고 있다. 이를 중간 값으로 산정해 23조원을 계상할 경우 주한미군 전력을 매년 3조-3.3조원씩 투자해 대체해 나간다면 7-8년이 소요되는 것이다. 따라서 주한미군의 전력을 대체하는 데 소요되는 국방비를 7-8년간 GDP대비 국방비를 2.8%(2003년 기준)에서 3.5%로 증가시켜야 한다는 계산이 나온다.[2]

뿐만 아니다. 1980년대까지만 해도 우리의 안보가 불안할 때마다 외국 투자가들이 썰물처럼 빠져나갔던 사례들이 허다했다. 이런 간접적인 요인들까지 고려한다면 대한민국이 세계 11위의 경제대국으로 성장하는데 한미 군사동맹과 주한미군이 결정적으로 기여했음을 알 수 있다.

미국이 한국의 군사정권을 비호하면서 민주화를 저해했던 것으로 평가하는 경우도 있다. 그러나 기간 중 미국은 직간접인 개입정책을 통해 독재정권 견제, 언론의 자유와 인권, 법치주의가 한국사회에 뿌리내리게 하는데 기여했다.

6·25전쟁으로 잿더미화한 한국은 미국의 전후복구 재정지원과 수많은 인재들이 Fulbright 장학금 등을 받아 미국 유학을 통해 귀국하여 한국의 국가발전에 기여하였다. 최빈국인 한국이 경제발전을 거듭하여 제2차 세계대전 이후 도움을 받은 나라에

---

1) 백재옥 외, 『한미동맹의 경제적 역할평가와 정책방향』(서울: 한국국방연구원, 2005), p.66.

2) 조동근, "주한 미군의 경제적 가치 추정: 국방비 증액의 경제성장에의 영향 분석," 바른사회를 위한 시민회의 주관 「주한 미군의 역할과 필요성 재조명, 그리고 주한미군의 경제적 가치」 정책토론회 발표 논문, 2003. 11. 12, 프란치스코 회관.

서 도움을 주는 나라로 성장할 수 있었다.

군사적인 측면에서 한미동맹은 한국군의 성장과 발전에 결정적으로 기여했다. 그 중에 빼어 놓을 수 없는 것이 한국군 간부의 도미 유학프로그램이다. 국군 최초의 도미 유학은 6·25전쟁 중이던 1951년 미 제8군사령관 밴프리트(James Van Fleet, 1892~1992) 대장이 한국군 장교들의 전투기량 제고를 위한 교육프로그램을 미 국방부에 건의하면서 시작되었다.

6·25전쟁 중에 미 보병학교에 150명, 미 포병학교에 100명이 순차적으로 입교하여 전투위주의 실전적 훈련과 전술학, 참모학, 화기학 등과 정비학, 기상학 등의 전문분야 교육을 이수했다. 미군의 전술과 교리를 습득, 귀국 후 곧바로 전선에 투입되면서 북한군 및 중국군과 싸워 승리하는 데 결정적인 역할을 담당했다.

1953년 10월까지 계속된 이 프로그램에 의해 유학을 다녀 온 장교는 1천여 명에 달했다. 전후(戰後)에 한국군 장교들이 위탁교육을 받았던 군사학교는 보병학교와 포병학교를 비롯해 기갑, 공병, 화학, 군의, 병기, 병참, 통신, 부관, 경리, 군종, 헌병, 수송, 심리전, 항공, 법무, 특수전 등 전 병과학교가 대상이었다.

또한 미 육·해·공군 지휘참모대학 위탁교육은 직업군인이 군사학 분야의 학문에 입문하는 계기가 되었다. 1951년도부터 국무총리를 역임한 정일권 장군을 필두로 국회의장을 지낸 정래혁, 6·25전쟁의 영웅인 백선엽, 국무총리를 지낸 강영훈, 주월 한국군사령관을 역임한 채명신 등을 포함해 2017년에 이르기 까지 66년에 걸쳐 300여 명이 미 육군지휘참모대 교육과정을 이수했다.

해·공군 역시 미 지휘참모대학에서 유학한 후 귀국한 장교들이 한국 해·공군 발전에 대들보 역할을 했다. 또한 정책, 전략, 리더십에 함양 고급 지휘관 및 참모를 양성하는 미 육·해·공군대학원(Army, Navy, Air Force War College) 과정에도 380여명이 이수했다.

유학파들은 병과학교, 합동군사대학, 합참대학, 국방대학 등 교육기관에서 후진양성을 통해 새로운 교리와 전술, 작전술과 전략을 가르치고 교리 발전에 기여해왔다. 또한 작전계획 발전 및 연합연습에 참가하여 한미연합작전능력을 제고할 수 있었다.

밴플리트 장군은 국내군사교육 시스템을 구축하는데도 심혈을 기울였다. 그의 제안으로 육군사관학교와 육군대학이 설립되었고, 1951년 11월 충남 논산에 제2훈련소를 창설하여 오늘에 이르고 있다.

제2차 세계대전 종전과 함께 남한에 진주했던 미 군사고문단(K-MAG, Korea Military Advisory Group)은 1991년 1월 주한미군사업무단(JUSMAG-K, Joint United States Military Affairs Group, Korea)으로 개칭하여, 안보협력과 군사교육 프로그램 지원, 방산협력 지원 등을 통해 한미 유대를 강화해오고 있다.

한미동맹은 한국군의 전쟁기획 및 수행능력을 제고시키는 데도 크게 기여했다. 한국군 장교들은 한미 제1군단이 모체가 되어 창설된 한미야전사령부(ROK/US Combined Filed Army)*가 위치한 의정부 Camp Red Cloud와 미 제7공군과 공군작전사가 위치한 오산기지 등에서 카운트 파트너인 미군 장교들과 각종 연

합연습을 통해서 작전계획을
발전시키고, 워게임을 통해
전쟁 수행능력을 크게 제고시
킬 수 있었다. 또한 미국 유학
과 1978년 11월 7일 창설된
연합사 근무를 경험한 한국군
장교들은 국방부와 합참, 각군
본부 등 정책과 전략을 발전
시키는 데 중추적인 역할을
담당했다.

한미야전사령부
　서부전선에서 작전통제권을 행사해온
한미 제1군단은 1973년 창설된 제3군
사령부에 수도군단과 제1군단의 작전
통제권을 넘겨주고, 한미야전사령부
(ROK-U.S. Field Army)로 부대개편을
통해 1991년 6월 30일 해체될 때 까
지 동두천 및 철원축선을 담당하는 제
5·6군단과 미 제2보병사단을 작전통제
했다.

<사진 서-1> 국제연합군사령부 겸 한미연합군사령부

또한 한미동맹의 협의체로서 1968년부터 개최된 한미국방장
관회의인 안보협의회의(SCM, Security Consultative Meeting)
와 1978년 이후 개최되는 군사위원회회의(MCM, Military
Committee Meeting)를 주관하는 부서에서 미국 유학을
다녀온 장교들이 한미 국방부와 합참 간 안보·군사협력을
증진하는 역할을 하였다. 팀스피리트연습, Key Resolve·
Foal Eagle훈련, 증원전력 전개훈련(해공군기지 수용, 대기, 전
방이동, 통합, RSOI, Reception, Staging, Onward Movement
and Integration) 등 각종 한미연합훈련 시에 연습계획을
발전시키고 연합전술훈련을 통해서 싸워 승리하는 한미연
합전비태세 구축에 기여해왔다.3)

한미 양국은 한반도에서 전쟁 억제를 위한 위기관리 차원에서
한미연합사령부를 창설하여 관리하고 있다. 연합사의 평시 임무
는 북한의 군사력에 대한 계속적인 관찰 및 평가, 감시 및 조기
경보체제의 유지 및 향상, 연합작전계획과 증원부대 전개계획
및 전시 군수계획 등의 전시대비계획 발전, 연합 및 합동연습을
통해 한미 양국이 제공하는 한미 연합전력 운용능력을 향상시켜
한국 방어임무를 수행하고 있다.4)

이처럼 6·25전쟁을 통해 혈맹으로 맺어진 한국군은 한미연합
방위를 통해 현대전을 수행할 수 있는 지휘·통제·통신·컴퓨터·정
보·감시·정찰·정밀유도탄(C4ISRPGM, Command Control

---

3) 정경영, 「한미동맹 60년사: 동맹정신(Alliance Spirit)」, 국방부 군사편찬연구소 연구보
  고서, 2013. 2.
4) 군사편찬연구소, 『한미동맹 60년사』(서울: 국방부 군사편찬연구소, 2013), p.163.

Communication Computer Intelligence Surveillance Reconnaissance Precision Guided Munition)시스템을 구축해 평화를 지키고 유사시 싸워 승리하는 막강한 군대로 성장할 수 있게 되었다.

한미동맹의 역기능적 영향

한편 한미동맹 65년간 동맹의존도가 심했던 만큼 부작용도 나타나고 있다. 한미군사동맹으로 한국군과 대한민국이 엄청난 발전과 성장을 거듭해왔음에도 미군 주도의 한미연합방위체제에서 동맹에 의존하는 안보의식, 한국군의 정체성 문제, 군사력 운용의 자율성 제한, 전력증강의 미국무기 편중 심화 등에 적지 않은 부정적인 영향을 미쳐왔다. 이를 좀 더 구체적으로 제시하면 다음과 같다.

첫째, 동맹에 과도하게 의존하는 안보의식은 분명히 정리되어야 할 유산이다. 일부 국민들은 미국의 도움이 없으면 이 나라를 지킬 수 없으며 유사시 함께 싸우지 않으면 승리할 수 없을 것이라는 의식이 국민과 심지어 일부 군인들에게 까지 스며들어갔다. 스스로 이 나라를 지키고 유사시 군사작전에서 이겨 통일을 이룩하고야 말겠다는 것이 아니라 동맹국으로부터 안보를 보장받고 우리는 무임승차 하면 되고, 전쟁 시에도 미군이 주도적으로 전쟁을 이끌어 가면 우리는 뒤따라가겠다는 것이다. 이러한 의식은 2006 전작권 전환에 합의한 이후 10년이 훨씬 넘었는데도 아직까지도 전작권 전환이 이루어지지 않는 데서도 나타난다. 2006년 9월 16일 한미 정상회담에서 전작권 전환에 합의하였고, 2007년 2월 23일 양국 국방장관이 2012년 4월 17일부로 전작권을 전환하는 데 합의, 추진해오다가, 핵실험과 천안함 피격 등으로 2010년 6월 26일 한미정상은 2015년 12월 1일로 연기하였다. 다시 북한이 장거리 로켓 발사와 3차 핵실험을 감행하자 2014년 10월 SCM을 통해 조건에 기초한 전작권 전환을 추진하기로 하였다. 전작권 전환과 관련하여 한국 사회는 자주파와 동맹파간에 갈등으로 홍역을 치렀다. 동맹파는 전작권 전환 시 한미연합사 해체는 주한미군 철수로 이어지고 결국 한미동맹이 와해되어 대한민국 안보의 기둥이 무너진다고 주장하였다. 반면 자주파는 북핵미사일 위협은 어제 오늘의 도전이 아니며 신장된 국력과 격상된 국제적 위상, 고양된 국민적 자존감, 국제적 수준으로 성장한 국군을 고려할 때 전작권을 회복해야 한다고 주장했다.

6·25전쟁 직후 작전지휘권을 이양한 이후 작전통제권을 행사하지 않았던 한국, 제대로 나라를 스스로 지켜 본적이 없는 한국, 동맹에 의존하는 안보가 오히려 자연스럽게 느껴지게 되었다. 그러나 이는 비정상인 나라의 국방이다.

최근 국책연구소에서 실시한 범국민 안보의식 조사에서도 전작권 전환 시 오히려 한미동맹이 강화되거나 한미동맹에 변함이 없을 것이라는 시각이 일반 국민 82.3%, 전문가 76.7%를 보이고 있다. 전작권 전환에 대해 국민의 10명 중 8명이 긍정적인 인식을 갖고 있는 것이다. 2010년 5월 전작권 전환 반대 서명이 1,000만 명을 돌파하여 전작권 전환 추진이 중단되었을 때와는 격세지감의 변화이다.

이런 분위기를 감안해 한미 양국 정상은 2017년 6월 워싱턴에서 개최된 회담에서 조건에 기초한 전작권을 조속히 전환하는 데 합의하고, 한국 주도의 신연합방위를 주도할 수 있는 핵심전력 확보, 북핵·미사일 위협에 대처할 수 있는 필수전력 확보, 안보환경 개선 등의 조건을 조기에 충족하면서 전작권 전환을 추진 중이다. 이 땅의 주인인 대한민국이 동맹에 의존하는 안보로부터 나라를 스스로 지키는 자주국방의 나라로 거듭나고 있는 것이다.

둘째, 한국군의 정체성 문제다. 동맹에 의존하는 안보의식은 우리 군의 정체성에도 심대한 영향을 미쳤다. 전쟁이란 전략, 정신과 의지보다 첨단무기와 물량전에 의해 승패가 좌우된다는 인식을 갖게 했고 우리가 주도적으로 싸워 이기는 군대를 육성하기 위한 노력을 소홀히 했다. 심지어 안보는 동맹에 맡기고 월급쟁이 샐러리맨 군인이 되어 버렸다는 비판까지 받고 있다.

이제부터라도 강하고 굳세고 용맹스럽고 지략이 빼어난 군으로 거듭나야 한다. 900회 이상의 수많은 외침을 받으면서도 조국 강토와 조상의 얼과 혼을 지켜온 국방사상을 되찾아 내면화하는 노력, 북한 조선인민군을 압도할 수 있는 군사전략과 병법 개발하고, 조선인민군의 강점과 취약점은 간파하면서, 한국과 전혀 다른 북한의 열악한 도로, 항만 등 인프라, 서부지역과 동부지역이 다른 지형과 기후를 극복하면서 조선인민군을 무력화하고 주민의 마음을 사로잡을 수 있는 작전 능력 개발에 전력투구해야 한다. 젊은 장병들의 그칠 줄 모르는 도전정신을 전투의 지로 승화시키도록 노력해야 한다. 중국인민해방군과 러시아군의 군사력 증강, 군사전략 및 교리를 추적하여 이들이 개입했을 때 어떻게 승리할 것인가를 고민하는 우리 군이어야 한다.

사고예방에 시달리는 행정군대가 아니라, 한 치의 땅도 허용하지 않겠다는 결기로 조국 강토를 누비면서 포효하는 군, 북한군에게 얻어맞는 군대가 아니라, 우리에게 도발할 징후가 명명백백하면 먼저 치는 군대, 나라와 국민의 생명을 지키는 데 있어서 무한한 신뢰를 주는 믿음직스러운 군, 적을 전율케 하는 군이 되어야 한다. 전승의 3위 일체인 정부와 국민, 군이 의기투합되는 시스템을 구축해야 전쟁을 억제할 수 있고 유사시에 승리할 수 있는 것이다. 평화를 지키기 위해서는 전쟁에 대비하라는 로베티우스의 금언은 오늘의 우리에게도 생명력이 있는 메시지이다.

셋째, 북한이 끊임없이 무력도발과 테러를 자행해 왔는데도 왜 우리 군은 이렇다 할 응징보복을 못하는 무기력한 군이었나 하는 문제다. 우리 군이 군사력 운용의 자율성을 제한받아온 데 기인하는 측면이 있다.

북한이 국지도발을 자행하면 유엔사 정전 시 교전규칙에 따라 비례성의 원칙과 치사율이 높은 무력 도발일수록 승인권자가 상향되어 실기(失機)하는 경우가 허다했다. 예컨대 2010년 11월 23일 북한의 연평도 포격도발로 대한민국 영토가 유린되는 상황에서도 비례성의 원칙에 따라 우리 군의 대응사격을 야포로 한정하도록 통제함으로써 출격했던 전투기가 응징보복하지 못하고 회항하는 어처구니없는 나라였다. 유엔사의 교전규칙으로 군사력 운용을 제한했기 때문에 한국군이 제대로 된 응징보복을 할 수 없었다. 또한 우리 영토가 불바다 되는 상황에서도 확전이 우려되어 야포로만 대응해야 된다고 우리 군을 통제하는 동맹국이다.

북한은 이러한 취약성을 끊임없이 역이용하여 무력도발과 테러를 자행해왔다. 유엔사의 교전규칙이 전쟁을 억제하는 데 기여하였지만 군사력 운용의 제한으로 국지도발을 억제하는 데 실패하는 요인이 된 것이다.

또한 한반도의 전장 환경은 평시에서 위기, 위기에서 전시로 급템포로 진행되는 특수성이 내재되어 있다. 평시 작전통제권을 행사하는 합참의장은 위기가 고조되어 데프콘(DEFCON)이 격상되면 한국군에 대한 작전통제권을 한미연합사령관에게 이양하기 때문에 연합사령관과 협의 하에 위기를 관리할 수밖에 없다. 전평시 지휘체제의 이원화로 인해 한국군의 군사력 운용이 제한을 받을 수밖에 없는 구조이다. 이는 정상으로 바로잡아야 한다.

넷째, 전력증강사업의 미국 편중 현상이다. 미국산 무기획득은 한미연합작전의 상호운용성 측면에서 이해할 수는 있다. 그러나 북한의 핵·미사일 등 비대칭전력이 계속 고도화되는 상황에서 한국군 방산무기 개발의 제한은 많은 어려움에 직면해 있다.

한국은 2006부터 2015년까지 10년간 미국산 무기 구매국 중

1등 국가로 무기도입에 무려 36조 360억 원을 투자[5]했지만 비대칭전력에서 북한군보다 우위에 있지 못하다. 남북한 국방비가 400억 달러 대 50억 달러로 북한 대비 압도적 우위의 국방비를 사용하고 있음에도 북한의 군사위협을 관리할 수 없다는 사실에 대해 많은 국민은 비판적 시각을 갖고 있다. 사실상 북한은 한반도 남단은 물론 괌, 미 본토까지 위협을 주는 장거리탄도미사일을 개발하고 있음에도 미사일기술통제레짐(MTCR, Missile Technology Control Regime) 등에 의해 미국은 한국의 비대칭무기체계 개발을 통제해왔다.

미국무기체계에 의존하는 한 자주국방은 요원하다. 한반도 작전지역과 한국군 교리에 부합되는 무기체계를 개발하여 싸워 이길 수 있는 군대로 무장시켜야 한다. 방산무기 개발을 위한 군사과학기술인력 확보와 예산의 뒷받침이 절실한 이유다.

다섯째, 2018년 6월 29일 주한미군사령부가 평택 Camp Humphreys로 이전함으로써 73년의 용산시대를 마감하고 평택시대를 맞이하게 되었다. 주한미군이 한반도 방어에만 주력하는 붙박이 군대에서 한반도 이외의 우발사태에 재 전개하여 대처하고 동북아의 평화를 지키는 군으로 성격이 변화되고 있음을 예고한 것은 이미 2002-2003년 미군의 해외주둔군 재배치 (GPR, Global Posture Review)와 주한미군의 전략적 유연성이 제기되었을 때 부터였다. 북한 위협에 대해서는 한국이 주도적으로 대처해야 한다는 것을 의미했으나 역대 정부는 국방비 증

---

5) 김재우·백헌영·박성수·박정운·홍준석 외, 『2016 세계 방산시장 연감』(서울: 국방기술품질원, 2016).

액을 외면했다. 주한미군이 재 전개되는 유출상황(Flow-out)시 한반도 안보의 취약성에 따른 대비책이 강구되어야 한다.

트럼프 대통령은 6·12공동성명 발표 직후 가진 기자회견에서 "지금은 아니나 머지않은 장래에 주한미군을 철수하고 싶다"고 발언하였다. 비핵화 협상이 성공하여 핵미사일 폐기가 이루어져 평화협정이 체결되어 주한미군이 철수할 경우, 또는 핵동결과 핵확산방지, ICBM폐기 선에서 타협하거나 핵협상이 결렬될 경우의 우발사태에 대비해, 전작권을 조기에 전환해 유사시 전쟁을 수행할 수 있는 대비를 갖추지 않으면 안 되는 상황이다.

2. 베트남전쟁과 통일의 교훈

자국의 국방을 강대국에 장기간 의존해온 좋은 결실을 맺은 사례는 거의 없다. 그 대표적인 사례가 지금은 지도상에서 사라진 베트남공화국(1955-1975)*의 경우다.

베트남의 국가명칭

한국군이 베트남전쟁에 파병될 당시에는 베트남공화국(남베트남,the Republic of Viet Nam)을 월남(越南)으로, 그들과 대치하던 베트남민주공화국(북베트남, the Democratic Republic of Viet Nam)을 월맹(越盟)으로 호칭하고 있었다.

남베트남에 파병된 미군과 한국군 등 연합군은 대부분 남베트남 내부에서 활동 중이던 베트콩(VC, Vietnam Communist)과 남파된 북베트남 정규군을 상대로 싸웠다.

미국은 남베트남을 위해 최첨단무기로 무장한 최대 55만 명의 미군 등 7개국의 다국적군을 파병하였음에도 남베트남은 다국적

군 철수 2년 만에 붕괴되고 말았다. 베트남의 평화를 위한 파리 평화협정은 종이쪽지로 전락하고 말았다. 자신의 나라를 스스로 지킬 의지가 없었기 때문이다. 남베트남의 사례는 외세에 의존하는 안보가 얼마나 허무하게 무너지는가를 생생하게 보여주고 있다.

우리의 역사 속에서도 외세 의존 안보는 국익은 물론 국가존망에도 심대한 영향을 미쳤다. 삼국통일을 주도한 신라는 당(唐)과 연합해 백제와 고구려를 물리쳤으나 고구려의 웅혼(雄渾)을 떨쳤던 광활한 고토를 상실하고 청천강 남쪽의 영역으로 부분통일에 그쳤다.

1200년 후 발생한 청일전쟁과 이어진 조선의 국권상실도 마찬가지다. 동학란을 진압하지 못하자 청나라에 파병을 요청한 것이 화근이 된 것이다. 청일전쟁에서 승리한 일본이 러일전쟁을 감행하면서 한반도를 침탈해왔다.

구한말 조선은 자주적 외교안보역량을 강화하는 대신 1882년 체결된 조미수호통상조약에 따라 미국에 도움을 요청했다. 그러나 미국은 스스로 지킬 의지와 능력이 없었던 조선에서 가장 먼저 공사관을 철수시켰다. 미국은 조선의 간절한 소망을 외면한 채 1905년 카츠라-태프트밀약에 따라 일본으로부터 필리핀에 대한 미국의 배타적 영향력을 인정받는 대신 미국은 일본의 한반도에 대한 통치를 인정했다.

베트남이 우리에 주는 또 다른 교훈은 제2차 세계대전 종전과정에서도 있었다. 미·영·소 3국의 정상은 1945년 7월 포츠담에서 만나 전후처리를 협의하는 과정에서 "베트남에 주둔하고 있는 일본군의 무장해제를 위해 북위 16도선을 기준으로 북쪽은 중국군이, 남쪽은 영국군이 진주한다"는 내용에 합의했다.

베트남은 제2차 세계대전 피해 국가 중 하나였지만 1945년 7월 포츠담 강대국 정상 간 합의에 따라 일본군 무장해제를 명분으로 국토가 분할되는 운명에 놓이게 되었다.

강대국들은 그때의 결정이 단순히 일본군의 무장해제를 위한 일시적인 분할이었으며, 영구적인 분단을 의미하는 것이 아니었다고 강변한다. 그러나 일시적 점령이 영구적인 분단으로 이어진다는 사실은 강대국들이 더 잘 알고 있었다.

일본을 분할하는 대신 베트남을 분할했던 실험은 한 달이 지나지 않아 한반도에서 재현된다. 포츠담회담 전까지 한반도를 신탁통치 한다거나 미·영·중·소 4개국에 의한 분할 점령 등의 방안이 논의된 적은 있지만 명확하게 결정된 것은 없었다.

그러다가 8월 6일 히로시마 원자폭탄 투하, 8월 8일 소련의 대일본 선전포고, 8월 10일 흥남 상륙 등으로 상황이 급박하게 전개됐다. 그러자 미국의 전쟁부는 8월 11일 황급하게 한반도를 38도선을 기준으로 한 남북으로 분할하기로 결정하고 이를 소련에 통보해 동의를 받았다.

제2차 세계대전의 종전과 함께 이루어진 한반도의 남북 분단은 당시 정세와 함께 1945년 7월 포츠담회담에서 강대국들이 베트남을 남북으로 분할해 점령하기로 했던 경험이 작용했을 가능성을 배제할 수 없다. 베트남의 분할 경험이 한반도 분할의 학습 효과로 작용했을 가능성이 크다.

베트남이 우리에게 주는 교훈은 계속된다. 베트남전쟁과 6·25 전쟁의 연계성이다. 베트남전쟁의 배경은 이념의 문제가 아니었다. 프랑스와 일본의 식민지배에서 벗어나려는 베트남 사람들의 독립투쟁이었다. 제2차 세계대전 중 한민족의 독립투쟁과 같은 맥락이었다. 그러나 민족의 독립을 추구하는 호찌민과 대결에서 밀린 프랑스가 베트남전쟁을 식민지전쟁이 아닌 이념대결 즉 자유민주주의와 공산주의 대결로 몰아갔다.

제2차 세계대전 이후 항불·항미 전쟁에서 승리한 베트남의 저력은 무엇인가. 약소국 베트남이 제1차 베트남전쟁(1946-1954)에서 프랑스를, 제2차 베트남전쟁(1964-1973)에서 초강대국 미국까지 잇달아 물리치게 된 저력은 국민 모두가 공감할 수 있는 대의명분, 지도자의 솔선수범과 국민의 지도자에 대한 신뢰, 국민의 생활과 함께 한 게릴라 전술로 요약할 수 있다.

첫째, 외세의 침략에 대항하여 독립국가를 건설해야 한다는 것으로 "외세의 노예가 될 것인가, 아니면 스스로의 주인이 될 것인가?"를 묻는 형식으로 국민 스스로 일깨우게 하는 방법을 택해 국민의 항전의지를 고취시킴으로써 승리할 수 있었다.

둘째, 지도자의 솔선수범과 지도자에 대한 국민의 신뢰다. 베트남은 국난이 처할 때마다 지도자가 앞장섰다. 국난에 처했을 때 왕실이 안전지대로 피란을 가는 것이 아니라 게릴라와 함께 뒤섞여 게릴라가 되었다. 호찌민(1890. 5. 19-1969. 9. 2)의 경우도 무소유의 삶을 살면서 국민과 함께하는 삶을 보여주었다.

그는 멀리 있는, 높이 떠받드는 지도자가 아닌 옆집의 친근한 아저씨와 같은 지도자였다. 그의 행동은 하나하나가 국민의 사표였다. 그것이 제1·2차 베트남전쟁에서 약소국 베트남이 강대국 프랑스와 미국을 잇달아 물리치는 저력의 원천이었다.

마지막으로 베트남의 게릴라전술이다. 베트남 주민들에게 게릴라 활동은 특수한 군사작전이 아닌 그들 삶과 생활의 일부였다. 그들은 남녀노소를 구분하지 않았고 전투원과 비전투원의 구분이 없었다. 서양의 전장 인식으로는 이해할 수 없는 상황이었다. 서양의 사고방식을 가진 전투원들은 적과 아군, 적 지역과 아 지역을 구분할 수 없었다.

결국 무차별 포격이 이루어질수록 주민들의 적대감을 더욱 부추겼고, 전투를 계속 할수록, 전투에서 이기는 횟수가 늘어날수록 주민들의 적대감이 증대하면서 전투에서는 미군이 승리했지만 전쟁에서는 베트남이 승리하는 결과를 가져왔다.

북베트남은 1945년부터 1975년까지 30년 전쟁을 통해서 통일을 달성했다. 비록 중국과 소련의 군사원조와 더불어 인접국 캄보디아와 라오스의 정치적 지원이 있었으나 최종적으로는 자력 통일을 달성했다. 한반도 평화통일을 위한 자립안보를 갖추기 위해서는 베트남 통일교훈을 면밀히 들여다 볼 필요가 있다.

북베트남이 주도한 통일의 핵심은 호찌민의 전쟁지도와 보응웬지압의 군사작전이 어우러져 전 국민이 전사가 된 총력전, 호찌민루트를 활용한 간접접근전략, 미군철수를 노린 일관된 평화 협상 전략, 그리고 남베트남 정부의 무능과 국민의 분열을 들 수 있다. 이를 좀 더 구체적으로 설명하면 다음과 같다.

첫째, 30년 동안 계속된 베트남전쟁에서 정치적으로 호찌민, 군사적으로 보응웬지압이 결합된 일관된 통일정책과 국가전략으로 전 국민이 참여한 총력전이었다. 외교전에서 중국과 구 소련을 넘나들며 최대한 군사지원을 받았다. 또한 남베트남 내부 교란을 지속적으로 실시하였다. 일명 베트콩으로 일컫는 남베트남 민족해방전선을 통일전쟁 승리까지 대(對) 정부 투쟁의 전면에 내세웠다.

둘째, 북베트남의 일관된 협상정책은 외세철수였다. 미국과 다국적군 군사력에 의존하고 있던 남베트남은 외세가 사라지면 모래 위 누각과 같은 존재였다.

미국은 1969년 닉슨 독트린 이후 명예로운 철군을 바랐지만 북베트남은 쉽게 놓아 주지 않았다. 미국은 하노이와 하이퐁 등 전략 요충지에 무자비한 폭격을 통해 협상의 주도권을 장악하려 했으나 북베트남은 시간의 주도권을 쥐고 있었다. 그들은 처음부터 협상내용을 준수할 의도가 없었다. 따라서 평화협정 문서는 1975년 공세와 함께 휴지 조각으로 변했다.

셋째, 남베트남의 버팀목이었던 미군은 더 이상 기대할 수 없었다. 남베트남군은 11개 보병사단과 세계 4위의 공군력 등 110만여 명의 군사력을 보유했다. 반면 북베트남은 15개 보병사단 47만여 명의 병력을 보유했으나 낮은 재래식 장비뿐이었다. 파리평화협정 이후 세계정세는 미국과 중국, 소련 등 강대국의 데탕트로 새로운 군사개입이 억제되었다.

마지막으로 남베트남 내부의 문제점이 그들의 패망을 자초했다. 클라우제비츠는 전쟁론에서 "정부와 군대, 국민은 하나가 되어야 전쟁에서 승리할 수 있다"라는 삼위일체를 강조하고 있다.[6] 남베트남은 삼위일체 중 단 하나도 제대로 갖추지 못했다. 남베트남의 무능한 전쟁지도, 남베트남군의 군사전략 부재, 국민들의 분열과 혼란으로 패망을 자초했다.

자주국방이 실종된 상태에서는 국가안보도 통일도 불가능하다. 우리나라와 유사한 지정학적·전략적 여건 하에서 유사한 역사적 과정을 거쳤던 베트남의 사례는 놀라울 만큼 교훈을 우리에게 시사해 주고 있다. 우리는 베트남 사례를 통해 통일을 향한 자립안보전략을 개발할 수 있다고 믿는다.

3. 안보의 대전환기를 맞는 4·27판문점선언과 6·12공동성명

남북 정상간 4·27판문점선언과 미북정상간 6·12공동성명은 한국의 안보에 대한 도전은 물론 한반도와 동북아의 질서에 파장을 던져주고 있다.

평화와 번영, 통일을 향한 4·27판문점선언을 이행하기 위해서는 비상한 전략과 협치의 정책추진, 국민적 결기가 요구된다. 북한의 비핵화가 진전이 없이 종전선언을 하는 것도 북핵 폐기 없

---

6) Carl von Clausewitz, edited and translated by Michael Howard and Peter Paret, *On War* (Princeton, New Jersey: Princeton University Press, 1976).

이 평화협정을 체결하는 것도 있을 수 없다. 비무장지대의 평화 지대화, 북방한계선의 평화수역화도 유엔사와 협력이 요구된다.

단계적 군축도 비핵화와 평화협정과 병행해서 추진하되 무장 해제 아닌 통일한국의 안보를 고려한 남북한 군사통합 차원에서 군축이 이루어져야 한다. 비핵화 협상이 핵동결과 ICBM 폐기 선에서 타협하거나 협상 결렬시 대비책이 강구되어야 한다.

한편, 6월 12일 상가포르 미북 정상회담에서 양국 수뇌는 ① 긴장과 대결에서 평화와 번영을 향한 새로운 북미관계 수립, ② 지속적이고 안정적인 한반도 평화체제 구축, ③ 4·27판문점선언 재확인과 한반도의 완전한 비핵화에 대해 합의하였다.

미북 정상회담이 남긴 과제는 북핵 폐기의 시한, 대상 등에 대한 구체적인 합의가 없었다는 것이다. 폼페이오 국무장관과 북한 간에 고위급 회담을 했으나, 비핵화가 굉장히 많은 절차와 단계가 필요하여, 시간 끌기 식으로 가게 되었을 때 핵동결 선에서 타협할 가능성을 배제할 수 없다.

두 번째 이슈는 한미연합훈련 중단 발표에 대한 논란이다. 북한이 핵실험과 ICBM발사 시험 중단, 풍계리 핵실험장 폐쇄 등의 선제적 비핵화 조치가 이루어졌으며, 미국도 이에 상응한 체제 보장 조치차원에서 트럼프 대통령은 한미연합훈련을 유예하겠다고 발표한 것으로 판단된다.

문제는 북한의 실질적인 핵 폐기가 이루어지지 않은 상황에서 한미연합훈련을 선뜻 중단하겠다고 발표했는가에 대한 비판과 북한의 도발 및 전쟁억지를 위한 방어적 성격의 연합훈련의 정당성과 가치와 함께 동맹의 신뢰문제, 주한미군의 주둔 명분이 제기될 수 있다.

마지막으로 북한의 비핵화가 요원할 수 있으며, 핵이 있는 북한과 대결할 수밖에 없는 최악의 시나리오를 상정하여 Plan B를 추진해야 한다. 핵전쟁이라는 재앙을 예방하기 위해 한국은 킬체인-한국형미사일방어체계-한국형대량응징보복 등 3축 체계 조기 전력화를 추진할 수밖에 없을 것이다. 대량살상무기제거 작전을 지휘통제 할 전략사령부 창설 추진도 적극 검토해야 할 것이다.

한편, 북한의 비핵화가 이루어지고 군축과 평화협정을 체결하여 한반도 평화체제를 구축할 수 있을 것이다. 전작권 전환을 통해 한국이 군사력 운용에 대한 권한을 행사할 때 명실상부하게 군축협상과 평화협상을 주도할 수 있을 것이다.

한반도 비핵화 협상이 핵동결이나 ICBM 폐기 선에서 타협될 때 한국은 북핵·미사일 위협에 노출될 것이다. 또한 비핵화 협상이 결렬되고 북한이 핵미사일 선제타격으로 남침을 감행할 경우 사전 전쟁할 수 있는 나라를 만들어 놓지 못하면 재앙적 핵전쟁으로부터 속수무책으로 당할 수밖에 없을 것이다.

북한의 노동당 규약에는 온 사회의 김일성·김정일주의화를 통한 적화통일을 명시하고 있으며 북핵·미사일은 이러한 전략을 구현하기 위한 핵심 전력임을 직시해야 한다. 만에 하나 핵무기를 탑재한 ICBM으로 미본토를 공격, 중거리탄도미사일로 주일

미군 및 괌의 발진기지를 공격하여 미 증원전력 전개를 차단하면서 동시에 동해안 특정 도시에 전술핵무기로 공격을 감행, 초토화 한 후 항복을 하지 않는다면 수도권을 더 큰 핵무기로 공격하여 피바다로 만들겠다고 위협할 때 사전 싸워 이길 수 있는 준비가 되어 있지 않다면 어떠한 사태가 발생할 것인가.

북한이 한국의 특정지역을 전술핵으로 공격해 아수라장이 발생할 때, 북한에 항복하자고 대통령에게 건의하는 주화파와 끝까지 싸워 결사항전하자는 주전파간의 논쟁이 벌어질 것이고 급기야 항복하는 사태가 발생하지 않는다는 법이 없을 것이다. 이러한 사태가 발생하지 않도록 하기 위해 전작권을 조기에 전환하여 북한의 침략을 억제하고, 억제 실패 시 승리할 수 있도록 철저히 대비해야 할 것이다.

한편, 평화협정 체결과 주한미군의 미래에 관한 문제다. 주한미군은 정전협정이 아닌 한미 상호방위조약에 의해 주둔하고 있다. 주한미군은 한미상호방위조약 제4조 "미국은 그들의 육·해·공군을 한국의 영토 내와 그 부근에 배치할 수 있는 권리를 가지며 한국은 이를 허락 한다"라는 조항에 근거하고 있기 때문에 평화협정 체결과 무관하다.

북한은 적화전략목표를 달성하는데 있어 주한미군을 최대 장애물로 인식하고 있다. 6·25남침 시 낙동강까지 점령을 했는데 미군이 개입함으로써 무력적화 통일을 할 수 없었다고 보고 있다. 따라서 북한이 궁극적으로 지향하고 있는 한반도의 공산화 목표를 달성하기 위해서는 무엇보다 주한미군을 철수시키고 한미동맹의 고리를 끊어야 한다는 것이 기본인식이다.

주한미군이 철수할 경우 국내의 정치적 불안정 요인을 우선적으로 고려해야 한다. 연합방위태세에서 주한미군이 철수할 경우 두 배의 국방비 증액이 요구되고, 미국의 한국 투자가 썰물처럼 빠져 나가는 등 안보위기가 있기 전에 경제위기가 예상된다. 중국의 해양대국화 전략을 차단하기 위해서도 주한미군 주둔은 필요하다. 주한미군이 철수하면 한반도에 대한 패권을 장악하기 위해 주변세력간의 무력 충돌 가능성을 배제할 수 없으며, 이를 차단하기 위해서도 주한미군은 필요하다.

또한 전작권 전환 이후 신연합방위체제에서 주한미군이 지원역할로 위상이 변경되지만 미래연합사의 지휘체제에서 주한미군사령관을 부사령관으로 임명함으로써 주한미군의 지속 주둔 명분과 증원전력을 보장할 수 있는 메카니즘 구축을 위해서도 주한미군의 계속 주둔이 필요하다.

4. 이론적 고찰: 자립안보, 동맹, 통일

자립안보는 과도하게 동맹에 의존하는 안보로부터 우리 스스로의 의지와 능력, 전략으로 안보를 지켜나가겠다는 것이다. 베트남전쟁에서 자유베트남이 패망하는 것을 지켜 본 박정희정부는 지나치게 외세에 의존하는 국방은 결국 나라를 잃게 된다는 엄중한 교훈을 터득하고 자주국방을 추진하게 되었다.

자주적이라는 개념 속에는 민족주의 성향과 배타성이 내재되어 있으며, 동맹과 갈등이 내포되어 있다. 반면 동맹은 스스로 자국안보를 영위할 수 없을 때 다른 나라의 힘을 빌려 나라를 지키는 것으로 비대칭성을 속성으로 하고 있다.

이는 동맹의 딜레마로 자율성과 안보교환(Autonomy-Security Trade-off) 및 방기와 연루(Abandonment and Entrapment)의 딜레마로 나타난다.[7] 자율성과 안보교환의 딜레마는 강대국이 약소국에게 유·무상 군사원조, 군사기술 이전 등을 제공해 줄 뿐만 아니라, 군대를 주둔시켜 안보공약을 보장해주는 시혜(施惠)의 측면과 함께 약소국의 자율성을 제약하는 측면이 있음을 뜻한다.

강대국은 약소국에게 비대칭적인 동맹관계를 통해 약소국의 외교·군사정책은 물론 경제정책 결정에 영향력을 행사할 수 있다. 또한 동맹 강대국도 약소국에 대한 방위 공약 이행에 대한 부담으로 자율성을 제약받기도 한다.

한편, 방기(放棄)와 연루(連累)의 딜레마는 동맹을 맺은 국가가 상대방에게 두려움을 갖게 될 경우 상대방이 동맹을 방기하거나 또는 자신이 원하지 않는데도 상대방의 이익 때문에 분쟁에 연루되는 딜레마를 지칭한다.

한일 간 독도분쟁이 발생할 때 미국은 중립적인 입장에 서거나 심지어 일본편에 기울 가능성에 대한 방기의 딜레마나 중국

---

7) Glenn H. Snyder, *Alliance Politics* (Ithaca and London: Cornell University Press, 2007); Morrow, J. D. "Alliances and Asymmetry: An Alternative to the Capability Aggregation Model of Alliances," *American Journal of Political Science*, Vol. 35, No. 4 (1991).

과 타이완 사이의 양안사태가 발생할 경우 한국이 원하지 않는데도 미국의 이익에 따라 분쟁에 연루되는 딜레마를 예로 들 수 있을 것이다.

한편 동맹 중시 안보는 일부 국민들에게 미국이 도와주지 않으면 한국의 안보가 어려움에 직면할 것이고 전시 싸워 승리하지 못할 것이 아닌가하는 패배의식에 영향을 미쳤다. 우리 군은 동맹에 지나치게 의존하여 주인의식을 갖지 못함에 따라 안전위주의 부대관리에 치중한 나머지 무기력한 군대라는 비판과 함께 부정과 비리의 온상인 것처럼 비쳐지기까지 한다.

심지어 우리 군이 북한군의 끊임없는 도발과 테러에도 불구하고 이렇다 할 응징도 못해 휘둘림을 당하는 것을 지켜보면서 북한과 싸워 이길 의지도 권한도 없는 군대가 아닌가하는 의혹을 갖는 국민도 있다.

2010년 3월 26일 영해에서 초계중인 천안함이 어뢰에 의한 피습으로 격침을 당해 수 십 명의 장병이 생명을 잃은 상황에서도 확전을 우려하여 무대응하는 사태가 벌어지거나, 아웅산 참사와 KAL기 폭파사건 등의 수많은 도발에 대해 이렇다 할 응징보복을 못하는 어처구니없는 사례에서 연유한 것일 것이다.

국민의 생명을 지키는데 군사력을 자율적으로 유용할 수 없는 나라, 이는 과도한 동맹 중시 안보관에서 비롯된 결과이며, 우리의 주권과 영토를 수호하고, 국민의 안전을 확보하며, 자유민주주의를 지켜야 한다는 자립안보태세가 왜 중요하고 절실한가를 일깨워주는 대목이다.

자주국방이 갖고 있는 제한요소인 배타성과 동맹 중시 안보관의 한계인 자율성의 제약을 어떻게 뛰어넘을 것인가가 대한민국 안보의 핵심과제이다. 자주국방과 동맹의 진화를 통해서 우리의 안보자립화를 추진하는 것이 무엇보다 필요한 이유다.

대한민국 안보를 위해 스스로 일어나 우리의 의지와 능력과 전략으로 지켜 나간다는 결연한 안보관이 자립안보다. 이 때 비로소 우리 군은 주인의식을 갖고 이 나라의 영토주권과 국민의 생명과 재산을 지키는 군이 될 수 있다.

확전이 우려되어 정전 시 유엔사 교전규칙에 구속되는 우리 군이 더 이상 되지 않도록 국군에게 권한과 위상을 되살려 주어야 한다. 또한 동맹국도 그러한 권한을 행사하도록 군사력 운용의 자율권을 회복시켜주어야 한다.

한편 통일 관련 이론은 기능주의, 구성주의, 신기능주의로 대별할 수 있다. 기능주의는 국민적 합의와 내적 통합능력을 중시하는 이론으로, 경제협력, 문화교류 등 비정치 분야에서 구성원들의 교류협력이 확대되어 상호의존성이 심화될 때 이것이 토대가 되어 정치적 영역에서도 통합현상이 파급되면 통일이 가능하다는 이론이다. 경제, 사회, 문화 등 비정치적 분야에서 먼저 협력과 통일에 대한 자발적 동의를 성취하는 데 역점을 두고 있다.

기능주의의 특징은 단위 국가가 상호 정치주권을 존중하고, 이를 기초로 신뢰회복을 위한 노력과 교류, 협력을 통한 상호이익 증진에 기여한다는 것을 강조한다. 반면 이 이론은 군사적 신뢰가 병행되지 못할 때 비 정치분야 만으로는 한계가 있다.

구성주의는 이념적 통일론으로 거시적이고 장기적인 통일관을 제공해 주고 있다. 현실주의에 치우칠 경우에 통일은 가공적인 이상에 불과하고, 통일의 추진력을 상실할 우려가 있으며, 지나친 현실주의는 감당할 수 없는 불신과 희생이 수반된다는 차원에서 서로 못 믿는 냉소주의의 위험에 빠질 수 있다.

국가 간의 관계에서 힘의 행사가 서로에게 영향력을 미치나, 그에 못지않게 서로간의 주관적인 인식이 중요하며, 인식의 변화가 있을 때 남북한 간 관계 진전이 가능하다고 본다. 이는 연방주의적 통일방안과 상당부분 일치하며, 미국처럼 외교국방은 연방정부, 국민생활은 주정부가 분담하는 식의 통일방안이다. 그러나 상대방의 의도를 정확하게 알 수도 없거니와 의도가 변할 수도 있어 한계가 있다.

신기능주의는 기능주의와 구성주의가 별개로 작동하는 단선적 통합이 아니라, 양자의 요인들이 일관성 있게 결합되는 과정적 장치와 조립작업을 통한 과정을 지칭한다. 어느 분야에서 성취된 기능적 통합을 중간수준에서 기구 통합을 이루어 나가는, 구성과 기능을 병행 추진하는 신기능주의적 현실주의가 주목을 받고 있는 이유다.

통합, 동질화와 상호의존성, 군사적 신뢰구축, 파급효과, 경제공동체, 도약 등이 진정한 의미에서 통일에 이르는 길이라고 본다. 따라서 상호 신뢰를 바탕으로 차근차근 그 길을 닦아 나가야 한다.

5. 책의 구성

이 책은 한미동맹의 공과를 평가하고, 우리나라와 지정학적, 국제정치·전략적 여건이 유사한 베트남의 전쟁과 통일 사례를 통해 우리에게 현실적으로 적용 가능한 자립안보전략과 통일전략을 제시하고자하였다. 전략인식과 역사의식을 공유해온 한미관계와 베트남전쟁과 통일, 한반도 통일전문가로 구성된 연구진이 1년 반 동안의 토론을 통해 발전시킨 이 책은 다음과 같이 구성되어 있다.

장삼열은 제1장 자주국방과 한미동맹에서 대한민국과 미국이 상호방위조약을 체결한지 65년이 지난 대한민국은 굳건한 한미동맹을 바탕으로 끊임없는 북한의 도발을 물리치고 자유민주주의와 경제발전이 가능했다고 보고 있다. 대한민국은 한강의 기적을 창조하며 도움을 받는 나라에서 도움을 주는 국가로 도약해 개발도상국의 모델적인 국가로 발전했다.

본 장에서는 자주국방과 한미동맹을 주제로 한미동맹의 형성, 국군의 작전통제권의 이양과 전환, 주한미군의 변천 과정, 북핵문제, 군사력 건설과 운용권 등을 자주국방과 연계하여 핵심적인 내용 위주로 다루었다. 또한 한미동맹에 있어서 상호보완성과 딜레마가 무엇이며, 한국은 자주국방을 위해 어떤 노력을 해왔으며 한미동맹의 심화로 인한 안보자율성의 제한되어 왔음을 논의하였고, 최근 급변하는 안보상황을 고려하여 평화체제에 대한 내용과 한미동맹의 비전을 제시했다.

오홍국은 제2장 북베트남 화전양면 전략과 통일 교훈에서 한반도 통일의 시사점을 제시하고 있다. 대한민국은 참혹한 6·25전쟁과 북한의 끊임없는 군사적 도발로 안보에 위협을 받아왔다. 대한민국 정부는 통일의 실마리를 풀기 위해 많은 노력을 기울여 왔으나 진정한 해법 찾기에는 아직도 부족하다. 이러한 시점에서 50년 전 통일을 달성하고 1976년 베트남사회주의공화국을 수립한 통일의 지혜를 알아보는 것이 필요하다.

베트남 통일 연구는 지정학적, 이데올로기적 시각에서 벗어나야 한다. 베트남 통일의 지혜를 배우려면 민족주의 관점에서 바라보아야 도움이 된다. 우리는 공산주의 침략에 맞선 6·25전쟁을 겪은 탓으로 자유와 평화를 수호한다는 참전 명분이 늘 앞섰다. 이로 인해 그들이 이뤄낸 통일 전략과 전술을 배우는 노력이 부족했다.

그런 시각에서 베트남통일이 주는 교훈을 살펴보는 것은 매우 의미가 있다. 따라서 먼저 북베트남 주도로 치러진 30년 구국항쟁의 진수는 무엇인지를 제시했다. 그리고 열세한 군사력으로 평화협상 테이블에서 주도권을 장악할 수 있었던 요인을 제시했다. 이어 무력통일 달성에서 호찌민루트의 전략적 가치는 무엇이며, 우리의 통일에 시사점은 무엇인지 논의하고자 했다. 또한 남베트남 지도층의 무능과 분열이야말로 패망을 자초한 교훈임을 제시했다. 이러한 베트남통일의 교훈을 통해 사립안보를 바탕으로 한반도 통일을 위한 전략적 과제를 도출하고자 했다.

최용호는 제3장 베트남전쟁 승패요인에서 베트남의 군사사상과 군사전략의 형성 배경을 베트남의 역사와 문화에서 찾았다. 베트남의 역사교과서에는 침략, 항쟁, 반란, 폭동 등의 내용이 반복해서 기술되어 있다. 그들의 역사는 930여 회나 되는 한반도 피침의 역사를 능가하는 파란만장한 역사다. 오랜 기간 베트남 민족은 일상을 병영(兵營)과 함께 해왔을 만큼 전쟁은 그들의 생활 속 일부가 되어 버렸다.

베트남은 지도자의 역할이 두드러진 국가다. 오랜 기간 외세의 침략에 시달린 베트남에서는 민족이 도탄에 빠질 때마다 지도자의 역할이 크게 작용했다. 그 중심에 호찌민이 있다. 그는 군림하는 지도자가 아니었다. 그는 국민과 생사고락을 함께하는 이웃집 아저씨와 같은 지도자였다. 그는 자신이 모범을 보이면서 제1·2차 베트남전쟁을 이끌었다.

제2차 세계대전 이후 약소국 베트남이 제1차 베트남전쟁(1946-1954)에서 강대국 프랑스를 물리친 데 이어 제2차 베트남전쟁(1964-1973)에서 초강대국 미국까지 잇달아 격퇴시킨 저력은 우리에게 많은 교훈을 시사하고 있다. 베트남이 위치한 동남아시아반도와 한반도는 지정학적으로 유사점이 매우 많다.

동남아시아반도의 중심국가 베트남과 한반도의 민족국가는 유사한 역사를 가졌다. 오늘날에도 동아시아 주변의 국제관계는 유사하게 전개된다. 따라서 제2차 세계대전 이후 현재까지의 베트남 상황이 대한민국의 미래에 매우 유용한 교훈이 될 것임을 제시했다.

정경영은 제4장 자립안보와 전작권 전환에서 안보환경 평가, 4·27판문점선언과 미북 정상 간 6·12공동성명의 과제와 도전,

31

전작권 전환의 목적과 의의, 전작권 전환 이후의 모습, 국민·정부·군의 총체적 전작권 전환 추진 전략을 다루고 있다.

안보환경 평가에서 미국의 인도-태평양전략과 중국의 신형국제관계 전략간 글로벌 패권경쟁, 일본의 적극적 평화주의 정책과 러시아의 신동방정책을 논의했다. 이어서 북한의 화전양면전략을 분석하고, 4·27판문점선언과 미북 정상 6·12공동성명의 합의사항, 의의와 과제, 도전에 대해 살펴보았다.

상수였던 안보환경이 새롭게 재편되는 상황에서 비핵화 협상 성공 시 평화체제로 발전되는 시나리오와 협상 결렬 시 긴장이 고조되어 무력충돌로 비화되는 시나리오를 제시하고, 어느 경우이든 조기에 전시작전통제권을 전환하여 대비할 필요가 있음을 적시했다.

이어서 4·27판문점선언과 미북 정상 간 6·12공동성명의 합의사항, 과제 그리고 한국 안보에 도전을 통해서 전작권 전환의 절박성을 논의하고 있다.

전작권 전환의 목적은 우리 스스로 동맹에 의존하지 않고 조국 강토와 자유민주주의를 수호하고 국민의 안전을 확보하는 데 있으며, 전평시 지휘체제를 일원화하여 평화관리 뿐 아니라 평화를 창출하고 유사 시 한국 주도의 승리로 통일을 이룩하는 데 있다.

전작권 전환을 통해 한국이 산업화와 민주화에 이어 안보 자립화를 달성함은 물론 전평시 통일에 기여하며, 군에 대한 국민의 신뢰회복과 군의 자긍심 고취에 기여하는 등 전작권 의의를 논하였다. 이어 한국군 4성 장군을 사령관, 미군 4성 장군을 부사령관으로 임명하는 미래연합사령부 편성안과 한국군의 군사능력 향상을 위한 전력증강, 유엔사와 미래연합사령부와 정전시 및 전시 역할과 지휘관계, 한미동맹의 비전을 한반도, 인도-태평양지역, 글로벌 차원에서 제안했다. 마지막으로 국민과 동맹국의 지지와 공감대 하에 전작권 전환 추진 로드맵을 제시했다.

정지웅은 제5장 통일전략에서 전쟁은 한 집단의 목적을 이루는 수단으로, 집단관계를 결속시키는 방법의 하나로 정치권력에 의해 반복적으로 이용되어 왔다고 강조한다.

그에 의하면 평화는 끊임없이 전쟁의 위협을 받고 전쟁을 준비하는 불안정한 상태가 된다. 따라서 전쟁이 없다고 하여 반드시 평화를 뜻하는 것은 아니다. 즉 물리적 힘으로 사람의 생명과 안전을 해치는 직접적 폭력이 해소된 상태는 소극적 평화로 이것으로 완전한 평화상태라 칭할 수는 없다.

그는 적극적 평화를 강조한다. 적극적 평화에서는 갈등 해결뿐 아니라 빈곤이나 자연재해, 기후변화까지도 평화 담론의 대상이 된다. 안정된 평화를 이루기 위한 적극적 평화는 전쟁 제한으로부터 안전보장, 군비 축소, 전쟁소멸, 항구적 평화 획득까지를 포함한다.

같은 맥락에서 통일은 남북한의 구조적 갈등을 해결하는 적극적 평화가 된다. 물론 소극적 평화가 바탕이 되지 않고서는 적극적 평화를 이룰 수 없지만 적극적 평화 없는 소극적 평화도 그

한계가 분명 존재한다고 강조하면서 어떻게 한반도에서 적극적 평화를 만들어 갈 것인지 고민하고 있다.

이 장에서는 적극적 평화의 핵심인 한반도 통일을 이루기 위한 전략을 다루었다. 북한은 우리의 적임과 동시에 통일을 함께 이루어야 할 대상이기도 하다.

앞 장들에서는 북한을 적으로 보면서 소극적 평화인 안보개념에 충실하여 논지를 전개시켰다면, 이 장에서는 적극적 평화로서 통일을 이루기 위해 북한을 함께 가야할 대상으로 보고 논지를 전개하였다.

통일비전에서는 다음을 주장하였다 ① 다원적 민주주의 확립, ② 효율적 시장경제, ③ 복지국가 달성, ④ 창조적 지식정보국가, ⑤ 동북아시아 비즈니스 중심국가 등이 그것이다.

국내정치 부문에서는 탈 이데올로기적 남남대화와 협력이 먼저 이루어져야 하고, 초당적 평화통일정책이 수립되어야 하며, 이를 가능하게 하는 통일교육이 강화되어야 함을 강조하였다.

한반도 비핵화를 위해서는 9·19공동성명, 2·13합의, 4·27판문점선언 등을 다루면서 한반도 비핵화 과정을 논의하였다. 이어 한반도 평화체제에서는 ① 남북관계 개선, ② 종전선언, ③ 평화협정 등에 대해 살펴보았다.

마지막으로 통일로드맵에서는 ① 남북 간 신뢰관계 형성, ② 한반도 평화의 제도화, ③ 동북아지역 경제협력, ④ 다자간 협력체제 발전, ④ 사실상의 통일 추진에 대해 알아보았다.

결론과 정책제안에서 자립안보와 평화체제 추진전략은 국민, 정부, 군의 삼위일체 안보체제와 한국군 주도-미군 지원의 신동맹체제를 총체적으로 통합하여 북한의 도발과 전쟁을 억제하면서 평화통일을 힘으로 뒷받침하여 통일의 성업을 달성할 수 있도록 해야 한다는 것을 강조했다.

한반도 통일을 위해서는 민족사와 베트남의 전쟁과 통일의 교훈을 되새기면서, 스스로 지킬 자립안보태세를 구축해야 한다. 국민의 신뢰 속에 국민통합과 국제협력 하에 통일을 위한 군의 소명과 역할을 다할 수 있도록 정부, 국민과 함께하는 국방태세가 요구된다.

한편 북핵 폐기, 군축, 평화협정, 남북 화해 협력, 국민통합, 동북아 평화레짐이 함께 어우러졌을 때 한반도 평화체제 구축이 가능하다고 보았다. 북핵·미사일은 일괄타결 압축 이행을 통해 핵무기, 핵물질, 핵 생산시설 등에 대한 폐기 뿐 아니라 ICBM과 중거리탄도미사일 폐기가 이루어져야 비로소 평화협정을 체결할 수 있음을 강조했다.

동시에 주한미군을 포함한 남북한군 간에 군사적 신뢰구축과 공격용 무기의 후방으로 재배치와 감군 등의 단계적 군축을 추진해야 되나 통일이 되었을 때 주변국의 위협을 고려한 남북한 군사통합 차원에서 추진되어야 할 것이다.

우선적으로 사회문화, 스포츠 등의 교류협력을 먼저 추진하고, 남북경제공동체를 구현할 수 있는 한반도 신경제지도 구현은 유엔제재가 완화, 해제되고 미북관계가 개선되었을 때 가능하다고 보았다. 따라서 한미동맹 역시 상응한 변화가 요구된다.

또한 남남갈등 해소 등 국민 통합의 국내정치도 중요하며, 마지막으로 안정된 전략환경 조성을 위해 한·중·일 3국 협력사무국을 모체로 지역차원으로 확대하여 북한, 미국, 러시아, 몽고까지 참여하는 동북아 안보협력레짐 구축방안을 제시하였다. 이러한 요소가 상호 연계되어 추진될 수 있는 한반도 평화체제 추진 로드맵을 제안하였다.

제1장

자주국방과 한미동맹

제1절 한미동맹의 형성과 발전

한미동맹은 한반도에서 전쟁 재발을 방지하기 하기 위해 1950년 10월 '한미상호방위조약'을 체결함으로써 태동했다. 한미동맹은 북한의 지속적인 위협과 군사도발 속에서 대한민국이 자유민주주의와 경제적 번영을 가능하게 한 원동력이 되었다.

한국과 미국은 6·25전쟁의 혈맹으로 군사동맹을 넘어 가치동맹국으로 지난 60여 년간 번영의 동반자였다.[8] 양국은 한미상호방위조약에 기초하여 집단적 방위노력을 강화해왔으며, 사이버 위협, 대량살상무기 등 초국가적 안보위협에 공동으로 대처하면서 아태지역은 물론 세계 평화와 안정에도 기여해 왔다.

역사적으로 볼 때 미국의 한반도 개입 및 동맹관계 형성과정은 한미동맹을 통해 미군의 한국주둔을 보장했고, 한미연합방위체제와 함께 한반도 안보의 든든한 버팀목이 되었다.[9]

---

8) 국방부, 『2014국방백서』(서울: 국방부, 2014), p.106.

9) 온창일, "미국의 대한 안보개입의 기본태세, 1945-1963", 『국제정치논총』, 제25집, 한국국제정치학회, 1985, p.4.; 문창극, 『한미갈등의 해부』(서울: 나남, 1994), p.104.

6·25전쟁 초기 한국군의 작전통제권 이양은 대전까지 밀리는 당시 상황에서 공산군을 격퇴하기 위한 최선의 조치였다. 맥아더 유엔군사령관은 한국을 포함한 17개국의 군대를 지휘·통제 하여 전세를 역전시키고 승리할 수 있었다.

한미 상호 합의에 의해 1994년 12월 한국군에 대한 정전 시 작전통제권을 한국군에 전환했으나, 전시작전통제권은 안보상황의 변화, 북한의 위협과 한국군의 능력 등을 고려하여 전환 일정이 수차례 연기 또는 조정되었으며 아직도 진행형이다.

1. 8·15광복과 미 군정(軍政)

최초의 한미관계는 1882년 조미수호통상조약으로부터 시작되었지만, 1945년 8월 일본의 항복과정에서 갑작스런 소련군의 한반도 진주에 대한 대응조치의 일환으로 미국은 한국에 직접적으로 개입하게 되었다.

1945년 8월 6일 일본의 히로시마에 원자탄을 투하한 이틀 후 8월 8일 소련은 대일선전포고를 하고 10일부터 지상군을 한반도에 진격시켰다. 미국은 급속히 진행된 일본의 항복으로 인해 발생한 힘의 공백을 최소화하고, 소련이 전 한반도를 점령하는 사태를 방지하기 위한 방편으로 일본군 무장해제를 위한 미국과 소련군의 경계선을 설정하고자 했다.

미 전쟁부 작전국의 본스틸(Charles H. Bonesteel III) 대령과 러스크(Dean Rusk) 예비역 대령은 8월 10일 저녁 늦은 시간에

북위 38도선을 무장해제선으로 최초 선정했다. 11일 새벽, 초안
을 검토한 미 가드너(M. B. Gardner) 제독은 미 해군의 작전 용
이성을 고려하여 39도선으로 조정할 것을 제시했다.[10] 그러나
전략정책처장인 링컨(George A. Lincoln) 준장은 소련의 반대
우려와 미군이 600마일 이격된 오키나와에 있다는 점, 그리고
보고 시간 촉박 등을 고려하여 38도선을 고집했다.

결국 38도선을 경계로 하는 분할 안이 국무부·전쟁부·해군부 3
부 조정위원회(SWNCC, the State-War-Navy Coordinating
Committee)와 합참의 협의를 거쳐 연합군 일반명령 제1호로 작
성되었다.

당시에는 잠정적인 군사편의를
위해 계획된 것이었으나 소련 스탈
린의 음모에 의해 영구적인 경계선
으로 전락했다.[11] 미 국방부가 역
사적 선례*와 38선 분할의 외교적,
일·소간의 군사적 중요성을 충분히
인식하지 못한 것이었다.[12]

> **한반도 분단의 역사적 선례**
> 1945년 7월 포츠담선언에서는
> 베트남에 주둔하고 있는 일본
> 군 무장해제를 위해 북위 16도
> 선을 기준으로 영국과 중국이
> 분할 통치하기로 결정했다. 차
> 후에는 미국이 주장한 북위 17
> 도선이 최종 분할선이 되었다.

미군은 1945년 9월 8일 미 육군 제24군단이 인천에 상륙했다.

---

10) James F. Schnabel, *US Army in the Korean War, Policy and Direction: The First Year*(Washington D.C.: Center of Military History, 1971), p.10.

11) Daniel S. Papp, ed., *As I saw It: by Dean Lusk as Told to Richard Lusk* (Washington, D.C. Norton and Company, 1990); 홍영주·정순주 옮김, 『딘 러스크의 증언: 냉전의 비망록』(서울: 시공사, 1991), p.113 재인용.

12) Orlando Ward, MG, USA, Chief, Military History, "Memo for Lt. General. Maxwell D. Taylor: Establishment of the 38th Parallel in Korea," Sep.1952, 5/319, NARA.

9일에는 하지(John R. Hodge) 미 제24군단장이 조선총독부에서 아베 노부유끼(阿部信行) 일본 총독으로부터 항복문서를 받았다.

남한 군정은 3단계로 실시되었다. 9월 9일 이후 미 제7사단이 서울을 비롯해 경기도, 충청도, 강원도 일대에 배치되었고, 이어 9월 말에는 제40사단이 부산 및 경상도 일대에, 제6사단은 10월 25일까지 전라도 일대에 각각 배치되면서 남한에 진주한 미군은 77,643명에 달했다.[13]

1946년 1월 1일부로 창설된 주한미군정청(US Army Military Government in Korea)은 한국군 창설을 위해 많은 노력을 기울였다. 군정청은 뱀부계획(Bamboo Plan)에 따라 국군의 전신인 국방예비대를 창설하고 군사영어학교를 세우는 등 간부양성에도 크게 기여했다.

이처럼 광복 이후 대한민국 정부가 수립되기 전 과도기 상황에서 한국군의 창설은 미군정의 절대적인 주도와 후원에 의해 이루어졌으며 이는 한미동맹 비대칭성의 근원이 되었다.[14]

미국은 1947년 11월 유엔총회의 결의에 따라 미군 철수를 검토했으며, 조기 철수를 주장한 군부와 지속적인 개입을 주장한 국무부의 주장을 절충하여 「NSC 8」을 작성했다.

1948년 12월 말까지 점령군을 철수하되, 보완조치로 국방경비대의 5만 명 병력에 대한 조직과 훈련, 장비의 이양 및 경제적

---

13) 서울신문사 편저, 『주한미군 30년』(서울: 행림출판사, 1979), pp.41-46.
14) 이상철, 『안보와 자주성의 딜레마』(서울: 연경문화사, 2004), pp.75-76.

붕괴를 막기 위한 경제 원조를 제공할 것을 결정한 것이다.15)

그 후 철수 시기는 조정되었지만 미군은 미소공동위원회에서 합의한 대로 1949년 6월 말까지 495명의 주한미군군사고문단 (KMAG, Korean Military Advisory Group)만 남기고 한국에서 철수함으로써 남북 간 군사적 불균형을 초래했다.

2. 6·25전쟁과 한미동맹 형성

대한민국 정부수립 후 2년도 안된 1950년 6월 25일 김일성은 스탈린(Joseph V. Stalin, 1878. 12. 18 - 1953. 3. 5), 마오쩌둥(毛澤東, 1893. 12. 26 - 1976. 9. 9)과 공모하여 남침전쟁을 일으켰다. 미국은 한국에서 미군의 철수, 한국을 미국의 방위선에서 제외한다는 미 국무부장관 애치슨(Dean G. Acheson)의 선언 등으로 남침의 빌미를 제공했다.

하지만 미국 트루먼(Harry S. Truman, 1984. 5. 8 - 1972. 12. 26, 재임기간 1945. 4. 12 - 1953. 1. 20) 대통령은 소련의 스탈린이 북한의 남침을 직간접적으로 조종하고 있다고 판단했다. 그는 신속한 참전 결정과 함께 유엔군의 참전까지 적극적

> **공산세력 팽창에 대한 미국의 위기감**
> 당시 1949년 9월 공산화된 중국이 베트남의 호찌민을 감싸고, 소련의 스탈린이 호찌민 정부를 승인하자 미국 트루먼 대통령은 동남아시아 지역에서 공산세력의 팽창에 위기감을 느꼈다.

---

15) Donanld S. Mcdonald, *U.S.-Korean Relations from Liberation to Self-Reliance: The Twenty Year Record*(San Francisco: Westview Press, 1992), p.29.

으로 추진했다. 공산세력 팽창에 대한 미국의 위기감*이었다.

미국은 우선적으로 공군과 해군을 투입하여 북한의 침략을 저지하려 했으나, 서울이 3일 만에 북한군에 함락되자 맥아더(Douglas MacArthur, 1980. 1. 26 - 1964. 4. 5, 유엔군사령관 재임기간 1950. 7. 8 - 1951. 4. 11) 미 극동군사령관의 긴급요청에 따라 지상군을 투입했다.

한편 미국의 요청으로 소집된 긴급 유엔안전보장이사회는 1950년 6월26일 04:00(미국시간 25일 14:00) 북한을 침략자로 규정하고(안보리결의 1507호*) 7월 7일 유엔 깃발아래 통합사령부(Unified Command under the UN Flag) 설치를 결의(안보리 결의 1588

> **안보리 결의 1507호**
> 안보리 결의안을 통해 "북한의 무력 공격을 심각하게 우려하며, 북한의 적대행위를 중단하고 38도선 이북으로 군대를 철수할 것"을 촉구했다. 이 결의안은 소련의 불참 속에 찬성 9, 반대 0, 기권 1(유고)로써 가결되었다. 당시 소련은 타이완 대신에 본토를 장악한 중국으로 안보리 상임이사국 교체를 주장하며 1950년 1월 13일부터 회의에 불참했다.

호)했다. 유엔의 깃발아래 미국을 중심으로 16개 국가가 참전했으며, 트루먼 대통령은 7월 8일 맥아더 원수를 유엔군 사령관에 임명했다.

맥아더 사령관은 유엔군과 국군의 효과적인 연합작전으로 낙동강 방어선에서 위기를 극복하고 1950년 9월 15일 인천상륙작전으로 반격에 나섰다. 국군과 유엔군의 과감한 작전으로 전세는 완전히 역전되었고, 9월 28일에는 서울을 수복했으며 10월 1일에는 38선 이북으로 진격할 수 있었다.

중국은 패전의 위기에 처한 북한을 구하기 위해 1950년 10월

19일 개입, 10월 25일 제1차 공세를 시작으로 연인원 122만여 명의 병력과 수많은 장비를 투입했다.16) 압록강까지 진격했던 유엔군이 다시 후퇴하면서 38도선 인근에서 참혹한 전쟁은 계속되었다. 전선이 교착되자 유엔군과 공산군은 휴전협상에 돌입했다.

휴전협상이 가시화되자, 이승만 대통령은 한반도에서 공산침략의 재발을 방지하기 위해 방위조약을 체결할 것을 미국에 요구했다. 소극적인 대응으로 일관한 미국에 불만을 가진 이승만 대통령은 1953년 6월 18일 2만7천여 명의 반공포로를 석방했다. 당황한 미국은 6월 25일 국무부 극동담당 차관보인 로버트슨(Walter M. Robertson)을 대통령 특사로 급히 파견해 군사문제와 휴전협정 등을 협의하기 시작했다.

이렇게 시작된 한미 상호방위조약은 1953년 7월 27일 정전협정 이후 다음 달 8월 5일 덜레스(John F. Dulles) 미 국무장관이 서울을 방문하여 "미국은 대한민국과 상호방위조약을 체결할 것을 제의한다"라고 발표함으로써 급진전 되었다.

변영태 외무장관과 미 덜레스 미 국무장관은 8월 8일 서울에서 한미상호방위조약(Mutual Defense Treaty between the Republic of Korea and the United States of America)에 가조인했다. 1953년 10월 1일 워싱턴DC에서 변영태 외무장관과 덜레스 국무장관은 한미상호방위조약에 서명했다. 한국 국회에서 1954년 1월 15일 인준하고 7월 한미정상회담을 거쳐, 1954년 11월 17일 상호비준서를 교환함으로써 정식 발효되었다.17)

---

16) 최용호, 『응답하라! 1950 대한민국, 무슨 일이 있었는가?』 (서울: 전쟁과평화, 2017), pp.8-9.

3. 작전통제권 이양과 전환

가. 작전통제권 이양의 역사적 배경

1950년 6월 25일 북한군의 기습남침으로 3일 만에 서울이 함락되는 등 국가운명이 풍전등화의 위기에 빠졌다. 전쟁초기 한국군이 더 이상 전투를 지속할 능력이 없게 되자, 이승만 대통령은 1950년 7월 14일 맥아더 원수에게 "현 적대상태가 계속

> **작전지휘권(Operational Command Authority)**
> 이승만 대통령 서한에 있는 "지휘권(command authority)" 이양은 군사주권을 이양한다는 잘못된 이해에서 비롯되었으며, 맥아더 장군은 이러한 잘못된 부분을 수정하여 "작전지휘권"이라고 서신에 명시하였다. 작전지휘권(OPCOM: Operational Command)은 작전임무 수행을 위해 지휘관이 예하 부대에 행사하는 권한이다.

되는 동안 일체의 지휘권(command authority)*을 이양한다"는 서한을 발송했다. 이어 7월 16일 맥아더 유엔군사령관이 무쵸(John J. Muccio) 주한 미 대사를 통해 "현 적대상태가 계속되는 동안 대한민국 육·해·공군의 작전지휘권(Operational Command Authority)을 위임한 (중략) 용감무쌍한 대한민국 군을 본관 지휘 하에 두게 된 것을 영광으로 생각한다"라는 회답을 보내옴으로써 한국군에 대한 작전지휘권은 유엔군사령관에게 이양되었다.18)

---

17) 군사편찬연구소, 『한미동맹60년사』(서울: 군사편찬연구소, 2013), pp.60-63.

18) 외무부·경무대, "국군통수권 이양에 관한 이승만 대통령의 공한 및 맥아더 유엔군총사령관의 회한" 1950.7.14와 7.16, 외교사료관.

1953년 7월 27일 정전협정이
체결됨에 따라 한국군의 작전지
휘권에 대한 검토가 있었다. 이
때 한미 양국은 유엔군의 한국
방위를 보장하기 위해 한국군을
계속 유엔군사령관의 작전통제

> **작전지휘권과 작전통제권**
> 「한미 합의의사록」(1954년 11
> 월 17일); 동 합의의사록 제2조
> 에 "유엔군사령부가 대한민국의
> 방위를 책임지고 있는 동안 그
> 군대를 유엔군사령부의 작전통제
> (operational control) 하에 둔
> 다"라고 명시되어 있다.

권 아래에 두기로 합의했다. 이 문건에서 1950년 7월 14일부
로 이양되었던 한국군에 대한 작전지휘권을 작전통제권*으로
변경했다.

1961년 5월 16일 군사정변 시 한국이 유엔군사령관의 사전
승인 없이 한국군의 일부를 독자적으로 이동시키자 유엔사의
작전통제권의 범위와 행사조건 및 내용에 대하여 한미 간에
일부 논란이 있었다.

이후 1961년 5월 26일 국가재건최고회의와 유엔군사령부간
합의한 공동성명에는 "유엔군사령관은 한국군의 작전통제권을
공산침략으로부터 한국을 방위하는 데만 행사한다"라고 명시
했다.[19]

미국은 1974년 4월 28일 유엔사 해체에 대비하여 한미연합군사령
부의 창설을 한국에 제의했다. 수차례의 실무회의를 거쳐 1978년 7월
27일 제11차 한미안보협의회의(SCM, Security Consultative Meeting)
에서 한미군사위원회회의(MCM, Military Committee Meeting) 및 한

---

[19] 「국가재건최고회의와 유엔군사령부간의 작전지휘권의 유엔군사령관 복귀에 관한 성명」
(1961. 5. 26) 제1항.

미 연합군사령부 관련 약정(TOR, Terms of Reference)*을 승인했다. 7월 28일 제1차 MCM에서 하달한 전략지시* 제1호에 의거 한미연합군사령부(CFC, ROK/US Combined Forces Command)가 1978년 11월 7일 창설되었다. 연합사의 창설로 한국군 작전통제권은 유엔군사령관으로부터 한미연합군사령관에게 이양되었다.

> **연합군사령부 관련 약정(TOR)**
> TOR(Terms of Reference)은 연합방위체제를 규범하는 한미 국방부장관의 전략지침으로 안보협의회의(SCM)에서 군사위원회(MC)에 하달하는 최상위 전략문서다.
>
> **전략지시(Strategic Directive)**
> 관련 약정을 기초로 전략적인 지침을 지시화한 것으로 MC에서 전구사령부에 하달하는 전략문서다.

나. 평시(정전 시) 작전통제권 전환

한미 양국은 1980년대 말부터 작전통제권 전환에 대해 협의를 시작했다. 노태우정부는 88올림픽의 성공적인 개최와 국력 상승 등을 배경으로 정전 시 작전통제권의 조기 전환문제를 적극 추진했다.

1991년 11월 제13차 한미군사위원회회의(MCM)에서 '정전 시 작전통제권'*을 1993-1995년 사이에 전환하기

> **정전 시 작전통제권 이양 협의**
> 한국 국방부 자체에서는 조기 작전통제권 전환이 전쟁억제력을 약화시키고 정전 시 작전통제권 단독행사를 위한 준비 시간이 없다고 판단하였다. 이를 이유로 한국은 1992년 한미국방장관 회담 시 전환 시기를 '818계획' 정착 이후로 연기해줄 것을 요청했다. 연합사 보고서(Campaign 2000)에 의하면 주한 미군사령부에서는 워싱턴의 구상과 달리 작전통제권 환수가 주한미군의 위상 약화, 방위비 분담에 대한 부정적인 영향 등을 고려하여 정전 시 작전통제권은 1996년에, 전시는 2000년 이후 이양을 제의하여 왔다.

로 합의했다. 이를 근거로 한미 간 협의 끝에 1993년 제15차 한미군사위원회회의 및 제25차 한미안보협의회의에서 "한국군 부대에 대한 정전 시 작전통제권을 1994년 12월 1일부로 한국군 합참의장에게 이양"하기로 최종 합의했다.

1994년 12월 1일부로 평시 작전통제권이 한국군에게 전환되면서 한국군의 평시 작전통제권은 한국 합참의장이 행사하게 되었다. 연합사령관은 연합권한위임(CODA, Combined Delegated Authority)에 의해, 위기관리, 정보감시, 연합작계 발전 및 연습 통제, 상호운용성, 연합 교리발전에 대한 권한을 지속 행사하였다.

평시 작전통제권 전환 이후 한국군은 주도적으로 평상시 경계임무, 초계활동, 부대이동, 군사대비태세 강화 등 전쟁이 발발 직전까지 부대 운영에 관한 권한을 행사하게 되었으며, 한국군에 적합한 군사력 건설과 군사교리, 훈련도 계획할 수 있게 되었다.

다. 전시작전통제권 전환

2000년 이후 우리의 국력 상승과 주한미군을 포함한 미군의 군사변혁 등 국제안보환경의 변화에 따라 전시작전통제권(이하 전작권) 전환 논의가 시작되었다. 2002년 12월 한미 MCM에서 전작권 전환을 염두에 둔 지휘구조 연구에 합의하였으며, 2005년 10월 제37차 SCM에서 한미 국방장관이 지휘관계와 전작권 전환에 관한 논의를 가속화하는데 합의함으로써 본격화되었다. 2006년 9월 16일 한미 정상회담에서 전시작전통제권을 한국군에 전환한다는 기본원칙에 합의했다.

2007년 2월 23일 양국 국방 장관이 2012년 4월 17일부*로 전작권을 전환하고 한미연합 군사령부 해체와 동시에 미군과 한국군 간 새로운 주도-지원관계 로의 전환에 합의했다.

2007년 6월 28일 상설군사 위원회에서 한국 합참의장과

> **4월 17일 선정 배경**
> 4월 17일 선정은 최초 한국군의 작전 통제권을 이양한 7월 14일을 고려한 것이다.
>
> **전략적 전환계획**
> 「전략적 전환계획(STP, Strategic Transition Plan)」은 전시작전통제권 전환 시까지 추진과제와 일정계획을 담은 한미 전략문서다.

주한미군 선임장교가 「전략적 전환계획」*에 서명하고 2007년 11월 제39차 한미안보협의회의에서 양국 국방장관이 승인함으로써 전작권 전환을 위한 실질적인 추진기반을 마련했다.[20]

북한이 2009년 5월 25일 2차 핵실험 및 장거리 탄도미사일 발사, 2010년 3월 26일 천안함 공격 등 연속적인 군사도발과 함께 남북 긴장국면을 조성하자 국민의 절반 이상이 한반도 안보를 우려하여 전시작전통제권 전환 연기를 주장했다. 이에 따라 이명박 정부는 한반도 안보상황의 안정적 관리와 안보상황에 대한 국민적 우려를 해소하고 내실 있는 전작권 전환을 보상하기 위해 미국 정부에 전작권의 전환시기 조정을 요청했다.

---

20) 군사편찬연구소, 『한미동맹60년사』(서울: 군사편찬연구소, 2013), p.279.

〈표 1-1〉 작전통제권 전환 변천 과정[21]

일자	주요 내용
1950.07.14	이승만 대통령, 국군 지휘권을 유엔군사령관에게 이양
1954.11.17	유엔군사령관에게 작전통제권 부여
1978.11.07	한미연합군사령부 창설, 작전통제권을 연합사령관에게 이양
1994.12.01	한국 합참의장으로 정전 시 작전통제권 전환
2006.09.16	한미 정상회담, 전시작전통제권 전환 합의
2007.02.23	한미 국방장관, 전시작전통제권 전환시기(2012.4.17)합의
2007.06.28	한미, 「전략적 전환계획」 합의
2010.06.26	한미 정상, 전환시기를 2015년 말로 조정하는 것에 합의
2010.10.08	한미, 「전략동맹 2015」 합의
2014.10.23	한미, 조건에 기초한 전작권 전환 추진 합의
2015.11.02	한미, 조건에 기초한 전작권 전환 계획 합의
2017.06.30	한미 정상, 조건에 기초한 전작권 조기 전환 합의

한미 양국은 긴밀한 협의를 거쳐, 2010년 6월 26일 한미 양국 정상은 전시작전통제권 전환시기를 2012년 4월 17일에서 2015년 12월 1일로 조정하기로 합의했다.

그러나 북한이 2012년 12월 12일 장거리 로켓을 발사하고 2013년 2월 12일 제3차 핵실험을 감행하는 등 핵미사일 위협이 커지자 한미 양국정부는 2014년 10월 한미안보협의회의를 통해 조건에 기초한 전시작전통제권 전환*을 추진하기로 합의했다. 즉, 한국군 주도의 핵심 군사능력과 핵미사일 위협 대처 필수전력을 구비하고, 한반도 및 역내

---

21) 국방백서 등을 종합하여 필자가 재정리하였다.

안보환경이 안정적인 전작권 전환에 부합될 때 전환하기로 했다.

양국은 2015년 11월 SCM에서 조건에 기초한 전시작전통제권 전환 계획에 합의했다. 정부는 합참의장 직속으로 신연합방위추진단을 운영하며 새로운 연합방위체제 구축과 함께 전작권

> **조건에 기초한 전작권 전환 3대 요소**
> 「제46차 한미안보협의회의 공동성명」 (2014.10.23); 한미가 합의한 전환조건은 다음 3가지이다.
> ① 전시작전통제권 전환 이후 한미 연합방위를 주도할 수 있는 한국군의 핵심군사능력 구비와 미국의 보완·지속 능력 제공
> ② 국지도발과 전면전 시 초기단계에서 북한 핵·미사일 위협에 대한 한국군의 필수 대응능력의 구비와 미국의 확장억제수단 및 전략자산 제공 및 운용
> ③ 한반도 및 역내 안보상황 변화에 대한 평가.

전환 업무를 원활하게 추진하기 위해 노력해 왔다.[22]

2017년 6월 30일 대한민국 문재인 대통령과 미국의 트럼프 대통령은 정상회담에서 '조건에 기초한 전작권 전환이 한국군으로 조속히 전환 가능하도록 공동의 노력을 기울인다'는 데 합의하였다. 2017년 10월 제49차 한미안보협의회의(SCM)에서 이 내용을 재확인했으며, 2018년까지 구체적인 추진 로드맵과 전환계획을 공동으로 발전시키기로 합의했다.[23]

2018년 3월 20일 한미 통합국방협의체(KIDD, Korea-U.S. Integrated Defense Dialogue)회의에서 양측은 전작권전환실무단(COTWG, Condition-based OPCON Transition Working Group) 회의를 통해 조건에 기초한 전작권 전환계획의 목표를 충

---

22) 국방부, 『2014국방백서』(서울: 국방부, 2014), pp.114-115.

23) 제49차 한미안보협의회의(SCM) 공동성명 (국방부, 2017.10. 28).

족시키기 위해 노력하고 있다. 한미는 전작권 전환 이후 적용하는 연합방위체제 관련 공동추진지침 마련, 미래 연합군사령부 편성안 승인 등을 2018년 중점과제로 선정해 적극 추진하고 있다.[24]

다만 전작권 전환 연기에 대해 의견이 분분하다. 보수단체에서는 전작권의 전환이 한미동맹에 부정적인 영향을 미칠 것이라고 우려하고 있다. 반면에 진보 측에서는 군사주권 문제로 정치 이슈화를 하면서 전작권의 조기 전환을 적극적으로 지지하고 있다.

실제 2015년 후반기에 국책연구소에서 실시한 여론조사에서 국민의 80% 정도가 전작권 전환이 한미동맹에 별다른 영향을 미치지 않거나 동맹이 강화될 것이라는 등 긍정적인 인식을 하고 있는 것으로 나타났다. 이제는 전작권 전환 조건을 달성할 수 있도록 핵심 군사능력을 조기에 확보하는 노력과 함께 전작권 전환 이후에 전시 연합작전을 주도할 수 있는 운용기반을 구축하는 것이 필수적이다.

---

24) 제13차 한미 통합국방협의체(KIDD) 회의 결과 (국방부, 2018. 3. 21)

제2절 자주국방의 부침(浮沈)

지정학적으로 4대 강대국으로 둘러싸여있고 남북으로 분단된 특수상황에 있는 한국은 자주국방을 꾸준히 추진해왔다. 한미관계도 이제는 미국의 일방적인 지원과 한국의 일방적인 수혜가 아니라 호혜적인 관계로 발전하고 있다.

한국의 자주국방은 1970년대 미국정부가 한국정부에 주한미군의 철수를 일방적으로 통보하면서 안보에 불안을 느낀 박정희 대통령이 처음 제기했다. 율곡사업을 시작으로 한국의 자주국방을 위한 노력은 한미동맹의 발전과 함께 부침을 반복했다. 그 과정에서 자주국방과 한미동맹은 상호보완성과 대립성을 지니며 지속적으로 발전해 왔다.

한미동맹은 한국 안보의 최대 자산이자 정치·경제·사회적 안정을 위한 기반 역할을 담당하고 있다. 반면 한국의 안보정책은 결정과정에서 미국의 간섭과 통제를 받아 왔다. 북한 위협을 대처하는 과정에서 그 목표와 해결방법, 우선순위 등에 입장 차이 발생으로 한미동맹 간에 긴장이 발생하고 한국은 방기와 연루의 두려움과 위험성을 안고 있다.

한미동맹관계에서 안보딜레마는 양국 간 국력과 전략적 이익이 다른데서 발생한다. 미국이 주한미군 정책 시행과정에서 한국정부와 사전 충분한 협의나 합의 없이 추진할 때마다 한국정부는 방기의 두려움을 느꼈다.

반면, 강대국인 미국은 한반도에서 발생하는 위기상황에 자국의 이익에 반하여 자동적으로 개입되거나 연루되는 것을 원치 않았다. 북한 핵위협을 보는 양국의 인식 차이와 대응방법의 차이가 분명히 존재한다. 근본적으로 한국에 대한 전략적 가치에 대한 평가가 다르기 때문이다.

1. 동맹의 상호보완성과 딜레마

일반적으로 동맹은 동맹국 간 자율성과 의존성의 정치문제 뿐만 아니라 동맹의 비용, 책임의 분담 등과 관련된 무임승차(free ride)와 형평성의 문제가 지속적으로 야기됐다. 모로우(James D. Morrow)는 이런 현상을 "국력의 비대칭적 조건 하에서 약소국들은 강대국들이 보장하는 안보와 그들이 보유한 자율권을 교환한다"라고 설명했다.[25]

안보와 자율이 반드시 반비례적인 관계에 있는 것이 아니다. 한미동맹에서도 자주국방을 추구할 때마다 자율은 증대되었지만 안보도 더 보장받는 결과를 가져온 사례가 더 많았다.[26] 동맹국들은 위협에 대해 상이한 인식을 갖는 경우도 있기 때문에 자국의 입장에서 다른 대응방식을 추구하며 갈등을 겪을 수도 있다.

스나이더(Glenn H. Snyder)는 이런 비대칭적 관계를 동맹의

---

25) James D. Morrow, "Alliances and Asymmetry: An Alternative to the Capability Aggregation Model of Alliances," *American Journal of Political Science*, Vol. 35, No. 4 (November 1991), pp.904-933.

26) 한용섭, 『국방정책론』(서울: 박영사, 2012), p.275.

안보딜레마(alliance's security dilemma)라고 불렀으며,[27] 방기(abandonment)와 연루(entrapment)로 구분한다.

한미동맹의 가장 중요한 목적은 여전히 한반도에서 전쟁억제와 한국방어를 위한 연합전략을 수립 및 시행하는 것이다. 반면 탈냉전기 미국에게 가장 심각한 위협요소는 테러와 대량살상무기(WMD, Weapons of Mass Destruction)의 확산이다.

미국은 해외에 700여 개의 군사기지를 운용하고 있으며, 필요한 경우 군사력의 전략적 투사를 통해 세계질서를 유지하려는 것이 미국 리더십의 핵심이기 때문에 이에 대한 동맹국의 지원을 요구하고 있다. 미국은 급변하는 정세 속에서 한미 안보협력을 강화하면서 양국의 역할 변화를 추구하고 있다.

2. 자주국방의 태동과 변천

한국은 6·25전쟁 이후 1970년대 초반까지 거의 20여 년간 미국의 대한(對韓) 군사원조 및 군원(軍援)에 전적으로 의존해서 국방임무를 수행해 왔다. 이 기간 미국은 무상 군사지원사업(MAP, Military Assistance Program)과 유상 해외군사판매사업(FMS, Foreign Military Sales) 등을 통해 한국군에게 필요한 재래식 장비와 무기체계를 지원해 왔다.

한국은 한미동맹의 강화차원에서 1965년부터 베트남전쟁에 참전했으며, 미국은 「브라운각서」에 의해 C-54항공기,

---

27) Glenn H. Snyder, *Alliance Politics*(New York: Cornell University, 1997), pp.180-199.

M-48전차, M16소총 등을 제공하여 한국군 현대화계획 (1971-1975)을 적극 지원했다.[28]

1968년 1월 청와대 기습미수사건과 푸에블로호 피랍사건은 한미관계를 재인식하는 계기가 되었다. 한국정부는 북한의 재도발을 방지하기 위해 강력한 대응보복을 원했지만 확전을 우려한 미국 정부가 미온적으로 대응하면서 한미 간에 갈등이 발생했다. 1969년 닉슨독트린 및 미 제7사단의 철수가 이어지자 한국은 미국의 안보공약에 대한 신뢰성에 의구심을 갖게 되었다.

박정희 대통령은 북한의 도발에 한국 단독의 힘으로 격퇴할 수 있는 수준의 국방력을 갖추기 위해 자주국방을 추진하기 시작했다.[29] 자주국방이란 "한 국가의 사활적·핵심적 이익을 보호 및 관철하기 위한 방법으로 자체적인 힘의 사용을 우선순위에 두는 국가안보전략의 한 종류"라고 정의할 수 있다.[30]

박대통령은 청와대에 중화학 및 방위산업을 담당하는 경제 제2비서실을 신설하고 1970년 8월 국방과학연구소(ADD, Agency for Defense Development)를 창설했다. 1972년 국방대학원에 안보문제연구소를 설립해 민·군이 협력해 자주

---

28) 방위사업청, 『방위사업개론』(서울: 방위사업청, 2008), p.16.

29) 박정희 대통령은 1970년 1월 신년사를 통해 '북괴가 단독으로 무력침공을 해온다면 우리 단독의 힘으로 충분히 이를 억제하고 분쇄할 수 있는 정도의 힘'이라고 자주국방의 개념을 정리했다; 최진섭, 『한국언론의 미국관』, pp.28-29.에서 재인용.

30) 김재엽, 『자주국방론』(서울: 선학사, 2007), p.39.

국방을 달성하도록 여건을 조성했다.

박정희 대통령은 최초의 방위사업이라 할 수 있는 번개사업을 통해 국산 소총과 박격포 시제품을 제작했다.[31] 이어 1973년 1월 중화학공업화를 선언하고, 그해 4월 을지연습 순시 차 국방부를 방문했을 때 자주적 군사력 건설에 대한 지침을 다음과 같이 하달했다.[32]

- 자주국방을 위한 군사전략을 수립하고 군사력 건설에 참여하라.
- 작전권 인수에 대비한 장기군사전략계획을 수립하라.
- 중화학공업 발전에 따라 고성능 전투기와 미사일 등을 제외한 소요무기 및 장비를 국산화해야 한다.
- 1980년대에는 이 땅에 미군이 한 사람도 없다고 가정하고 합참은 독자적인 군사전략 및 전력증강계획을 발전시키도록 하라.

합참은 대통령의 지침에 따라 「합동기본군사전략」을 토대로 국방8개년계획안을 수립하여 1974년 2월 대통령의 재가를 득함으로써 최초의 자주적 전력증강계획인 율곡사업(栗谷事業)이 확정되었다.

제1차 율곡사업은 수차례의 수정을 거쳐 제4차 경제개발 5개년계획(1977-1981년)이 끝나는 해에 맞도록 8개년 계획

---

31) 서우덕·신인호·장삼열 공저, 『방위산업 40년 끝없는 도전의 역사』(서울: 한국방위산업학회, 2015), pp.47-50.

32) 국방부, 『율곡사업의 어제와 오늘 그리고 내일』(서울: 국방부 전력계획관실, 1994), pp.22.

(1974-1981년)으로 확정했다. 제1차 율곡사업 기간에는 후방사단의 전력화, 전방사단의 4각 편제개편, 육군항공 전력의 증강 뿐 아니라 지대지 미사일을 개발했다. 율곡계획은 자주국방을 목표로 3차까지 추진되었다.

전두환 정부는 제2차 율곡사업(1982-1986년)을 추진하여 고도정밀무기의 해외기술도입생산과 재래식 기본병기의 한국형 개발 및 생산에 주력하게 되었다. 12·12사건으로 정권을 장악한 전두환 정부는 미국의 지지가 절대적으로 필요했기 때문에 핵무기 개발도 포기했다. 방위산업을 합리적으로 육성한다는 명분하에 방위산업과 국방과학연구소에 근무하던 연구 인력을 2/3정도 퇴출시켰다.

당시 공지전투(Air Land Battle)의 영향을 받아 첨단 고도정밀무기체계에 대한 조기전력화 소요가 급증하면서 미국의 무기를 구입*하는 방향

> **미국의 무기 구입**
> 당시 한국군은 미국에서 발전시킨 공지전투 (Airland Battle) 개념에 의거 첨단 전자장비 및 부품을 활용한 전장정보수집 기능과 전파방해와 같은 전자전의 중요성이 강조되었기 때문이다.

으로 군사력 건설 정책을 전환했다.[33]

노태우정부는 제3차 율곡사업(1987-1992년)을 추진하며 최소한의 시급한 대북 방위전력의 조기 확보에 중점을 두었으나 북방외교가 시작되면서 전력증강 방향도 미래지향적인 군사력 건설로 전환되기 시작했다.[34] 1988년 8월 18일 국방부는 국방태

---

33) 한용섭, 『국방정책론』(서울: 박영사, 2012), p.304.

세 발전방향연구 계획(818계획)을 노태우 대통령에게 보고했다. 818계획에서 전력증강에 관한 부분은 전력소요기획 및 획득 관련 조직을 대폭 강화하여 현대전이 요구하는 즉응성을 보장할 수 있도록 군구조의 개선을 추진했다.

한편, 한국의 경제발전에 따라 1987년부터 대(對)한국군사판매차관(FMS)공여계획을 종결함에 따라 한미관계는 일방적인 수원국의 입장에

> **자주국방의 의미**
> 자주국방이란 독자국방을 의미하는 것이 아니라 우리의 자주적 국방의지에 의해서 동맹국과의 연합방위태세를 유지하면서 우리의 국방비를 스스로 부담하고 무기체계를 가능한 범위 내에서 독자적으로 개발하여 한국화해 나가는 것을 의미한다.[35]

서 새로운 동반자관계로 들어섰다. 민주화와 경제성장에 자신감을 얻은 한국에서는 자주국방*과 한미연합사의 작전통제권 이양 문제도 거론되기 시작했다.[36]

3. 주한미군과 자주국방

미국은 6·25전쟁 전후 한국의 전략적 가치*를 그다지 높게 보지 않았다. 따라서 전쟁 후에도 지속적으로

> **미국이 보는 한국의 전략적 가치**
> 이춘근은 미국의 주한미군 철수 주장을 소개하면서, "한국은 미국의 사활적 국가이익의 대상이 아니다. 아시아에서의 미국의 사활적 이익은 일본이다"라고 주장했다.

---

34) 국방부, 『율곡사업의 어제와 오늘 그리고 내일』(서울: 국방부, 1994), pp.40-41.

35) 국방부, 『국방백서 1988』(서울: 국방부, 1988), p.20.

36) 외교통상부, 『한국외교 60년』(서울: 외교통상부, 2009), p.140.

주한미군 철수문제가 거론되었으며, 그때마다 한국은 안보 공약을 재확인해야 했다.

주한미군은 1945년 일본이 항복하자 9월 8일 인천항을 통해 한국에 상륙하면서 주둔하게 되었다. 미국은 자국의 군사적 편의에 의해 한반도를 38도선으로 구분하여 남한 내 일본군의 항복을 접수하고자 했다. 미국은 대한민국 정부가 수립되자 1949년 6월 군사고문단 500명만 남기고 철수했으며, 애치슨라인에서도 한국을 제외시켰다. 아시아에서 미국의 사활적 이익은 한국이 아닌 일본으로 보았다.

한반도에서 6·25전쟁이 발발하자 참전한 주한미군은 최대 32만여 명에 달했다. 전쟁 이후 해외주둔 미군을 전략적 재배치하기 위한 뉴룩정책(New Look Military Program)에 의해 2개 사단 7만여 명을 남기고 철수했다. 대신 한국은 한미군사원조회담을 통해 장비와 물자를 지원받았다.

제1·2군사령부 창설과 함께 미국이 약속한 한국군 10개 사단이 창설되었다. 아울러 1958년 미국으로부터 대한방위원조액 2.2억 달러를 지원받기로 했으며, 남북대치상황과 운영유지 여건을 고려해 국군의 병력도 63만 명으로 조정했다.

미국이 1969년 7월 닉슨독트린(Nixon Doctrine)*을 선언하고 주한미군 1

> **닉슨독트린**
>
> 미국 닉슨 대통령은 베트남전이 한창 진행 중인 1969년 7월 "방위의 1차적인 책임은 자국이 담당해야 한다. 미국은 다시는 아시아 대륙에 지상군을 투입하지 않겠다"는 대(對)아시아 외교정책을 발표했다.

개 사단의 철수를 일방적으로 통보했다. 당시 한국군 5만 명이 베트남전쟁에 참전하고 있는 와중에 1971년 3월까지 미 제7사단 2만 명이 철수함으로써 한국은 충격과 함께 방기에 대한 우려를 갖게 되었다.

1977년 1월 카터(Jimmy Carter, 1924. 10. 1- , 재임기간 1977. 1. 20-1981. 1. 20) 미 대통령은 취임하자 곧 주한미군 철수를 추진했으며, 한미관계가 불편해졌다. 미국은 1977

년 5월부터 철군 협의를 시작했지만 의회와 군부의 반대*로 철수계획은 중단되었고, 한반도에서 전쟁억제를 위해 1978년 11월 7일 한미연합군사령부(CFC, ROK/US Combined Forces Command)를 창설했다.

1990년대 탈냉전 시대를 맞이하여 주한미군의 감축은 미국의 새로운 동아시아 전략에 입각해서 추진되었다. 1990년 4월 미국의 국방부는 동아시아 전략구상(EASI, East Asia Strategic Initiative)*을 의회에 제출했으

며, 주한미군의 제1단계 철수는 1992년 12월까지 이루어졌으나, 나머지 제2, 3단계 감축은 북한 핵문제 등으로 인해 보류되었다.

1992년에는 북한 핵을 고려해 수정된 EASI-II 보고서를 제시

했으며, 적정한 규모의 미군
이 한국에 주둔할 근거를 마
련했지만 한국의 방위비 분
담금(defense burden sha
-ring)* 증액을 요구했다.

> **한국의 방위비 분담금**
> 한국정부는 방위비분담금으로 1991년
> 에 1,073억 원을 지불했으며, 몇 차례
> 를 제외하고 매년 증가하여 2017년에는
> 9,200억 원을 지불했다.

미국은 1995년 2월 미국의 동아시아전략검토(EASR, East Asia Strategic Review)를 발표하면서 한국의 안정이 동북아 안정과 직결되며, 한반도의 전쟁억제를 목표로 주한미군을 지속 유지할 것임을 강조했다.[37] EASR에 의해 주한미군의 수준은 동결되었으나 한미동맹의 미래지향적 발전방향에 대한 재조정은 전략 개념적 차원에서 지속되었다.

1990년대에는 한미관계가 변화를 겪으면서 주한미군의 역할, 규모, 임무가 변경되었다. 미국은 동아시아 전략구상을 통하여 한국방위의 한국화를 시도했다. 한국이 방위의 주도적인 역할(leading role)을 담당하고, 미국은 지원적 역할(supporting role)로 바꾸어 나갈 것임을 시사했다.

그 일환으로 1991년 3월 정전위원회 수석대표에 한국군 장성이 임명되었고, 1992년 12월에는 한국군 대장이 연합사령부 부사령관 겸 지상구성군사령관으로 임명되었다. 이어 1992년 7월 1일부로 중부전선의 제5·6군단과 미 2사단을 작전통제했던 한미야전사령부가 해체되면서 서부전선에 대한 작전통제권을 행사해

---

37) Department od Defense, Office of International Security Affairs, *United States Security Strategy for East Asia-Pacific Region*(Washington D.C.: USGPO, February 1995).

왔던 3군이 추가로 중부전선의 작전통제권을 인수하게 되었다. 이어 1994년 12월 1일부로 평시작전통제권이 한국군에게 이양 되었다.[38)

1991년부터 방위비분담특별협정(SMA, Special Measures Agreement)을 체결하여 주한미군의 주둔비용을 분담하기 시작 했다. 한미양국은 방위비 분담금의 수준을 결정함에 있어서 한국의 경제사정, 주한미군의 안정적인 주둔여건, 국민의 안보 기대치 등 제반 사항을 종합적으로 고려했다.

미국은 2004년 해외주둔 미군재배치(GPR, Global Posture Review)의 일환으로 주한미군의 규모 조정 및 재배치를 추진했다. 2004년부터 2008년까지 3단계로 12,500명을 감축하여 25,000명의 주한미군이 주둔하기로 합의했다. 이에 따라 1단계로 2004년에 5,000명, 2단계로 2007년까지 4,000명을 감축했으나, 2008년 한미정상회담에서 28,500명 수준을 유지하기로 합의했다.[39)

앞서 사례에서 보았듯이 미국은 한국과 사전에 충분한 협의나 동의 없이 주한미군을 감축하면서 한국은 미국의 안보 공약에 대한 의구심을 갖게 되었으며, 방기에 대해 심각한 두려움을 느끼는 동맹의 딜레마에 빠지기도 했다.[40)

한편 주한미군의 주둔으로 한국이 얻는 경제적 효과는 매우

---

38) 국방부, 『국방백서 1994~1995』(서울: 국방부, 1994), p.113.

39) 군사편찬연구소, 『한미동맹 60년사』(서울: 군사편찬연구소, 2013), pp.315-316.

40) 이상철, 『안보와 자주성의 딜레마』(서울: 연경문화사, 2004), p.247.

크다고 볼 수 있다. 국방비 절감, 주한미군 대체전력의 구축비용 절감, 그리고 간접적 경제효과 등이다. 주한미군 대체전력의 건설비용은 2000년 불변가격으로 국방비로 16조 원, 장비 획득비로 12조 원이 추가 소요된다. 주한미군 전력뿐만 아니라 증원전력까지 포함한 대체전력을 2020년까지 건설한다고 가정하면 약 209조 원의 국방비가 추가 소요되는 것으로 추정된다.[41]

4. 북핵문제와 자주국방

냉전종식 이후에는 북한의 핵 및 미사일 등 대량살상무기 개발문제를 둘러싼 대북정책과 관련하여 한미 간의 안보갈등이 부각되었다. 미국은 한반도에 대해 전략핵에 의한 상징적인 핵우산정책을 유지하면서 남북한 핵무기를 원천적으로 금지하는 정책을 추진하고 있다.[42]

가. 제1차 북핵 위기

1989년 영변 핵시설의 대외 공개를 계기로 미국을 비롯한 국제사회는 국제원자력기구(IAEA, International Atomic Energy Agency)와 안전조치협정을 체결할 것을 촉구하는 등 북한의 핵문제에 대해 관심을 갖기 시작했다. 미국은 다양한 옵션을 가지

---

41) 백재옥 외, 『한미동맹의 경제적 역할 평가 및 정책방향』(서울: 한국국방연구원, 2005), pp.69-70.

42) 유재갑, "주한미군에 대한 한국의 입장"『한미동맹 50년』(서울: 세종연구소, 2003), pp.282-283.

고 북한과 일련의 협상을 벌였다. 우여곡절 끝에 1994년 10월 21일 제네바합의(Framework Agreement)를 채택하면서 북핵문제는 일단락되었다. 이는 미국과 관계개선을 통한 경제적 보상을 전제로 핵활동 동결 및 핵시설 해체를 포함한 포괄적인 합의였다.

후속조치로 한·미·일이 주축이 된 국제 컨소시엄 한반도에너지개발기구(KEDO, Korean Peninsula Energy Development Organization)를 창설해 중유를 제공하는 등의 조치를 통해 북핵문제를 해결하려 했다. 그러나 1998년 8월 북한의 장거리 미사일 발사와 금창리 핵 시설문제가 대두되면서 대북정책의 전면 재검토와 함께 페리프로세스가 개시되었다. 이마저도 북한의 비협조로 성과를 달성하지 못했다.

북핵문제를 해결하는 과정에서 한국이 배제된 채 미북 관계가 진전됨에 따라 한국은 방기의 두려움을 느끼게 되었다. 반면 미국의 대북강경정책은 한반도의 긴장과 위기를 고조시키고 「작계 5027-98」이 대북 선제공격의 가능성을 시사하고 있어서 한국에게는 전쟁으로 확산될 위험성과 함께 연루의 두려움을 초래했다.[43]

나. 제2차 북핵 위기

1999년 10월 페리보고서(Perry Report) 이후 한·미·일 3국은

---

43) 이정훈, "햇볕정책과 작계 5027 개정: 제2한반도 전쟁, 그날 이후," 『신동아』, 1999년 5월호, p.244.

북한의 대량살상무기 위협의 억제와 북핵 문제를 해결하기 위해 대북정책조정그룹(TCOG, Trilateral Coordination and Oversight Group) 회의를 통한 3자 협력을 실시하고, 미국은 북한과의 양자회담을 지속했다.

김대중 정부가 남북 간 화해와 교류협력을 추구하는 포용정책을 추진하면서 2000년 6월 평양에서 분단 이후 최초로 남북정상회담이 개최되었고, 남북관계가 새로운 국면으로 진전되었다. 2000년 10월 조명록이 김정일 국방위원장의 특사 자격으로 워싱턴 DC를 방문하여 클린턴(Bill Clinton, 1946. 8. 19-, 재임기간 1993. 1. 20-2001. 1. 20) 미 대통령과 회담하고, 이어 올브라이트 미 국무장관이 방북하여 김정일 국방위원회위원장(1941. 2. 16-2011. 12. 17)과 면담하면서 정점에 달했다.

그러나 기대와 달리 북한의 변화가 없으면서 한국 내에서는 남남갈등 현상이 발생했다. 한국이 대북포용정책을 추진하면서 북한의 핵미사일 등 대량살상무기 위협이나 인권문제 등에 소극적 태도를 취하자 미국도 불만이 쌓였다. 미국은 2001년 9·11테러 사건 이후 대량살상무기를 보유한 독재국가에 대해 초강경 자세를 보이며 2002년 연두교서에서 북한을 악의 축으로 칭하면서 미북 관계가 악화되었다.

2002년 10월 켈리(James A. Kelly) 미 국무부 동아태차관보가 평양을 방문했을 때 북한이 우라늄농축프로그램(UEP, Urani-um Enriched Program)을 시인함으로써 제2차 북핵 위기가 발생했다. 국제사회는 북한에 대해 핵 관련 의무사항을 준수하도록 촉구했으나 오히려 2003년 1월 핵확산금지조약(NPT, Non-Proliferation Treaty) 탈퇴를 선언하고, 8천개의 폐 핵연료봉 재처리를 시작했다.

한국정부는 제2차 북핵위기가 발생하자 핵문제 해결을 위한 3대 원칙을 발표하고 미·일 공조, 중·러 협력을 지속해 나갔다. 북핵 위기를 해결하기 위해 2003년 8월 남북한과 미·일·중·러가 참여하는 6자회담이 최초로 개최되었다. 이후 제6차 6자회담까지 개최했으나 북한의 벼랑끝 전술과 중국의 북한 감싸기식 소극적인 대응으로 6자회담을 통한 북핵 문제 해결은 한계를 보여주며 오히려 북한에게 핵개발 시간을 주었다는 비판을 받고 있다.

북한은 6자회담이 진행되는 기간에도 2006년 10월 9일 제1차 핵실험, 2009년 5월 25일 제2차 핵실험, 2013년 2월 12일 제3차 핵실험을 각각 실시하여 유엔 안보리의 제재를 받았으나 별다른 효과를 얻지 못했다. 북한은 오히려 경제건설과 핵무력 건설 병진을 주장하며 한반도 긴장을 고조시켰다.

다. 제3차 북핵 위기

북한은 2015년 12월 21일 동해 신포항 부근에서 수중발사 잠수함발사탄도미사일(SLBM, Submarine Launched Ballistic Missile) 사출시험을 실시했다. 이어 2016년 1월 6일에 제4차 핵실험을 실시하고 수소폭탄 실험에 성공했다고 발표했다.[44] 유엔

---

44) 『중앙일보』, 2016년 1월 7일 외 다수 매체.

을 포함하여 주변 4국은 유엔 안보리의 결의에 따라 북한제재를 약속했지만 각국의 이해가 상충되어 효과적인 제재가 시행되지 않았다.

북한 김정은은 2017년 11월 29일 화성-15형 미사일 시험발사 직후 국가핵무력 완성을 선언함으로써 새로운 위기를 조성했다. 이에 유엔 안보리는 대북제재 2397호를 결의함으로써 더 강력한 대북제재를 강조했다. 북한은 2018년 신년사를 통해 핵무력 완성에 따른 억제력 확보와 핵보유 지위를 기정사실화하려는 기조를 보이고 있다.[45]

미 트럼프 대통령과 북한 김정은의 말폭탄 경쟁으로 경색된 국면은 2018년 4월 27일 남북정상회담을 계기로 북핵문제를 해결하기 위한 새로운 전기가 마련되었다. 남북정상은 판문점선언에서, 미북정상은 6·12공동성명에서 한반도의 완전한 비핵화를 실현한다는 공동의 목표를 확인했다.[46] 이제 한미 양국은 북한의 비핵화라는 공동의 목표를 재확인하면서 국제사회와 함께 대북제재와 압박을 지속 유지하면서 북핵의 완전한 폐기(CVID, FFVD)*를 위해 노력하고 있다.

> **완전한 비핵화(CVID, FFVD)**
> 완전하고 검증 가능하며 불가역적인 비핵화
> (CVID, Completely Verifiable Irreversible Dismantlement).
> 최종적으로 완전히 검증된 비핵화(FFVD, Final, Fully Verified Denuclearization)

---

45) 이호령 외, "신년사 분석을 통해 본 북한의 의도와 정책 방향," 한국국방연구원, 2018.1.8.

46) 「판문점선언」(2018.4.27), 문재인 대통령과 김정은 국무위원장은 "남과 북은 완전한 비핵화를 통해 핵 없는 한반도를 실현한다는 공동의 목표를 확인하였다"라고 발표하였다 (3-④항). 미북정상은 6·12공동성명을 통해 한반도의 완전한 비핵화에 합의했다.(3항)

2018년 5월 22일 한미정상회담이 개최되었으며, 6월 12일에 미북정상회담을 개최하였다. 성김 필리핀 주재 미국대사와 최선희 북한 외무성 부상이 5월 27일부터 판문점에서, 5월 30일부터는 미국 폼페이오 국무장광과 북한 김영철 통일선전부장이 뉴욕에서 동시다발적인 만남을 통해 세부적인 내용을 조율하였다. 중요한 것은 미북 협상이 속도감 있게 진행되면서 한국의 안보패싱(security skip)이 없어야 하며 핵심조건인 북한의 완전 비핵화의 목표치에 결코 타협이 있어서는 안 된다는 점이다.47)

한미는 2008년 영변 냉각탑 파괴 쇼의 교훈을 결코 잊어서는 안 된다. 한미억제전략위원회(DSC, Deterrence Strategy Committee) 회의를 활성화해 북한의 핵·미사일에 대한 동맹의 실질적인 억제력 제고 및 완전한 폐기를 위해 다양한 협력 방안을 강구해야 할 것이다.48)

---

47) "北-美 판문점 협상... 韓 안보패싱은 없어야."『동아일보』, 2018년 5월 29일.
48) 제13차 한미 통합국방협의체(KIDD) 회의 결과, 국방부, 2018. 3. 21.

제3절 협력적 자주국방

2001년 9·11테러를 계기로 세계정세는 크게 요동쳤다. 국가 간 전통적인 위협뿐만 아니라 국제테러, 대량살상무기(WMD, Weapons of Mass Destruction) 확산, 비국가행위자(Non-state Actor)의 증가 등 새로운 안보 문제가 부각되면서 국가안보와 동맹의 개념이 바뀌고 전 세계적으로 경제, 에너지, 환경, 보건 등 비군사적 영역의 안보문제도 새롭게 부각되었다.

이런 배경에 따라 노무현정부는 역내 다자안보협력의 강화를 통해 동북아시아의 평화번영을 실현하고, 한미동맹의 바탕위에 자위적 방위역량을 강화하여 한국의 역할을 확대하려는 협력적 자주국방을 추진하고자 했다. 자주국방은 국가주권을 우리 힘으로 지킬 수 있는 주체적 당사자가 되고자 하는 국가의지의 표현이다.

노무현정부는 협력적 자주국방을 표방하며, 한국의 자위적 방위역량을 기반으로 상호보완적 한미동맹 관계를 발전시키고자 노력했다. 정부는 한미동맹과 자주국방의 병행 발전을 국가안보 목표 달성을 위한 3대 전략과제 중 하나로 설정하고 범국가적 차원에서 역량을 집중했다.[49] 노무현 대통령은 국방개혁 2020을 강력히 추진하여 10년 이내에 자주국방의 기반을 다지고 2020년에 협력적 자주국방을 완성하려 했다.

---

49) 국가안전보장회의, 『평화번영과 국가안보』 (서울: 국가안전보장회의, 2004), pp. 28-29.

1. 국가안보와 자주국방

국제사회는 국가의 이익(interest)과 힘(power)의 논리가 지배한다. 국가안보란 "대내외적으로 오는 현재적 또는 잠재적 위협으로부터 국가의 생존을 보장하고 국가이익을 보호하며 확장시킬 뿐 아니라 국가이익을 실현하기 위한 국내적·국제적 조건을 조성하는 국가의 정책과 그 실천을 의미한다"고 할 수 있다.

이러한 국가안보 개념은 국가이익의 보호와 국가이익의 확장으로 구분이 가능하다.[50] 국가안보 개념은 전통적 군사안보와 더불어 정치·경제·사회·환경 등의 제분야로 그 범위가 다양해지고 광역화되고 있다. 종전의 절대안보 개념에서 상호안보, 공동안보, 협력안보, 포괄적 안보 등으로 안보개념이 광역화되고 심층화되고 있다.[51]

국가방위는 외부의 물리적 공격으로부터 국가의 국민과 영토를 군사적 수단으로 보호하는 것이다.[52] 즉, 국가방위는 외부의 군사위협에 대하여 군사적 수단으로 대내외 주권을 지키고, 영토를 지키며, 국민의 생명과 재산을 지키는 것을 의미한다고 볼 수 있다.[53]

자주국방은 "외국의 부적절한 영향이 없이, 군사력을 조성하

---

50) 이승희, "국가안보개념과 군사적 수단," 『국방연구』 제42권 1호(1999.

51) 한용섭, 『국방정책론』(서울: 박영사, 2012), p.46.

52) Amos A. Jordan, Willian J. Taylor, Jr. and Lawrence J. Korb, *American National Security: Policy and Process*(Baltimore and London: Johns Hopkins University Press, 1989), p.3.

53) 한용섭, 『국방정책론』(서울: 박영사, 2012), p.51.

고 필요시 사용하여 국가를 방위하는 것"이다. 자주국방은 국가
가 자주적으로 추구하고 추구해야하는 당위적 목표이지만 현실
적으로는 실현이 거의 불가능하다. 따라서 국가들은 국가방위에
대해 대내적으로는 군사력을 강화하고, 대외적으로는 외교관계
를 발전시키며 필요시 군사동맹을 형성한다.[54]

전통적인 안보는 국가안보와 함께 자조(self-help)적인 것이었
다. 외부의 위협을 스스로 막고, 이를 위한 자국의 군사력과 경
제력 등을 강화하는 것이다. 현실주의적 시각에서 전통적 자주
국방은 한 국가가 독자적인 힘으로 국방을 담당하려는 노력으로
이해되어 왔다.

그러나 오늘날 순수한 자국의 국방력으로 국가의 생존과 국민
의 안전을 완전히 보장하기란 불가능하다고 판단하여 동맹국과
우방의 협력을 강조하고 있다. 안보정책의 측면에서는 자주방위
를 중심으로 할 것인지 아니면 동맹을 중심으로 할 것인지가 중
요한 논쟁거리 일 수 있다.

2. 협력적 자주국방과 평화번영정책

가. 협력적 자주국방의 추진배경

한국은 북한의 군사적 위협과 동북아 안보환경의 변화, 국제테
러의 증가 등 다양한 도전에 끊임없이 직면해 왔다. 한국은 6·25

---

54) 백종천, 『한반도 평화안보론』(성남: 세종연구소, 2006), p.65.

전쟁 이후 공고한 한미동맹을 토대로 안보환경, 가용 국방재원 등 대내외 여건 변화에 따라 추진방법과 정도의 차이는 있었지만 자주국방을 위한 노력을 지속해 왔다.

우리의 자주국방 노력은 1969년 닉슨독트린이 발표되고 주한 미군의 감축이 시행되는 1971년부터 본격화되었다.[55] 박정희 대통령은 자주국방의 기치아래 율곡사업을 추진하며 기본적인 방위력을 확보했다. 1994년에는 평시 작전통제권을 환수하는 등 작전수행능력과 전력증강, 연합지휘체제 발전 측면에서 괄목한 성과를 거두었다.

그러나 2000년대 초에는 한국의 국력신장에 부합한 한미동맹 관계의 발전에 대한 국민적 기대가 점증하고 있는 가운데 북한의 핵, 미사일 등 비대칭전력의 군사위협이 증대되고, 주한미군 재조정 등 안보환경의 변화로 인해 한국군의 방위역할의 확대가 요구되었다. 노무현 대통령은 이러한 시대적 요구와 국민적 기대에 부응하여 우리가 한반도 안보의 주체적 당사자가 되겠다는 의지의 표현으로 2003년 광복절 경축사를 통해 협력적 자주국방을 표방했다.

나. 협력적 자주국방과 평화번영정책

노무현정부는 한반도의 평화와 안정의 기반이 되는 확고한 안보태세의 확립을 위해 한미동맹과 자주국방의 병행 발전을 추구

---

55) 닉슨독트린 발표(1969.7) 이후 1969년부터 1971년까지 주한미군 24,000명이 감축되었다.

하는 협력적 자주국방을 추진했다. 전통적으로 자주국방은 스스로의 힘으로 국방을 담당하려는 노력으로 이해되어 왔다. 그러나 오늘날 한 국가가 독자적인 국방으로 국가의 생존과 국민의 안전을 완전히 보장하기는 거의 불가능하며 동맹국과 우방의 협력은 필수적이다.56)

협력적 자주국방의 기본 개념은 "한미동맹을 발전시키고 주변국과 군사협력, 집단안보체제 등 대외 안보협력을 능동적으로 활용하면서 북한의 전쟁도발을 억제하고, 도발하는 경우 이를 격퇴하는 데에 한국이 주도적인 역할을 수행할 수 있는 능력과 체제를 구비하는 것"이다.57)

노무현 대통령은 광복절 경축사를 통해 "자주국방을 하더라도 한미동맹 관계는 더욱 단단하게 다져 나가야 한다. 세계 대부분의 나라들이 상호동맹 또는 집단안보 동맹으로 평화체제를 관리하고 있다. 자주국방과 한미동맹이 결코 모순되는 것이 아니고 상호보완관계에 있다"라고 강조했다.58)

현대의 자주국방은 국가 간 협력관계를 안보의 주요수단으로 활용하는 협력적 자주국방을 의미한다. 그런 측면에서 노무현 대통령은 대부분의 국가들이 자국에 대한 여러 가지 안보위협으로부터 독자적으로 지킬 수 있는 역량을 갖추고자 자주국방을 국방의 기본정책으로 표방하는 것을 당연시 했다. 즉 국가 간 안

---

56) 국가안전보장회의, 『평화번영과 국가안보』(서울: 국가안전보장회의, 2004), p.26.

57) 국방부, 『2004 국방백서』(서울: 국방부, 2004), p.81.

58) "노무현 대통령 광복절 경축사," (2003. 8. 15).

보협력관계의 발전과 자위적 방위역량의 확보를 포괄하는 개념이다. 요컨대 협력적 자주국방은 자위적 방위역량의 기반위에 한미동맹 관계를 공고히 하고, 이를 바탕으로 주변국과의 안보협력관계를 강화함으로써 한국 안보의 절대역량을 키우고 안정성을 증진시켜 나가는 과정으로 보았다.[60]

이러한 안보전략기조*를 유지한 노무현정부는 "한반도에 평화를 정착시키고, 남북한 공동번영을 추구함으로써 평화통일의 기반을 조성하고, 동북아

> **노무현정부의 안보전략기조**
> 노무현정부의 국가안보 전략기조는 평화번영정책 추진, 균형적 실용외교 추구, 협력적 자주국방 추진, 포괄안보 지향이다.[59]

공존공영의 토대를 마련한다"는 평화번영정책을 강조했다. 평화번영정책은 먼저 북한의 핵문제를 평화적으로 해결하고 이를 토대로 남북협력을 증진시켜 군사적 신뢰를 구축하여, 중장기적으로 한반도 평화정책과 동북아 공동 번영을 실현하기 위해 제시한 것이다.

3. 협력적 자주국방 추진 방향

가. 한미동맹의 미래지향적 발전

한미동맹의 미래지향적 발전이란 한국 안보의 기본 축으로 한반도의 평화와 안보에 결정적으로 기여해온 한미동맹관계

---

59) 국가안전보장회의, 『평화번영과 국가안보』 (서울: 국가안전보장회의, 2004), p.23.

60) 국방부, 『2004 국방백서』(서울: 국방부, 2004), p.83.

를 안보환경 변화에 부합되도록 발전시켜나간다는 것이다.[61] 미국의 세계전략 변화와 이에 따른 주한미군의 재조정은 새로운 한미동맹을 요구했다. 급변하는 안보정세에 능동적으로 대처하기 위해 한미동맹을 미래지향적으로 발전시킬 필요가 있었다.

미국은 2001년 9·11테러사건을 계기로 새로운 안보정책과 함께 해외주둔 미군의 조정과 재배치를 추진하고자 했다. 미국은 종전의 위협에 근거한(threat-based) 전략으로부터 다양한 위협에 신속하게 대처할 수 있는 능력에 근거한 (capability-based) 전략으로 전환했다.[62] 해외주둔 기지도 종전의 고정배치 개념으로부터 유동배치 개념으로 변화를 시도했다.

한국정부는 미국과 긴밀한 협조 아래 주한미군의 재조정을 한국방위에서 한국군이 주도적 역할을 담당하는 자주국방의 계기로 삼기를 원했다.[63] 한미 양국은 미래한미동맹 정책구상(FOTA, Future of The Alliance) 협의를 통해 주요 의제들을 협의하고 발전시켜 나갔다.

양국의 국방·외교 대표자들은 12차례의 공식 협의를 거쳐 용산기지의 이전과 미 2사단의 단계적 재배치에 합의하고 미군이 맡아왔던 10대 군사임무*도 한국군이 단계적으로 인

---

61) 국방부, 『2004 국방백서』(서울: 국방부 정책기획관실, 2004), p.84.

62) US Department of Defense, *Quadrennial Defense Review Report* (Washington D.C.: Department of Defense, 2001), pp.iii-iv.

63) 국가안전보장회의, 『평화번영과 국가안보』(서울: 국가안전보장회의, 2004), p.15.

수했다. 특히 상징적인 의미가 큰 JSA 경비임무 및 지원과 대화력전 수행 본부 임무전환도 일각의 우려를 씻고 성공적으로 전환했다.

> **10대 군사임무**
> ① JSA 경비임무 및 지원, ② 후방지역 제독작전, ③ 신속지뢰설치, ④ 공지사격장 관리, ⑤ 주야간 탐색구조, ⑥ 대화력전 수행본부, ⑦ 주보급로 통제, ⑧ 작전 기상예보, ⑨ 근접항공지원 통제, ⑩ 해상 대특작부대 작전이다.
> 그 중 주야간 탐색구조임무를 2008년 9월 말 부로 전환함으로써 10대 임무전환이 모두 완료되었다.

국방부는 용산기지 이전과 주한미군의 재배치, 10대 임무전환 등을 통해 국민적 자긍심을 고취하고, 주한미군의 안정적 주둔여건을 조성함과 아울러 한국방위에 있어서 한국군의 주도적 역할을 확대해 나갈 수 있을 것으로 평가했다.[64]

한미 간 견해 차이도 있었다. 이라크 파병과 주한미군 감축 문제다. 미국은 일정지역을 독자적으로 지휘·통제할 수 있는 사단급 전투부대 파병을 원했지만 한국은 전투임무가 아닌 평화재건임무를 수행할 축소된 사단급 자이툰부대를 파병했다. 한국의 파병이 미국의 기대에 미치지 못하고, 이라크전쟁이 장기화되면서 추가 병력이 필요하게 된 미국은 주한미군의 감축을 통보했다. 한미 양국은 수차례의 협의를 거쳐 2008년까지 12,500명을 감축하기로 합의 했다.

한미 정상은 2003년 5월 14일 정상회담에서 한미동맹을 제반 분야에서 미래지향적 협력을 강화하는 포괄적이고 역동적인 동

---

64) 국방부, 『2004 국방백서』(서울: 국방부 정책기획관실, 2004), p.85.

맹관계로 발전시켜 나갈 것을 천명했다. 즉 양국의 균형적 협력
을 통해 한미동맹을 군사안보적 차원을 넘어 민주주의, 인권 및
시장경제의 공동가치를 바탕으로 정치·경제·사회·문화 등 모든
분야를 포괄하는 관계로 발전시켜 상호 신뢰와 존중에 바탕을
둔 완전한 동반자관계를 지향해 나가기로 했다.65)

그 시기 한국 내 민주화 운동과 반미운동의 분위기에서 당선
된 노무현 대통령이 미국과 대등한 외교와 자주국방을 주창하
면서 한미관계가 긴장된 상태였다. 여중생 사망사건으로 시작된
반미감정은 이라크 파병을 반대하는 시민단체 중심의 반미운동
으로 확산되었다. 미국에서도 용산기지 이전과 자주국방 강조가
중복(overlap)되면서 반한 분위기가 조성되기도 했다.66)

나. 자위적 방위역량 건설

한국은 안보현실을 감안하여 우선적으로 북한 위협을 억제
할 수 있는 군사능력을 조기에 구비하고, 동시에 미래 불특
정 위협에 대비한 핵심전력을 점진적으로 확보해 나간다는
전쟁억제능력 조기 확충이란 개념을 추진했다.67) 노무현정부
는 국방개혁 2020계획을 수립하고 국방비를 증가하여 조기
에 대북 억제에 필요한 핵심전력을 보강하고자 했다.68)

---

65) "2003년 한미정상회담 공동발표문," (2003. 5. 14).
66) 군사편찬연구소, 『한미동맹 60년사』(서울: 군사편찬연구소, 2013), pp.364-365.
67) 국방부, 『2004 국방백서』(서울: 국방부, 2004), p.86.
68) 국방부, 『국방개혁 2020과 국방비』(서울: 국방부, 2006), pp.30-31.

군사력 건설 방향은 미래 전쟁양상을 반영 실시간(real-time)에 표적을 탐지해 결심(C4I, Command Control Communication Computer and Intelligence)하고 이를 타결할 수 있는 이른바 탐지에서 타격(sensor to shooter)체계를 구축하되, 한반도 전역을 통제할 수 있는 독자적 감시·정찰능력 확보, 실시간 지휘·통제·통신체계(C4I) 구축, 그리고 종심표적에 대한 전략타격 능력을 확충하여 실질적인 자주국방의 토대를 마련하고자 했다.[69]

국방부는 군이 요구하는 성능의 무기·장비·물자를 경제적인 비용으로 적기에 전력화한다는 목표 하에 첨단무기의 핵심기술 확보, 통합전력 발휘 보장 등 추진방향을 설정했다.

또한 획득운영시스템이 투명하고 효율적으로 운영될 수 있도록 국방획득업무 제도의 개선을 추진했다. 2006년 1월에는 국방부 획득실, 합참 시험평가 기능, 각 군의 사업단, 조달본부 등에 분산되어 있던 획득관련 부서와 기관을 모두 통폐합하여 방위사업청을 창설했다.[70]

한편 한미 양국은 주한미군의 감축으로 인한 전력공백을 보완하기 위해 주한미군의 전력을 보강하기로 합의했다.[71] 미국은 2003년부터 4년간 150개 품목 11억 달러를 투자하여 주한미군의 전력현대화를 단계적으로 추진했다.

69) 국방부, 『2004 국방백서』(서울: 국방부 정책기획관실, 2004), p.139.

70) 서우덕·신인호·장삼열, 『방위산업40년 끝없는 도전의 역사』(서울: 플래닛미디어, 2015), p.179.

71) 「미래한미동맹 정책구상(FOTA)」 제2차 공동발표문(2003. 6. 5).

4. 군 구조 개편과 국방개혁

노무현정부는 군구조 개편과 국방개혁을 통해 협력적 자주국방을 효율적으로 추진하려 했다. 정부는 한미 연합전력을 고려하되, 주도적 대북 억제능력을 확보하기 위해 필요한 전력을 우선적으로 확충하고, 미래의 불특정 위협에 대해서는 잠재적 대응능력을 배양하면서 필수 소요를 장기적으로 확보하려 했다.[72]

정부는 자주적 정예군사력 건설을 통해 대북억제에서 주도적인 역할을 수행하고자 했다. 국방부는 독자적인 작전기획 및 군 운용 능력을 확보하기 위한 군구조 개편과 국방운영의 효율성 제고 등 명실상부한 자주국방의 토대를 마련하기 위해 국방개혁을 추진했다. 국방부는 2005년 9월 21세기 선진정예국방을 위한 국방개혁 2020을 발표했다. 그 중 군 구조분야의 내용은 다음과 같다.

첫째, 합동성이 강화된 지휘구조를 정립하기 위해 독자적인 방위기획 및 작전수행체제를 확립한다.

둘째, 상비 병력을 68만 명에서 50만 명 수준으로 감축하고 예비전력을 300만 명에서 150만 명으로 대폭 감축하되 병력의 정예화를 추진한다.

셋째, 전력구조를 첨단화하여 먼저보고 먼저 결심하여 먼저 타격하는 정보지식 중심의 네트워크중심전(NCW, Network Centric Warfare) 기반구조로 발전시킨다.

---

72) 국가안전보장회의, 『평화번영과 국가안보』(서울: 국가안전보장회의, 2004), pp.41-42.

넷째, 부대구조를 단순화하여 완전성 보장 등이 골자였다. 여기에는 전시작전통제권의 조기 전환을 위한 복안이 포함되어 있었다.

국방개혁 2020의 강력한 추진을 위해 순수개혁 소요는 약 67조원, 개혁기간 15년간 총재원은 621조원의 예산이 소요될 것으로 추산했다.[73] 중점과제는 3단계로 나누어 장기적으로 추진하고자 했다.

단기적으로는 현 조직의 효율성 제고에 중점을 두고 병력을 감축하되 국방력은 획기적으로 강화하고, 장기적으로는 한국군 주도의 작전수행이 가능한 구조와 체계를 건설하려 했다. 특히 통합 전투력 발휘를 보장하면서 군 정예화와 연계하여 병력의 규모를 단계적으로 감축시켜 나갔다. 그러나 추진과정에서 병력 감축에 따라 그에 상응하는 무기체계의 확보가 제대로 되지 않아 문제점으로 대두되었다.

요컨대 당시 노무현정부가 추진한 협력적 자주국방은 시대적인 흐름상 올바른 선택이었지만 속도와 집중 면에서 아쉬움을 남겼다. 노무현 대통령이 취임과 동시에 일방적으로 선언하기보다 동맹국인 미국과 사전 조율하고 추진했더라면 더 좋은 결과를 얻을 수 있었을 것이다. 용산기지 이전과 주한미군 재배치 문제도 당시 고조된 반미감정과 연계되면서 많은 사회비용을 치러야 했다.

---

73) 국방부, 「국방개혁 2020과 국방비」(서울: 국방부, 2006), p.30; 백재옥 외, 『한미동맹의 경제적 역할 평가 및 정책방향』(서울: 한국국방연구원, 2005), pp.69-70; 주장비의 획득비는 175조원으로 추산했다.

제4절 동맹 의존 심화

한미동맹은 지난 60여 년간 동북아 지역의 평화와 안정에 기여함은 물론 한반도에서 북한의 전쟁 도발 억제에 결정적으로 기여해 왔다. 또한 한국군의 전력증강과 현대화에도 큰 도움이 되었다. 한미동맹은 90년대 초까지만 해도 일방적인 호혜의 수준이었으나 1990년대 말부터 본격적으로 변화되기 시작했다.

2001년 9·11테러 이후 미국이 테러와의 전쟁을 치르면서 한미동맹은 새로운 변화를 맞이했다. 이어 중국이 급부상하면서 2010년대 초부터는 미국과 중국이 동북아지역에서 패권경쟁을 벌이는 형국이 되었다. 한국은 급변하는 안보환경 하에서 한미 양국의 국익에 부합된, 보다 미래지향적인 포괄적 동맹으로 발전시키기 위한 노력과 함께 동맹을 저해하는 요인과 문제점을 해소해야 한다.

한미동맹 60여 년간 동맹의존도가 심했던 만큼 일부에서 부작용도 나타나고 있다. 전시작전통제권 전환 시기 지연, 전략적 유연성, 군사력 건설과 사용의 딜레마, 전력증강사업의 미국 편중 현상 등이다.

한국의 안보에 대한 대미 의존성은 미국의 한반도 정책에 한국이 민감하게 반응할 수밖에 없는 구조적 한계를 지니고 있다. 한미연합사 체제하에서 전평시 작전을 준비하고 시행함으로써 북한의 국지도발 시 적극적인 대응을 하지 못했다. 또한 한미

연합 및 합동작전을 위해 상호운용성(interoperability)을 강조하다보니 방위력개선이나 전력증강에서 미국의 무기체계나 시스템을 우선적으로 도입할 수밖에 없었다.

1. 동북아 안보환경 변화

국가의 이익과 힘의 논리가 지배하는 국제사회의 안보환경은 수시로 변하고 있다. 동북아시아의 정세는 미국의 트럼프 독트린으로 국제관계가 혼란해지고 안보의 유동성이 증대하고 있다.

미국 트럼프 대통령은 미국 우선주의(America First)를 외치며 인도·태평양 전략과 동맹국과의 파트너십을 통해 힘의 균형(balance of power)을 강조한다. 2017년 12월 18일 발표한 국가안보전략(NSS, National Security Strategy)에서 중국과 러시아를 미국 안보와 번영을 침해하고 미국의 힘과 영향력에 도전하는 경쟁국가(competitor)로 규정했다.[74] 이에 따라 미국은 중국과 외교뿐만 아니라 경제적 분야에서도 치열한 경쟁을 하고 있다.

중국의 시진핑 주석은 집권 제2기를 맞아 사회주의 강대국을 건설한다는 중국몽(中國夢)을 강조하고 있다. 중국은 다자협력을 통한 신형국제관계와 일대일로전략을 통해 글로벌 패권국으로 도약하겠다는 것이다.

---

74) The White House, *National Security Strategy of the United States of America*, Dec. 2017: 미 국가안보에 긴요한 국익·목표, 대외정책, 국방역량 등을 종합적으로 기술하고 외교안보정책 방향을 제시하는 중요한 문서이다.

중국은 아시아인프라투자은행
(AIIB, Asian Infra Investment
Bank)*, 다보스포럼, 지역협력경
제파트너십(RCEP, Regional Com
-prehensive Economic Partner
-ship) 등 경제체제 강화를 통해
세계금융과 통상질서를 재편하
려고 한다.

> **아시아투자인프라은행(AIIB)**
>
> AIIB는 2015년 6월 29일 베이징 인민대회당에서 한국, 러시아, 인도 독일 등 AIIB 50개 회원국 대표들이 참석해 AIIB의 운영의 기본 원칙을 담은 협정문에 서명하여 공식 출범했다. 2017년 10월 31일 현재 AIIB 가입국은 총 80개국(역내 회원국 38, 역외 회원국 20, 예상 가입국 23)이다

요컨대 동북아에서 경제협력
은 밀접한 관계를 유지하고 있지만 반대로 정치·안보분야의 협력은 미진하여 역내 불안정을 초래하는 이른바 동북아 패러독스(Northeast Asian Paradox) 현상이 나타나고 있다. 트럼프의 미국우선주의와 시진핑의 중국몽이 상호 충돌할 가능성이 농후하다. 그러나 미중은 경쟁국가면서 상호의존성이 높기 때문에 일정 수준의 전략적 협력을 구사할 것으로 예상된다.

2. 안보자율성과 대미 의존성

가. 안보자율성과 동맹의 딜레마

국력이 비슷한 국가들 간에 체결된 대칭적 동맹을 국력결집동맹이라고 하고 국력이 비슷하지 않는 국가들 간의 동맹을 자율성-안보 교환동맹이라고 한다. 자율성-안보 교환동맹은 강대

국은 안보를 지원해주고 약소국은 자율성을 제한 받는 이른바 교환동맹이자 비대칭 동맹이라 할 수 있다.

자율성-안보 교환동맹에서 강대국은 약소국에게 유·무상 군사 원조, 무기이전, 군사기술 이전 등을 제공해줄 뿐 아니라 군대를 주둔시켜 그들의 안보공약을 현실화시키고 적국의 침략을 당했을 때는 동맹국으로서 이를 격퇴하기도 한다.[75] 다만 강대국은 일방적 도움만을 베푸는 것이 아니라 약소국과 동맹을 통해 국가이익을 창출하려 한다.

약소국은 필요시 지원국에게 군사기지 및 시설을 제공해야 하며 군사, 외교, 경제정책 결정 과정에서 지원국의 의사를 반영해야 하는 상황에 직면한다. 즉 피지원국은 지원국으로부터 국가의 안보 지지 및 지원을 제공받지만 국가의 중요한 의사결정 및 정책 수행에 있어서 자율성이 제한받기 때문에 자율성의 갈등(conflict of autonomy)을 겪을 수 있다.

한미동맹은 1953년 10월 한미상호방위조약에 근거하여 비대칭적 쌍무동맹으로 시작되었지만, 지난 60여 년간 안보환경의 변화에 비교적 잘 적응하며 성공적인 동맹으로 발전했다. 변화와 적응과정을 통해 오늘의 한미동맹은 단순한 비대칭적 군사동맹의 차원을 넘어 한미 양국 간의 안보를 포함한 포괄적 동맹으로 발전하고 있다.[76]

---

75) 김열수, 『국가안보』(서울: 법문사, 2011), p.223.

76) 이수형, "한미동맹 60년의 성찰: 포괄적 전략동맹으로의 변화와 과제," 『군사연구』, 제139집, 육군군사연구소(2013).

동맹의 성격이 보다 포괄적으로 변해 감에 따라 동맹의 전략적 논거가 모호해질 수 있고, 역설적으로 합의 구축과 효율적 정책결정이 어려워질 수 있다. 한국의 입장에서 한미동맹의 사활적 임무는 한반도에서 전쟁을 억제하는 것이지만, 미국의 관점에서는 전쟁억제 뿐만 아니라 동북아 평화와 안정에 기여하는 것이 보다 중요한 동맹이익으로 작용하고 있다고 볼 수 있다. 따라서 한국의 안보이익과 동맹이익 간의 갈등을 최소화하면서 포괄적 동맹으로 발전시켜 나가는 것이 중요하다.

한미동맹은 당초에 한반도에서 북한의 전쟁 도발을 억제하기 위해 시작되었지만, 시간이 지나면서 어떤 의미에서는 동맹이 한국의 자주적 방위능력 및 의지에 대한 족쇄로 작동했다는 해석이 가능하다. 여러 가지 이유로 전시작전통제권의 전환이 연기되었으며, 한미 미사일협정이나 원자력 협정 등은 국제사회에서 일반적으로 통용되는 수준 이하로 우리의 주권적 결정 범위가 제한을 받아왔기 때문이다.[77] 전시작전통제권, 주한미군의 전략적 유연성, 주한미군의 재배치 문제, 방위비 분담금(SMA) 등이 한미 간 신뢰를 바탕으로 효과적으로 관리되어야 하는 주요 의제들이다.

나. 전략적 유연성과 주한미군

미국은 전략적 유연성(strategic flexibility)을 범세계적인 우발사태 및 훈련소요 충족을 위해 주둔국 정부와의 적시 적

---

77) 정재호, 『중국의 부상과 한반도의 미래』(서울: 서울대학교출판문화원, 2011), p.411.

절한 협의를 바탕으로 미국 군대 및 병참자원을 주둔국으로, 또는 주둔국을 통해 타 지역으로 배치하기 위한 유연성이라 고 정의한다.[78]

미국은 한미동맹의 미래지향적인 발전적 차원에서 전략적 유연성을 접근하고 있다. 주한미군의 전략적 유연성의 증대 를 통해서 한미동맹의 구조적 변화를 요구한다. 즉, 미국은 주한미군이 한반도에서 대북 억제에 국한되는 것이 아니라 전략적 유연성을 가지고 전 세 계의의 평화와 안전을 위해 신 속히 기동할 수 있는 지역 및 세계 기동군 역할을 원하고 있 다. 따라서 미국은 안보상황에 따라 주한미군의 한반도 유출입 (flow-in and flow-out)*과 경 유를 보다 자유롭게 하기 위해 지속적으로 노력해왔다.

> **주한미군 유출입과 양안문제**
> 당시 미국은 주한미군의 유출 보 다 일단 유사시 더 많은 병력의 유입이 가능한 장점이 있다고 주 장했지만, 한국은 중국과 타이완 의 양안 문제 발생 시 주한미군 이 직접 투입되어 외교 분쟁에 연루되는 것을 우려했다.

한국과 미국은 2003년부터 주한미군의 전략적 유연성에 대한 협의를 시작했다. 미국은 2003년 3월에 개최된 미래한 미동맹정책구상(FOTA) 제1차 회의에서 탐색적 수준의 의견 을 제시했고 한국은 신중한 입장을 견지하여 별다른 진전이 없었다.

---

78) 군사편찬연구소, 『한미동맹 60년사』(서울: 국방부 군사편찬연구소, 2013), p.317.

2003년 11월 제35차 한미안보협의회의에서 양국이 지역안정을 위한 주한미군의 역할 확대 필요성을 공감하고, 2004년 2월 FOTA 제7차 회의 시 미국이 해외주둔 미군재배치계획(GPR, Global Posture Review)을 발표하면서 한미 양국은 전략적 유연성 문제와 관련하여 진지한 협의를 지속했다.

한국은 주한미군이 중국과 타이완, 중국과 일본 등 주변국과의 분쟁에 직접 투입되는 것을 우려했다. 2005년 2월부터 정부대표단이 임명되고 이후 12차례의 협의를 거쳐 2006년 1월 한미 외교부장관과 국무부장관이 다음과 같이 합의했다.

"한국은 동맹국으로 미국의 세계 군사전략 변화의 논리를 충분히 이해하고, 주한미군의 전략적 유연성의 필요성을 존중한다. 전략적 유연성의 이해에 있어서 미국은 한국 국민의 의지와 관계없이 동북아 지역분쟁에 개입되는 일은 없을 것이라는 한국의 입장을 존중한다."79)

한국 정부는 글로벌 차원에서 미국이 필요로 하는 전략적 유연성을 인정하는 대신, 미국은 한국의 의사에 반하여 유사시 발생할 수 있는 동북아 지역분쟁에 개입하지 않겠다는 취지의 공동성명을 발표했다.80)

동맹을 특정한 국가에 대해 군사력을 사용하기 위한 국가

79) 군사편찬연구소, 『한미동맹 60년사』(서울: 국방부 군사편찬연구소, 2013), p.318.
80) 정재호, 『중국의 부상과 한반도의 미래』(서울: 서울대학교출판문화원, 2011), p.410.

간의 공식적인 제휴라고 정의할 때 지역의 안보 균형자로 새로이 조정되고 있는 한미동맹은 과연 중국을 상대로 한 군사력 사용 가능성까지를 포함하는가라는 질문을 내포할 수 있다.

주한미군은 2018년 6월 29일부로 용산시대를 마감하고 평택 험프리즈기지로 이전을 완료했다. 2018년 6월 12일 싱가포르에서 개최된 미북정상회담에서 채택된 공동합의문에 따라 한반도의 안보환경이 개선된다면 주한미군의 임무와 역할 조정은 물론 전략적 유연성 역시 다시 논의될 가능성이 높다.

다. 방위비 분담금

동맹국의 군대가 자국에 주둔하는 경우, 주둔군대의 유지 및 작전수행을 위해 일정한 비용이 들게 되는데, 방위비 분담금은 안보의 이익을 주는 동맹국 군대의 주둔에 필요한 비용을 피 주둔국이 일정 부분 부담하는 비용을 말한다.[81]

미국은 한국의 고도의 경제성장과 자국의 재정적자 등을 이유로 1988년 제20차 SCM에서 방위비 분담금 증액문제를 공식 협의했다 주한미군은 한미동맹이 핵심요소이며, 호헤저이고 건전한 한미동맹의 발전을 위해서는 우리의 국격에 맞게 부담할 것은 부담하고, 요구할 것은 요구할 수 있어야 한다.

---

81) 외교통상부, 『한미 방위비 분담 쉽게 알기』(서울: 외교통상부, 2008), p.1.

이런 방침에 의거 1991년 1월 25일 한미 양국은 SOFA 제5조에 대한 특별협정, 일명 방위비 분담 특별협정(SMA, Special Measures Agreement)을 최초로 체결했다.[82]

현재 방위비 분담금은 인건비, 군사건설비, 군수지원비의 세가지 항목으로 구성되어 집행되고 있다. 2014년 제9차 방위비분담금의 협상 핵심내용은 다음과 같다.

첫 해인 2014년도 분담금의 총액은 9,200억 원이고, 협정의 유효기간은 5년이며, 방위비 분담 전반에 걸친 포괄적 제도개선에 합의했다.[83] 일부에서는 미 측에서 1조3천억 원의 분담금을 사용하지 않은 점과 연합토지관리계획(LPP, Land Partnership Plan) 사업에 방위비분담금이 전용된 점을 지적하고 있다. 이 문제는 반미감정의 시발점이 될 수 있으므로 주한미군의 적극적인 해명이 필요한 부분이다.

한미 제10차 방위비분담특별협정(SMA)을 위한 실무협의를 2018년에 실시 중에 있다. 미 측은 분담률이 42%라며 방위비 분담금의 대폭 인상을 주장하고 있지만 한 측은 주한미군기지의 토지임대료 및 카투사 인건비 등을 고려할 때 80%에 가깝다고 반론을 펴고 있다.[84]

---

82) 외교통상부, 『한미 방위비 분담 쉽게 알기』(서울: 외교통상부, 2008), pp.6-8.

83) 국방부, 『방위비분담금』(서울: 국방부, 2014), p.11.

84) "Despite Complaints, U.S. Gets a Key Benefit in South Korea: Free Rent," *Wall Street Journal*, May 13, 2018.

3. 군사력 사용권에 대한 딜레마

한미 양국은 한반도에서 전쟁 억제를 위한 위기관리 차원에서 한미연합사령부를 창설하여 관리하고 있다. 한미연합사령부의 평시 임무는 북한의 군사력에 대한 계속적인 관찰 및 평가, 감시 및 조기경보체제의 유지 및 향상, 연합작전계획과 증원부대 전개계획 및 전시 군수계획 등의 전시대비계획 발전, 연합 및 합동연습을 통해 한미 양국이 제공하는 한미 연합전력 운용능력을 향상시켜 한국 방어임무를 수행할 수 있는 준비를 갖추는 것이다.[85]

한국군과 연합작전이 가능한 주한미군은 병력 28,500여 명, 전투기 90여 대, 공격헬기 20여 대, 전차 50여 대, 장갑차 110여 대, ATACMS/패트리어트 100여 기와 미 제7공군 사령부의 전술기 104대(A-10 24, F-16 72, 정찰 및 수송기 8) 등으로 구성되어 있다. 미 증원전력은 육해공군 및 해병대를 포함하여 병력 69만여 명, 함정 160여 척, 항공기 2,000여 대 규모다.[86]

평시 작전통제권은 1994년 한국군에 이양되어 한국의 합참의장이 행사하고 있다. 평시 경계임무, 초계활동, 군사대비태세 강화, 부대이동 등 전쟁이 발발하기 전까지 부대의 전반적인 운영에 관한 권한을 가지고 있다. 한국군에 적합한 군사력 건설과 군사교리, 훈련도 계획할 수 있게 되었다.

---

85) 군사편찬연구소, 『한미동맹 60년사』(서울: 국방부 군사편찬연구소, 2013), p.163.
86) 국방부, 『2014 국방백서』(서울: 국방부, 2014), p.48.

반면 한미연합사령관은 평시에도 연합권한위임사항(CODA, Combined Delegated Authority)을 통해 연합위기관리, 작전계획 수립, 연합합동교리 발전, 연합합동훈련 및 연습의 계획과 실시, 연합정보관리, C4I상호운용성 등 6가지의 주요 권한을 행사하고 있다.

전시작전통제권 전환은 2015년 12월 1일부로 연기했다가 다시 조건에 기초한 전시작전통제권 전환으로 연기되었다. 전시작전통제권이 한국군에 전환되고 한미연합사가 해체되는 추세라고 한다면 유엔군사령부의 중요성이 부각될 수 있다. 유엔군사령관을 겸하고 있는 한미연합사령관은 유엔사의 평시 정전협정관리와 유지, 전시 전력제공과 후방 군수지원 기능을 강조하고 있다. 전시작전통제권을 한국군이 단독으로 사용할 경우, 유엔군사령관의 권한과 책임간의 불일치가 발생할 수 있다.[87]

북핵문제의 해결에 있어서도 미국의 접근방법은 한국과 차이가 있었다. 특히 북핵 문제 발생 초기 미 클린턴 정부가 외과적 수술방식(surgical strike)의 북한 핵시설 폭격과 같은 군사적 수단 사용방안을 한국정부와 협의 없이 상당부분을 진행했다. 전쟁의 위험성과 동맹국의 반대를 감안하여 실행하지 않았지만 이런 조치는 한국의 자율성을 제한하는 결과를 가져왔다.[88] 트럼프 정부는 북핵 문제 해결을 위해 강

87) 이상현, 『한미동맹 로드맵』(성남: 세종연구소, 2008), p.173.
88) 김계동 외, 『한미관계론』(서울: 명인문화사, 2012), p.169.

력한 대북제재와 함께 대화결과가 성과를 거두지 못할 경우에 대비한 군사적 옵션(military option)도 준비하고 있다.[89]

2010년 연평도 포격도발 사건에 대한 한국의 대응은 너무 소극적이었다. 대한민국 영토에 대한 포격이라는 6·25전쟁 이후 최초의 사태에 직면하여 이명박 대통령의 '단호히 대응하되, 확전은 방지하라'는 지시는 실망스러운 통수권자의 모습이었다. 당시 전투기가 연평도 상공에서 대기하고 가용한 함정이 전개되어 있는 상황에서 발사 원점을 강력하게 응징할 수 있는 절호의 기회였지만 그냥 지나쳤다.*

> **출격한 항공기와 무장상태**
> 첫 도발 시 긴급 출동한 F-15는 공대공미사일을 무장하고 있어서 북한군을 타격할 수가 없었지만, 오후 2차 도발 시에는 공대지미사일을 무장하고 있어서 실제 타격이 가능한 상태였다.

한미 양국 국방부장관이 전화통화로 공동 대응방안을 협의하는 등 한미 연합군사대비태세는 긴밀히 유지되었지만, 왜 강력한 응징을 하지 않았는지 의문이 가는 부분이다. 이 과정에서 미국의 국방부장관, 국무장관, 합참의장 등이 한국의 카운터파트(counterpart)에게 정전 시 교전규칙 준수와 군사력 사용을 자제할 것을 수차례 요구했다.[90]

---

89) 존 볼턴 국가안보보좌관, 뉴욕 라디오 방송 AM970 인터뷰, 2017년 7월 9일.

90) Robert M. Gates, *Duty: Memoirs of Secretary at War*(New York: Bans & Noble, 2014), p.497.

4. 군사력 건설에서 자주권 문제

한국 정부는 군구조 개편과 국방개혁을 지속적으로 추진해 왔다. 국방개혁기본계획 2014-2030에서는 다양한 위협에 능동적으로 대응할 수 있는 정보·기술 집약형 군구조로 전환하는 계획을 수립했다. 2022년까지 상비병력을 52.2만 명으로 점진적 감축하되 간부의 비율은 증가하고 대신 현존 및 잠재적 위협에 대응할 수 있는 전력으로 구비할 계획이다.[91]

한미 양국은 북한 지도부의 특성과 핵·미사일 위협 등을 고려해 한반도 상황에 최적화한 맞춤형 억제전략(TDS, Tailored Deterrence Strategy)을 적극 이행하고 있다. 북한의 핵·미사일 위협을 효과적으로 억제·대응하기 위해 한국형 3축 체제를 구축하고 있다. 킬체인(Kill Chain)과 한국형 미사일 방어체계(KAMD, Korea Air and Missile Defense) 및 대량응징보복(KMPR, Korea Massive Punishment and Retaliation) 개념을 발전시키며 전력화하고 있다.[92]

아울러 한미는 점진하는 북핵·미사일 위협으로부터 대한민국과 국민의 안전을 보장하고 한미동맹의 군사력을 보호하기 위해 주한미군의 사드(THAAD, Terminal High Altitude Area Defense)체계 배치를 결정, 상주에 1개 포대를 배치·운용하고 있다.[93]

---

91) 국방부, 『국방개혁 기본계획 2014-2030』(서울: 국방부, 2014), pp.13-22.

92) 국방부, 『2016 국방백서』(서울: 국방부, 2016), pp.56-60.

93) 2017년 4월 26일 성주기지에 1개 포대를 긴급히 배치했다.

한국은 2014년 78억 달러어치의 무기 구매계약을 맺어 세계 최대무기 수입국이 되었는데, 주목할 것은 그 중 90%인 70억 달러를 미국산 무기 구입에 치중하고 있다.[94] 최근에는 공중급유기, 무인기 등에 있어서는 다변화를 추구하면서 보이지 않게 약간의 불협화음이 나오고 있다.

미국 F-35 전투기의 도입 과정에서 한국형 전투기(KF-X) 개발에 필요한 4대 핵심기술* 이전이 무산된 사실은 군사력 건설에서 자주권이 얼마나 중요한지 보여주었다. 미국의 록히드마틴사는 2014년 9월 협상과정에서 25개 사항에 대해 모두 기술

> **4대 핵심기술**
> 고성능 능동주사식 위상배열 레이더(AESA, Active Electronically Scanned Array), 악천후에도 목표물을 찾을 수 있는 적외선 탐색 추적 장비(IBST, Infra-red Search and Track), 전자광학 추적장비(EO TGP, Electro Optical TarGeting Pod), 적의 전자장비를 무력화하는 전자파 방해장비(RF Jammer) 등 4가지다.

이전을 약속했으나, 2015년 4월 21일 4개 핵심기술에 대해서는 미국 정부가 승인을 거부했다며 기술 이전 불가를 통보해왔다.[95] 한국은 국내개발을 하든지 유럽 등 제3국의 기술도입을 추진하든지 해야 하는 형편이다.

2012년 10월 한미 미사일지침이 어렵게 타결되었다. 그러나 한국의 요구조건이 모두 충족된 것은 아니었다. 한국의 탄도미사일은 현무-II의 탄두중량 500kg를 유지하면서 사거리만을 기존 300km에서 800km로' 확대했다.[96]

94) "한국, 세계 초대 무기수입국에 걸맞는 능력 갖췄나." 『중앙일보』, 2015년 12월 28일.

95) 『중앙일보』, 2015년 9월 25일.

96) 국방부, 『2012 한미동맹 자료집』(서울: 국제정책관실, 2012), pp.14-15.

이 기준은 trade-off를 적용하여 군사적 의미가 있는 사거리 550km*일 경우 1,000kg 이상의 탄두중량을 가진 미사일도 보유할 수 있게 되었다.

> **550km의 의미**
> 우리의 중부지역을 기준으로 북한의 전 지역은 사거리 550km이내에 위치하고 있기 때문에 군사적 의미를 부여하고 있다.

무인항공기(UAV) 탑재중량도 현재 500kg에서 2,500kg으로 확대됨과 동시에 무장능력도 구비할 수 있게 되었다. 한편 2017년 11월 7일 한미정상회담에서 사거리 800km[97]를 넘지 않으면, 중량을 제한하지 않도록 미사일지침 개정에 합의하였다.

요컨대 중장기적인 차원에서 한국동맹은 한국이 한반도 안보의 중심이 되고, 미국이 지원하는 방식으로 발전하며, 글로벌 차원에서는 한국이 한반도를 넘어서서 미국의 글로벌 전략에 협력해 가는 모습으로 발전하고 있다.

21세기 한반도의 특수성과 한국의 대외관계가 직면하고 있는 고도의 불확실성을 감안하여 우리는 철저한 준비를 해야 한다. 막연한 낙관론 보다는 다양한 상황의 가능성에 대해 사전 연구와 대비하는 신중론이 필요하다. 한국은 중견강국으로서 남북으로 분단된 특수한 상황에 처해있기에 명석한 이해와 철저한 준비에 바탕을 두되 민활한 대처를 할 수 있는 능력과 의지를 가진 외교가 필요한 시기다.[98]

---

97) 미사일 사거리를 800km를 초과할 경우 서울을 중심으로 도쿄와 베이징이 사거리가 미치기 때문이다.

98) 정재호, 『중국의 부상과 한반도의 미래』(서울: 서울대학교출판문화원, 2011), p.432.

제5절 평화체제와 동맹의 비전

2018년을 맞이해 기존 국제질서에 많은 변화가 일고 있다. 미국 도널드 트럼프(Donald J. Trump, 1946. 6. 14- , 재임기간 2017. 1. 20-) 대통령은 국익에 우선한 정책을 추진하고 있다. 중국의 시진핑 주석은 2기 집권체제를 구축하면서 신형국제관계 전략으로 미중 간에 협력과 경쟁이 심화될 것으로 예상된다. 2018년 5월 4번째 임기를 시작한 러시아 푸틴 대통령은 강한 러시아를 내세우며 국익극대화를 위해 노력하고 있다.

이처럼 변화가 거듭되고 있는 동북아시아에서 남북 정상간 4·27판문점선언이나 미북 정상간 6·12공동성명은 한반도는 물론 동북아의 질서에 심대한 파장을 예고해 주고 있다.

1. 정상회담 이후 과제

가. 정상회담과 북한의 비핵화

2018년 4월 27일 남북정상회담은 남북관계의 새로운 이정표가 되었다. 문재인 대통령과 김정은 국무위원장이 판문점선언을 공동발표하면서 전 세계적인 이목을 집중시켰다. 선언문에는 구체적인 내용이 없었음에도 불구하고 그동안 북한이 핵실험과 장거리 미사일 발사로 세계를 긴장시켰기 때문이다.

미국이나 국제사회의 최종 목표는 북한의 비핵화다. 중요한 것은 어떻게 북한의 핵을 완전히 폐기할 것인가이다. 일부 안보전문가들은 완전한 비핵화의 가능성에 회의적이다. 국제사회는 2008년 북한이 벌인 영변 핵 냉각시설 파괴 쇼에 다시 속아서는 안 된다는 점이다.

2018년 4월 27일 발표한 판문점선언의 내용을 보면 실제 유의미한 단어는 보이지 않고 장밋빛 언어만 되풀이 하고 있다고 지적하고 있다.99) 핵문제 전문가인 K 예비역대령은 현실적으로 볼 때, 문재인-김정은-트럼프 모두 서로 속아주는 가짜 CVID 혹은 완전한 비핵화로 포장된 적당한 비핵화로 귀결될 가능성이 높다라고 우려를 표명했다.100)

그런 우려에도 불구하고 일반적으로는 트럼프와 김정은은 2년 이내 이런 비핵화를 완료할 것이며, 트럼프의 재선 활용카드와 김정은의 체제보장을 위한 속셈이 통 큰 거래를 가능하게 한 것으로 보고 있다.

미국 트럼프 대통령은 5월 22일 북핵 해결을 위해 북한의 체제를 보장하되 비핵화를 속전속결로 마무리하는 트럼프식 모델을 제시했다.101) 또한 미국은 북한에 핵 반출을 2020년까지 마무리할 것을 정상회담 조건으로 요구했다.102)

---

99) "장밋빛 남북정상회담이 놓친 것." 『동아일보』, 2018년 5월 9일.

100) 김기호, 『신동아』, 2018년 6월호, http://shindonga.donga.com/Library/3/04/13/1323675/1.

101) "체제보장+속전속결 트럼프 비핵화 모델," 『중앙일보』, 2018년 5월 4일.

102) "미 핵반출→2020년내 비핵화," 『중앙일보』, 2018년 5월 29일.

미국은 북핵의 완전한 폐기(CVID)에 대한 보상으로 북한의 체제보장(CVIG, Complete Verifiable Irreversible Guarantee) 즉 완전하고 검증가능하며 돌이킬 수 없는 체제보장 방안을 제안했다.103)

미국은 일괄타결을 기반으로 비핵화 로드맵을 주장하지만 북한은 단계적·동시적 해결을 원하고 있다. 따라서 한미는 북한이 말하는 한반도의 비핵화의 진정한 의미를 확인하고 진행과정에서 변질되거나 중단되는 일이 없도록 철저한 검증 준비를 해야 할 것이다.

나. 종전선언과 평화협정체제

미국 정상회담 결과에 따라 북한의 비핵화 과정이 순조롭게 진행될 경우 한반도 및 동북아 안보정세는 안정될 것이다. 북한의 위협이 어느 정도 해소된다면 1953년 정전체제는 평화체제로 전환될 수 있을 것이다. 이와 같은 과정에서 북한의 비핵화, 북한의 체제보장, 한반도 종전선언, 평화체제 수립, 미북 수교, 불가침 선언 등 관련 이슈가 거의 동시에 언급되고 있다.

트럼프 미국 대통령은 6월 12일 싱가포르에서 김정은 북한 국무위원장과 정상회담을 개최하였다. 미북 정상회담 이후 이어질 미북 고위급회담에서는 실질적인 북한 비핵화 로드맵과 프로세스와 이를 철저히 이행하기 위한 대책 등이 구체적으로 포함되

---

103) "폼페이오-김영철 '뉴욕담판', 비핵화-체제보장 빅딜 성사될까," 『연합뉴스』, 2018년 5월 30일, http://v.media.daum.net/v/20180530034001648?rcmd=rn.

어야 한다. 태영호 전 주영공사는 "북한 김정은은 제7차 노동당 대회에서 북한이 핵보유국임을 천명하고 2018년을 핵보유를 위한 평화환경 조성시기로 설정했다"라고 폭로했다.104)

김정은 2013년 3월 핵경제병진노선의 항구화를 선언했다. 그 시기에 열린 고위 당국자 회의에서 국가 핵무력 완성을 위한 외교부문 전사들의 과업이 토의되었다. "핵무력 완성기간을 어떻게 설정할 것인가? 대북제재는 어느 정도까지 심화될 것인가? 핵보유국이 되기 위해서는 어떤 노정을 거쳐야하는가?" 등이 중점 논의되었다.

북한은 2018년 5월 24일 5개국 기자단이 참관한 자리에서 풍계리 핵실험장 폐기를 위한 갱도 폭파작업을 진행했다. 그러나 이번 폐쇄 이벤트는 현장답사를 제한했을 뿐만 아니라 핵전문가들을 배제하고 갱도 입구만을 봉인하는 수준에서 그쳤다. 전문가들은 "언제든지 입구만 만들면 재활용이 가능하다는 점에서 영구적 불능화인지 알 수 없다"고 지적한다.105)

한반도의 종전(終戰)선언과 평화체제로 전환하기 위해서는 미국이 요구하는 완전한 비핵화와 북한이 요구하는 완전한 체제보장에 대한 윈윈(win-win)의 해법이 선행되어야 한다. 문재인 대통령은 5월 27일 제2차 남북정상회담 결과를 설명하면서 "미북 정상회담이 성공하면 남북미 3자 정상회담을 통해 종전선언이 추진되었으면 좋겠다"는 기대감을 피력했다.106)

---

104) 태영호,『3층 서기실의 암호』(서울: 도서출판 기파랑, 2018), pp.402-403.

105) "촬영준비됐나,"『중앙일보』, 2018년 5월 25일.

종전선언은 한반도가 정전상태를 벗어나 새로운 시대가 열린다는 상징적인 조치다. 종전선언은 조약체결이 필요 없는 평화협정을 염두에 둔 정치적 합의로 볼 수 있으나 완전 비핵화 없는 종전선언 이벤트는 의미가 없다.[107] 다만 평화협정까지 이어지지 않은 종전선언은 군사옵션을 제약할 수 있고 북한으로부터 유엔사령부 해체, 미군철수 등의 요구가 뒤따를 소지가 있다.

국제법에서 종전선언은 정전협정에서 평화협정으로 나아가는 데 꼭 필요한 단계가 아니지만 한반도는 1953년 7월 정전협정을 체결한 뒤 65년의 세월이 흐른 특수한 상황임을 고려할 필요가 있다.[108] 종전선언은 종전 당사국과의 긴밀한 협조가 필요하다.

중국을 배제한 상태에서 종전선언을 하는 것보다는 중국을 포함한 남북미중 4개국이 보장하는 종전선언이 더 바람직할 것이다. 실제 남북미 3자 정상회담을 통한 종전선언이 언급되자 화춘잉(華春瑩) 중국 외교부 대변인은 5월 31일 브리핑에서 "중국은 한반도 문제의 주요 당사국이자 정전협정 서명 당사국으로서 계속해서 마땅한 역할을 할 것"이라고 강조했다.[109]

평화협정 체결은 보다 신중히 접근해야 한다. 북한의 핵폐기가

---

106) "남북미 회담서 종전선언," 『중앙일보』, 2018년 5월 28일.

107) "종전선언, 평화협정보다 부담적은 美의 1단계 선물로 부상," 『동아일보』, 2018년 6월 4일.

108) "가능성 확 커진 남북미 종전선언, 그 의미는?" http://v.media.daum.net/v /201806 021 11105427.

109) "中 "중국은 정전협정 서명 당사국…마땅한 역할 할 것," 『연합뉴스』, 2018년 5월 31일,http://www.yonhapnews.co.kr/bulletin/2018/05/31/0200000000AKR 20180531137100083.HTML?input=1179m.

검증되고 핵무기가 해외로 반출된 후 군사적 위협이 어느 정도 해소된 상태에서 이루어져야 한다. 이런 여건이 조성된다면 남북정상은 미국과 중국의 적극적인 지원과 협조 하에 한반도의 평화를 정착시키기 위한 평화협정을 체결해야 한다.

북한의 완전하고 검증가능하며 불가역적 비핵화(CVID)는 단계적 해법을 가미한 트럼프모델로 진행될 가능성이 높다. 빅뱅식 일괄타결은 선언적 의미가 있을지 몰라도 실제 이를 검증하고 이행하는데 2-3년의 기간이 필요하기 때문이다.

평화협정 체결은 유엔사 해체문제, 군사분계선 문제, 주한미군, 남북 군축 등 사전에 고려해야 할 요소들이 많다. 군사분계선이 국경선으로 전환될지, 비무장지대는 어떤 방식으로 활용될지, 북방한계선은 어떻게 처리될 것인지 등에 관한 원칙과 로드맵이 사전에 검토되어야 한다.

2. 한미동맹과 주한미군

가. 한미동맹의 비전

대한민국은 정부수립 당시 67달러의 빈국이었고 6·25전쟁으로 완전히 파괴된 상황에서 한미동맹과 국제사회의 도움을 받아 전 세계가 부러워하는 한강의 기적을 일궈냈다.

한미동맹은 전쟁을 치루면서 혈맹으로 맺어진 군사동맹이다.

한미동맹은 1953년 10월 1일 체결되어 60여년이 지나면서 간헐적으로 위기의 순간도 있었지만 해가 거듭될수록 굳건한 동맹으로 발전해왔다. 이제는 안보를 책임지는 단순한 군사적 동맹을 넘어 포괄적 동맹으로 발전했다. 공동의 목표와 가치를 공유하는 가치동맹국으로 번영의 동반자다.

한미동맹은 한반도 안보의 초석이요 아·태지역 안정과 평화에 기여하는 핵심 축(linchpin)의 역할을 해 왔다. 한미동맹은 한반도를 넘어 동북아와 세계의 평화와 번영에 기여하는 평화구축동맹을 지향하면서 한반도 평화유지 차원을 넘어 국제평화유지활동, 안정화 및 재건지원, 인도적 지원 및 재난 구조 등 광범위한 범세계적 안보위협에 관한 협력을 강화하고 있다.[110]

한국의 문재인 대통령과 미국의 트럼프 대통령은 2017년 11월 7일 정상회담에서 한미동맹의 굳건함을 재확인하고 북핵 문제의 평화적 해결에 대한 대원칙에 합의했다. 한국은 북한이 스스로 핵을 포기할 때까지 최고 수준의 대북제재와 압박을 지속하겠다는 입장을 전달해 트럼프 정부의 최대의 압박과 관여정책을 지지하는 입장을 밝혔다. 특히 트럼프 대통령이 국회에서 한미동맹에 대한 이해와 한국의 경제적·정치적 성장에 대한 찬사를 포함한 연설을 통해 한국 국민들의 신뢰를 얻었다.[111]

65년간 지속된 한미동맹은 북한의 비핵화가 이루어진다고 해서 섣불리 폐기할 동맹이 아니다.[112] 다만 한반도의 항구적 평화

---

110) 국방부, 『2016 국방백서』(서울: 국방부, 2016), p.130.
111) "미국 트럼프 대통령 국회연설문," 2017. 11. 7.

와 동북아의 안보를 안정적으로 관리하기 위해 동맹의 질적 변화는 필수적이다. 한미동맹을 미래지향적·포괄적 전략동맹으로 발전시키기 위해 미래 비전을 안보현실에 맞도록 보다 구체화해야 한다. 한미 간 공동인식과 공조체제가 필수적이다.

나. 주한미군의 역할과 비전

북한의 완전한 비핵화가 이행되고 한반도 평화체제가 정착된다면 주한미군의 역할과 비전은 변해야 한다. 주한미군은 한반도의 항구적 평화와 동북아 지역의 안정에 중요한 역할을 하고 있다. 2015년 편성된 한미연합사단도 우리군의 연합작전 수준을 향상시키는데 기여하고 있다.[113]

주한미군의 역할은 북한의 핵위협이 감소됨에 따라 지역안보에 기여하는 안정자 역할을 감당할 수 있도록 변화되어야 한다. 이러한 문제는 조건에 기초한 전작권 전환(Conditions-based Operational Control Transition)[114], 미래연합군사령부의 창설, 주한미군의 전략자산의 순환배치, 주한미군의 전략적 유연성, 방위비 분담 등과 함께 전반적으로 재검토되어야 할 것이다.

---

112) 문정인 대통령통일외교안보특보는 장기적으로 한미동맹을 다자안보협력체제로 전환해야한다며 한미동맹을 없애는 것이 최선이라고 주장했다. "한미동맹 없애는 게 최선... 다자안보체제 필요," 『동아일보』, 2018년 5월 19일.

113) 국방부, 『2016 국방백서』(서울: 국방부, 2016), p.131.

114) 전시작전통제권의 전환조건으로 한국군의 핵심군사능력 확보, 북한의 핵미사일 위협에 대응하는 능력 구비, 한반도 및 지역안보환경의 평가를 포함한 조건에 기초한 전작권 전환에 한미 장관이 서명했다. 「제47차 한미안보협의회의 공동성명」, 2015. 11. 2.

제2장
북베트남 화전양면전략과 통일 교훈

제1절 구국항쟁

베트남은 1945년부터 1975년까지 30년 전쟁을 통해 통일을 달성했다. 베트남 통일전쟁은 정치적으로 호찌민과 통일정책과 군사적으로 보응웬지압이 실행한 군사전략에 입각해 전 국민이 참여한 인민전쟁(People's War) 즉 총력전의 결과물이다.[115]

베트남 구국항쟁의 시작은 1941년 5월 19일 호찌민과 그의 동료 망명 지도자들이 중국 남부 칭시(淸溪)에 모여 베트남독립동맹(Viet Minh)을 결성한 시점부터다. 구국항쟁의 일관된 메시지는 다음과 같다.

첫째, "독립과 자유보다 소중한 것은 없다"는 일관된 메시지, 그리고 호찌민이 자주 암송했던 "이 추운 겨울이 지나면 봄의 꽃을 보게 됩니다"라는 베트남 민족에게 인고의 시간을 견디게 하는 명분이었다. 그리고 호찌민이 1969년 9월 2일 사망하면서 남긴 "단결하라"라는 일관된 메시지였다. 지압도 전쟁 수행 주체를 국민인 주민에 의한 주민을 위한 전쟁으로 정의했다.

---

115) 최용호, 『한 권으로 읽는 베트남전쟁과 한국군』(국방부 군사편찬연구소, 2004), pp.73-75.

둘째, 외교전에서 실리를 추구했다. 중국과 구 소련을 넘나들며 최대한 군사적 지원을 받았다. 더구나 6·25전쟁에서 중국의 개입으로 절반의 승리를 거둔 미국은 북베트남 지역에 군사력을 투입하지 못한 채 제한전쟁을 수행할 수밖에 없었다. 적 중심을 파괴하지 못한 전쟁이 승리를 달성할 수는 없었다.

셋째, 남베트남 내부 교란을 지속적으로 실시했다. 더구나 남베트남민족해방전선(일명 베트콩)을 통일전쟁 승리까지 대 정부 투쟁의 전면에 내세웠다. 그들은 1976년 베트남사회주의공화국 수립 이후 대부분 소멸되었다.

1975년 통일전쟁 주역이었던 북베트남군 육군참모총장 반티엔둥은 구국항쟁 승리요인을 "호찌민과 레주언을 중심으로 하는 지도부의 정확한 판단과 리더십, 북베트남군의 일사분란과 용기, 국민들의 통일에 대한 굳은 의지, 남베트남 정부의 극심한 부패와 이에 대한 국민들의 혐오" 등으로 분석했다.116)

1. 북베트남의 전쟁지도와 군사전략

북베트남 호찌민의 전쟁지도는 인민전쟁(人民戰爭, People's War)에 바탕을 두었다. 그는 인민전쟁을 중국의 오랜 침략에 대항하면서 베트남 민속이 터득한 전쟁수행 방법이라고 했다. 그리고 이를 이론적으로 체계화해 프랑스와 미국에 대한 베트남 민족의 항쟁을 지도했다.

---

116) Van Tien Dung, *Our Great Spring Victory*(Hanoi: Gioi Publishers, 2005). pp.291-294.

그에 의하면 인민전쟁이란 "인민에 의한 전쟁이며, 인민전쟁 전략은 인민의 힘을 어떻게 조직화해 나갈 것인가"하는 방책이었다. 또한 베트남 민족이 외세의 침략과 지배에서 벗어나 독립을 쟁취하기 위한 수단이기 때문에 모든 국민을 동참시켜 이를 적재적소에 배치하고 활용해 민족의 대항역량을 최대한 발휘하는 것이 중요하다고 강조했다.

호찌민의 전쟁수행 개념은 전 국민의 동참에 의한 전쟁, 전 국토를 대상으로 한 전쟁, 장기전과 지구전(持久戰)을 각오한 전쟁이었다. 그리고 무기가 아닌 인간에 의한 전쟁, 정치와 군사가 통합된 전쟁으로 특히 정신전력의 우위를 중요시했다.

이러한 호찌민의 인민전쟁은 보응웬지압 장군에 의해 군사전략으로 구현되었다. 그는 "인민전쟁이란 기본적으로 노동자 계급과 농민이 주도하는 전쟁이다. 전 국민의 총동원이란 다름 아닌 노동자와 농민의 총동원이다. 따라서 전체 국민, 즉 노동자와 농민을 교육하고 조직하며 무장시켜 저항에 동참하게 하는 것이 중요한 관건이다"라고 보았다.

그는 인민전쟁을 수행하기 위한 군사전략으로 총력적이고 장기적인 전쟁, 투쟁과 반목·교란, 반격의 3단계 전쟁을 강조했다. 그리고 정규전과 게릴라전을 병행하고, 공격작전을 우선하며 선제권과 기동성을 확보하는 능력을 발전시켜야 한다고 했다. 또한 강력히 조직된 후방을 유지하고, 정치 투쟁과 군사 투쟁을 병행하는 것이 승리에 결정적으로 기여하게 된다고 했다.117)

---

117) 김종수, "호찌민과 보응웬지압의 전략전술," 『베트남전쟁 연구총서 제2권』(서울: 국방

호찌민의 전쟁지도와 군사전략 원칙은 1969년 9월, 호찌민 사망 이후에도 노동당 정치국원 11명의 집단지도체제에 의해 일관되게 유지 되었다. 그 구성원은 당 제1서기 레주언, 수상 팜반동, 국방장관 보응웬지압, 협상책임자 레둑토, 육군참모총장 반티엔 둥 등이었다. 북베트남은 "싸우면서 협상한다"는 일관된 정치·군사전략으로 전쟁 승리를 달성했다.

인민전쟁을 주도하였던 북베트남군은 총 472,000여 명으로 지상군 18개 사단, 해군 2,750명, 공군 3,500여 명이었다.[118] 군사전략의 핵심은 리델하트의 간접접근전략을 그대로 수용했다. 호찌민루트는 북베트남군의 일사분란함과 용기 및 국민들의 통일에 대한 굳은 의지에 의해 건설되었다.[119]

호찌민루트는 1959년부터 1975년까지 전쟁양상에 따라 점진적으로 확대 구축되었다. 지상은 라오스와 캄보디아 국경을 연해, 해상은 근해로부터 시사군도와 난사군도를 우회하는 루트로 확대되었다. 3마일 간격으로 기지를 설치 식량·탄약·유류 등 보급품을 저장했다.

호찌민루트 방어부대는 작전명 두안 559작전으로 명명됐고, 정규군은 2만 5천 명, 도로 보수 전담인 대미민족구원청년유격대 5만여 명의 대부분은 여성으로 3년씩 자원봉사 했다.

부 군사편찬연구소, 2004), pp.207-332; 전쟁지도와 군사전략에 관한 번역서로는 Vo Nguyen Giap 저, 안경환 역, 『잊을 수 없는 나날들』(서울: 지식을 만드는 지식, 2012); 베트남국가정치 출판사, 김종욱 역, 『베트남전쟁, 승리의 교훈』(서울: 국방부 군사편찬연구소, 2012) 참조.

118) 국방부 군사편찬연구소 베트남전쟁 사료, HB00717(야전회보), p.5.

119) 최용호, 『한 권으로 읽는 베트남전쟁과 한국군』(서울: 군사편찬연구소, 2004), pp.73-75.

호찌민루트 구축과 확대는 전쟁양상에 따라 다음과 같이 4단계로 이뤄졌다.

<그림2-1> 호찌민루트와 해상보급로[120]

① 1959-1964 : 북위 17도선의 동허강과 9번 도로를 연하여 구축

② 1965-1968 : 라오스 남부 13번, 23번, 16번 도로 등 종적 및 횡적 도로망 구축

③ 1969-1973 : 라오스 남부와 캄보디아 동쪽 49번 도로 등 종적 및 횡적 도로망 구축

④ 1973-1975 : 남베트남 내륙 14번 도로 등 종적 및 횡적 도로망 구축

2. 실리위주 외교전략

북베트남에 대한 공산권의 지원은 중국과 소련이 중심이 되었다. 중국은 대규모 병력의 직접적 군사적 지원과 물적 원조를 병행했다. 소련은 대공 미사일 요원의 군사훈련과 함께 최신예 미그기와 탱크 등 무기와 장비를 지원했다. 북베트남은 중국과 소

---

120) 최용호, 『물어보세요! 베트남전쟁과 한국군』 (서울: 군사편찬연구소, 2004), p.26

련의 국경 분쟁 등으로 야기된 상호 갈등 관계를 등거리 외교를 이용해 양국으로부터 최대한의 군사원조를 얻어냈다.

제2차 베트남전쟁이 발발할 당시 공산권의 동향은 중·소간에 이념논쟁 및 국경분쟁이 계속되고 있었고, 중국은 1966년부터 문화대혁명이 일어나 국내정치상 복잡한 양상을 띠고 있었다. 중국의 마오쩌둥은 베트남전쟁에 개입할 경우 미국의 중국 침공을 우려하고 있었다. 따라서 북베트남에 대한 중국의 군사적 지원은 전투지원부대 위주였다. 북베트남의 중국을 상대로 한 지원 요청은 1965년 4월 초 레주언 제1비서와 보응웬지압 국방장관의 중국 방문을 계기로 이루어졌다.

중국은 1965년 6월 이후 고사포부대, 철도부대, 공병부대 등을 중심으로 한 전투지원부대를 파병했다. 이들은 주로 북베트남의 중국 인접 지역에서 수송로, 국방시설의 방위와 보수를 담당했다. 그 수는 1968년까지 32만 명 정도였고, 베트남전쟁 전체 기간을 통해 약 1,100명의 희생자를 냈다.[121]

이를 구체적으로 살펴보면 방공작전 부대는 3년 9개월 동안 2개 고사포 사단 및 1개 고사포단 15만여 명이 파병되었다. 이들 고사포부대는 주로 하노이 북부지대의 방공작전을 수행하여, 2,153차례의 대공작전에서 1,707대의 미군기를 격추시켰고, 미군 조종사 42명을 포로로 잡았다.

---

121) 후루타 모토오, 박홍영 역, 『역사 속의 베트남전쟁』(서울: 일조각, 2007), p.230; 호찌민과 보응웬잡의 전쟁지도와 군사전략에 관한 번역서는 Vo Nguyen Giap 저, 안경환 역, 『잊을 수 없는 나날들』(서울: 지식을 만드는 지식, 2012); 베트남국가정치출판사, 김종욱 역, 『베트남전쟁, 승리의 교훈』(서울: 국방부 군사편찬연구소, 2012) 등이 있다.

철도부대는 3만여 명으로 베트남 북부 지역의 철로 보수와 건설공사를 담당하여, 117km의 철도를 신설하고 362km를 보수했다. 도로건설부대는 8만여 명으로 7개 간선도로와 교량 305개 등을 건설했다. 공병부대는 12,000여 명으로 베트남 북동부의 근해 도서와 해안의 방어요새를 건설하고, 해저 및 육상 통신선로를 가설하는 임무를 수행했다.

중국은 이러한 전투지원부대와 함께 1,400여 명으로 구성된 통신공병대대를 파병해 갱도와 부두 건설, 통신 선로 구축 등의 임무를 수행했다. 공군공병부대는 1969년 하노이 서북부의 엔바이(Yen Bai)에 비행장을 건설했다. 그리고 베트남인들에 대한 훈련을 담당하여 정치, 군사 및 기술인력 6천여 명과 자동차 기사 및 수리공 3,800여 명을 배출했다. 또한 북베트남 공군 조종사와 기술인력 200명을 포함한 1,112명을 훈련시켰다.[122]

소련은 1965년 4월, 대공 신형 무기인 S-75와 S-75M 등의 배치를 시작으로 95개 대공미사일 시스템과 7,658발의 미사일을 제공했다. 북베트남의 공군 창설을 위해 미그-17과 미그-21 등 총 148대의 항공기를 지원했다. 또한 1971년 이후 개량된 포병시스템과 T-34 탱크를 지원했다. 소련은 지대공 미사일 조작요원을 중심으로 1965년부터 1974년 말까지 6,359명의 병력을 파병했다. 그 중에서 13명의 전사자가 발생했다.

한편 1966년 말 북베트남에는 786명의 소련군사전문가와 교

---

122) 이한우, "베트남전쟁시 중국의 북베트남 지원과 양국관계, 1950-1975," 『베트남전쟁 연구총서 제3권』 (서울: 군사편찬연구소, 2004), pp.159-198.

관들이 활동했다. 이들은 북베트남 내에 개설된 10개의 소련 방공미사일 교육센터에서 북베트남 방공군 15만5천여 명을 교육시켰다. 북베트남 군사요원 1,324명이 소련에 파견되어 교육을 받기도 했다.

북한의 북베트남 지원은 1966년 6월 심리전부대가 제일 먼저 파병되었는데 1972년까지 35명 수준으로 연인원 100여 명이 파병되었다. 이어 1966년 11월부터 공군전투부대 1개 비행연대 규모로 조종사 60명과 지원요원 40~50명 규모로 연인원 1천여 명에 달했으며 일정 규모의 사상자가 발생했다.[123]

그 외에도 북한은 대대급 규모의 특수전부대와 각각 2개 대대의 고사포부대와 공병대대를 파병했다. 베트콩의 훈련지원을 위한 교관요원의 파병과 각종 물자 지원 등 다양한 종류의 파병과 지원이 계속되었다.

남북 베트남과 국경을 맞대고 있는 캄보디아와 라오스는 베트남전쟁에 대해 중립적 입장을 취하면서도 북베트남의 후방 보급기지 역할을 담당했다. 캄보디아는 남베트남의 수도 사이공에 인접하여 북베트남군의 전방 기지와 남베트남민족해방전선의 은신처를 제공했다. 라오스 또한 북베트남군의 주요 병력과 장비 및 물자보급로인 호찌민루트를 제공했다.

캄보디아는 1953년 프랑스로부터 독립 후 중립국으로 비동맹을 표방했다. 국왕 시아누크는 인도차이나 반도에 공산 혁명의 물결이 밀어닥친 1960년대 미국과 중국을 오가는 중립외교를 구

---

123) 이신재, 『북한의 베트남전쟁 참전』 (서울: 군사편찬연구소, 2017), pp.76-79.

사했다. 1960년대 초반에는 비밀경찰을 동원해 폴포트가 이끄는 공산주의자들을 대거 숙청하였고, 미국의 원조도 받아들였다.

그러나 미국이 베트남전쟁에 적극 개입하기 시작한 1965년부터는 중국 쪽으로 돌아섰다. 더구나 라오스로부터 캄보디아를 경유하는 지상 호찌민루트와 북베트남으로부터 남중국해 해상을 우회하여 캄보디아 남쪽 항구 시아누크빌을 통하는 통로를 제공했다. 이른바 시아누크 통로는 북베트남이 시아누크빌 항구로부터 프놈펜을 거쳐 시엠팡을 경유 남베트남 중부 닥토와 남부 떠이닌성 일대로 군수물자를 추진 보급하는 해상루트가 되었다.

라오스는 1893년 프랑스의 보호령으로 1945년 9월 1일 일본의 패망에 따라 페사트라 왕자에 의해 비엔티안 정부를 수립하고 독립을 선언했다. 그러나 프랑스의 간섭을 계속 받다가 1953년 10월 입헌군주제의 왕립 라오정부를 세웠다. 그 후 중립주의자인 수바나품 왕자, 친미 우익 성향의 분움 왕자, 공산좌파 세력의 파테트 라오(Pathet Lao)*의 수파누봉 왕자의 3대 세력으로 분열되어 내전이 격화되었다.

> **파테트 라오(Pathet Lao)**
> 라오스어로 '라오스의 나라'라는 뜻이며, 내전 당시 전 국토의 2/3, 인구의 1/2를 차지했다.

우익 정부는 미국으로부터, 좌익 게릴라는 소련으로부터 군사원조를 받으면서 상호 격렬한 전투가 계속되었다. 더구나 전쟁 기간 중에는 북베트남군이 라오스 남부 지역에 주둔하면서 호찌민 통로를 통해 남베트남 지역으로 병력과 물자를 보급했다.

3. 남베트남민족해방전선 전략

1960년 12월 결성된 남베트남민족해방전선(NLF, National Liberation Front)은 북베트남군과 더불어 전쟁의 주체였다. 오랜 기간 동안 정치와 무력 투쟁을 병행하다가, 1969년 6월 임시혁명정부로 명칭을 변경하여 하나의 독립된 정부로 인정받아 파리평화협상에 참여했다. 그러나 1974년 4월 통일전쟁 후에는 북베트남의 허수아비 정권으로 존재하다가 1976년 7월 베트남사회주의 공화국에 흡수되고 말았다.

베트남통일의 첫 번째 교훈은 구국항쟁이었다. 1944년 12월 22일 호찌민은 베트남 북부 산악지대에서 오늘날 베트남군의 모체가 되는 베트남해방군 선전대를 34명으로 창설했다. 전투보다도 촌락의 내부에 침투해 조직과 선전활동을 시작해 통일을 이룬 역량이 시사하는 바는 다음과 같다.

첫째, 호찌민은 베트남 민족 스스로 외세에 항쟁해 온 인민전쟁을 펼쳤다. 모든 국민의 역량을 집결시켜 프랑스와 미국 및 남베트남과의 전쟁에서 이길 수 있었다.

둘째, 주변국으로부터 최대한 외교군사적 지원을 받았다. 중국과 소련의 군사적 지원 및 라오스와 캄보디아의 정세를 유리하게 이끌어 호찌민루트를 전쟁이 끝날 때까지 활용했다. 셋째, 남베트남민족해방전선으로 하여금 게릴라전을 펼쳐 남베트남군과 연합군의 전력을 최대한 분산시켰다. 이러한 베트남통일로부터 얻는 첫 번째 지혜는 구국항쟁으로 전 국민의 일체감 조성을 위한 노력이 절실하게 요구된다.

제2절 평화협상

북베트남의 일관된 협상정책은 외세 철수였다. 미군과 다국적 군 군사력에 의존하고 있던 남베트남은 외세가 사라지면 모래 위 누각과 같은 존재였다. 미국은 1969년 닉슨 독트린 이후 명예로운 철군을 바랐지만 북베트남은 쉽게 놓아 주지 않았다. 미국은 하노이와 하이퐁 등 전략 요충지에 무자비한 폭격을 통해 협상의 주도권을 장악하려 했다. 반면 북베트남에게는 시간의 주도권을 쥐고 있었다. 그들은 처음부터 협상내용을 준수할 의도가 없었기에 1975년 공세와 함께 휴지 조각으로 변했다.

한반도에서도 6·25전쟁은 정전협정으로 끝나지 않은 전쟁이 계속되고 있다. 남북은 서로의 주장을 내세우며 오랜 시간 협상과 갈등을 반복하고 있다. 그렇다면 여기에서도 이념적 지정학적 관점에서 북베트남의 평화협상 전략을 유념하고, 냉철하게 배울 점이 무엇인지 알아 볼 필요가 있다.

1. 협상 주도권 쟁탈전

베트남전쟁 종전을 위한 파리 평화협상은 1964년 6월부터 1973년 1월 조인까지 무려 8년 8개월 간 계속되었다. 이 과정에서 미국과 북베트남은 서로 정치적 협상과 군사작전을 반복했다. 특히 북베트남은 베트남전장에서의 군사작전에 병행하여 미국 본토에서의 반전운동과 남베트남 정부의 혼란을 부추겼다.

협상과정은 미국의 베트남전 개입과 평화협상의 서막(1964-1967) 및 협상과 공세의 반복(1968-1972), 평화협정 체결과 남베트남 패망(1973-1975)으로 구분할 수 있다.

미국은 베트남전쟁 확대와 동시에 전쟁 종결을 위한 협상 노력을 병행했다. 미국이 북베트남에 보낸 최초의 협상 신호는 1964년 6월 제네바 협정에 의해 설치된 국제감시위원회 캐나다 대표였던 시본을 통해 북베트남 외상 팜반동에게 전달됐다. 그러나 북베트남은 협상을 거부한 채 공세준비를 계속했다.[124]

북베트남 측이 협상 의사를 밝힌 최초의 신호는 통킹만 사건 후인 1964년 9월과 12월에 유엔사무총장과 미 언론인을 통하여 협상 의사를 보낸 것이다. 통킹만 사건으로 전의가 고조된 미국은 이를 무시했다. 그러나 얼마 지나지 않아 미국의 협상 요청은 계속됐다.

미국은 1964년 12월 24일부터 1965년 1월 31일까지 크리스마스 휴전을 명분으로 또다시 북베트남에 대한 공중 폭격을 중단하고, 2월 중순 북베트남 측에게 협상 신호를 보냈다. 미얀마 주재 미국대사는 북베트남 영사에게 메시지를 전달했고, 여러 외교관들이 관련국의 협조를 요청했다.

통킹만 사건 해결을 위해 결의안을 통과시킨 존슨 정부는

---

124) Allan E. Goodman, T*he Search for a Negotiated Settlement of the Vietnam War* (Berkeley, CA: California University, 1978), p.6; 제1차 베트남전쟁 이후 1954년 조인된 제네바 평화협정에 따라 국제감시위원회(ICC, International Control of Commission)는 인도, 폴란드, 캐나다 정부 대표들로 구성되었다. 시본과 팜반동과 대화내용은 Michael Maclear, 유경찬 역, 『베트남 10,000일의 전쟁』(서울: 을유문화사, 2002), pp.185-196 참조.

1965년 5월에 전세 반전을 위해 3개월 가까이 북폭을 실시했다. 북폭 후 협상의 유리한 위치를 확보했다고 인식한 존슨(Lyndon B. Johnson, 1908. 8. 27-1973. 1. 22, 재임기간 1963. 11. 22 -1969. 1. 20) 정부는 북베트남이 전의를 확인하기 위해 북폭을 잠시 중단한 채 소련에게 협상 중재를 요청하고, 북베트남에게도 협상의사를 전달했으나, 아무런 응답이 없어 8일 만에 다시 폭격을 재개했다.

1966년 10월 25일, 미국은 마닐라 선언을 통해 협상을 제의하면서 북베트남 지도자들에게 침략 포기를 요구하며 자신들의 목표가 영토·기지·전쟁 확대에 있지 않음을 분명히 했다. 더욱이 존슨 대통령은 기조연설을 통해 모든 외국 군대의 베트남, 라오스, 캄보디아 철수와 베트남 국내 문제의 민족 자결과 자유 선택 원칙을 통한 평화적 해결을 위해 미국이 노력할 것임을 밝혔다.[125]

1967년 초에는 존슨 대통령과 호찌민 주석 그리고 우탄트 유엔사무총장에 의한 3자 노력이 시도됐다. 존슨 대통령은 2월 8일 호찌민 주석에게 서한을 보내 북베트남군의 남베트남 침투가 정지되면 북폭 중지와 미군 증강 등을 중지할 용의가 있음을 피력했다. 이에 대해 호찌민 주석은 2월 15일 남베트남으로부터 미군과 연합군 철수 및 전쟁행위 중단을 요구했다. 우탄트(U Thant, 1909. 1. 22-1974. 11. 25) 유엔사무총장은 3월 14일 베트남 평화 3단계로 전면 정전, 예비회담 개최, 제네바회담 재소집과 민족해방전선의 평화회담 참가 등을 권유했다.

---

125) Allan E. Goodman, *The Search for a Negotiated Settlement of the Vietnam War*(Berkeley, CA: California University Press, 1978), p.22.

이러한 3자 노력은 양 국가의 견해 차이만 인식하는데 그쳤다.[126] 9월 29일 존슨 대통령은 샌안토니오에서 "미국이 북베트남에 대한 폭격을 중지하면 생산적인 결정이 이루어질 것이다. 그렇게 되면 북베트남은 우리의 자체 노력에 어떠한 군사적 도발을 하지 않을 것이다"[127] 라고 제안했으나 하노이 측의 반응은 없었다. 그들은 공세를 더욱 가속화하고 있었다. 1967년 12월 25일 크리스마스를 기해 임시 휴전이 성립되었지만 평화협상으로 연결되지는 못했다.[128]

2. 테이블 전쟁으로 협상과 공세의 반복

1968년 1월 21일부터 시작된 북베트남군의 케산전투와 1월 31일 뗏공세(舊正공세) 후 워싱턴에서 반전시위가 가속화되기 시작했다. 존슨 대통령은 3월 31일 북폭을 중지하고 1968년 대통령 선거에 출마하지 않겠다고 선언하면서, 하노이 측에 대해 협상을 제의했다. 미국은 1968년 4월 10일 주월 미군 부사령관이던 에이브람스 대장을 새로운 사령관으로 임명한 후, 미국과 북베트남 간에 본격적인 평화회담의 서막이 열렸다. 그러나 1973년까지 지루한 협상과 공세가 반복되었다.

1968년 4월 미국과 북베트남 쌍방이 합의한 평화 협상은 예비

---

126) 국방부 전사편찬위원회, 『주월한국군전사 제2권』 (서울: 국방부, 1968), pp.822-831.

127) Robert J. McMachon, *Major Problem in the History of the Vietnam War*(Boston, NY: Ohio University Press, 2008), p.332.

128) Robert J. McMachon, *Major Problem in the History of the Vietnam War*(Boston, NY: Ohio University Press, 2008), pp.332-333.

회담 출발부터 회담 장소를 합의하는 데 한 달이 걸려야 했다. 미국은 회담 장소로 제3국인 제네바, 뉴델리, 로마 등 14개 장소를 제안한 반면, 북베트남 측은 프놈펜과 바르샤바 등의 공산국가 지역만 고집했다. 결국 프랑스가 회담 장소 제공 용의를 표명해 양측은 5월 3일에 파리 국제회의센터에서 5월 10일 예비회담을 갖기로 합의했다.129)

그런데 5월 초 협상을 앞둔 시점에서 북베트남은 다양한 대미 공세를 가하기 시작했다. 특히, 북베트남은 자기들의 협상 목적을 달성하는 데 많은 기여를 하고 있던 미국 TV에 출연하기 위해 더욱 공세적인 입장을 취했다. 북베트남은 5월 5일과 6일 사이 120여 개의 도시와 연합군 군사시설에 박격포와 로켓포 포격을 가하고 사이공 지역에는 병력을 투입했다. 그러나 북베트남이 투입시킨 사이공 지역의 수개 대대 규모의 병력은 곧 격퇴됐지만, 민족해방전선들의 코롱지역 일대의 저항과 미군의 이 지역 빈민가 일대에 대한 포격 등이 모두 미국 내 언론의 좋은 뉴스거리가 됐다.130)

북베트남은 남베트남 점령을 위해 시도했던 1968년도 전반기 총공세가 실패로 돌아가자, 외교적 수단으로 전쟁을 종식시키기 위해, 처음에는 미국과 그리고 나중에는 남베트남과도 종전 협상을 갖기로 합의했다. 1968년 5월 13일 파리에서 제1차 평화회담이 열렸는데, 미·북베트남 간 상호 주장 내용은 항상 같은

---

129) George C. Herring, *America's Longest War*(New York: Kentucky University Press, 2002), p.234.

130) George C. Herring, *America's Longest War*(New York: Kentucky University Press, 2002), pp.258-260.

내용이었다.

미국은 북베트남의 병력 및 군수 물자의 남파 중지를, 북베트남은 미군의 전면 북폭 중지와 철수였다. 회담은 상호 자기측 주장만 되풀이 되면서 지지부진했다. 특히 북베트남은 민족해방전선을 회담에 참가시켜야 한다고 주장했다. 북베트남이 전쟁의 주체도 아닌 남베트남 내 정치 단체를 전쟁 주체로 격상시키려는 것은 1954년 제네바 회담 실패를 되풀이하지 않기 위해 협상 주체를 다자화 하여 미국의 입지를 약화시키려는 의도였다.[131]

양측 간 첫 공식 협상은 개시됐지만 회담 진전은 매우 부진했으며 심지어 대표들이 협상 테이블 위치와 형태에 관해 합의에 이르는 데도 장장 9개월이나 소요됐다. 북측과 남측은 대표단이 이용하는 책상의 형태를 둘러싸고 논쟁을 반복했다.

북측은 남베트남 민족해방전선을 포함한 모든 대표가 평등하게 협상할 수 있도록 원형 테이블을 이용하자고 주장했고, 남쪽은 직사각형 테이블을 고집했다. 결국 북베트남과 남베트남 정부 대표는 원형 테이블에 앉아서 협상을 진행하고, 그 이외의 대표는 원형 테이블 주변의 주위에 배치된 사각형 테이블에 앉아서 협상을 진행했다.[132]

남베트남은 예비회담 처음부터 민족해방전선의 참가를 반대해 왔고, 북베트남과 민족해방전선 측 역시 남베트남의 참석을 반

131) Allan E. Goodman, *The Search for a Negotiated Settlement of the Vietnam War*(Berkeley, CA: California University Press, 1978), p.41.

132) "'파리협정(1973년)," http://ko.wikipedia.org/wiki/

대했다. 협상 대상자 참여 범위를 놓고 협상이 공전을 거듭하자, 이 문제를 해결하기 위한 여러 가지 제안들이 토의됐다. 결국 공식적인 명칭을 사용하지 않고 우리 측과 상대측이란 용어를 통해 협상을 진전시켰다.

미국 대통령 선거가 막바지에 접어든 1968년 10월 31일에 존슨 대통령은 전면 북폭 중지를 단행하면서 DMZ 복원, 공산 측의 베트남 도시 공격 중지, 정치 회담의 즉각 개최를 요구하는 등 3가지 사항을 제시했다. 그러나 만약 북베트남이 북폭 정지를 군사적으로 역이용할 경우에 즉각 북폭을 재개할 것이라고 경고했다. 또한 북베트남이 미국 측 조건을 받아들일 경우 미국·남베트남·북베트남·민족해방전선의 4자 간 회담을 11월 6일부터 시작할 것이라고 발표했다.

1969년 1월 20일 닉슨(Richard M. Nixon, 1913. 1. 9-1994. 4. 22, 재임기간 1969. 1. 20-1974. 8. 9)이 제37대 미국 대통령으로 취임한 직후, 회담은 1월 25일부터 파리에서 개최됐다. 이때부터는 민족해방전선도 참가하는 미국, 남베트남, 북베트남, 민족해방전선의 4자 회담으로 범위가 확대됐다. 회담 대표로는 미국의 로지(Henry Cabot Lodge), 남베트남의 팜반람(Pham Van Lam) 외상, 북베트남 측의 쑤언투이(Xuan Thuy), 민족해방전선의 쩐브우끼엠(Tran Buu Kiem)이 참석했다.

회담에서 쌍방은 8개 항, 10개 항 등의 해결 방안을 제시했으나, 미국 측은 미·북베트남군의 상호 철수와 국제기구 감시 하의 총선 실시를 주장했다. 반면, 북베트남 측은 미군의 무조건 철수와 포로 교환, 미국의 배상 문제 등을 요구함으로써 회담은 상호 각자의 주장만 되풀이 하는 장이 되었다.[133]

미국과 남베트남 측은 북베트남군과 미군 및 자유 우방군의 상호 철수, 쌍방 포로의 석방, 국제 감시 기구의 감독 아래 총선 실시를 주장했다. 북베트남과 민족해방전선 측은 미군과 자유 우방군의 무조건 철수를 주장했다. 그러면서 북베트남군의 철수는 베트남 민족의 자결 사항이며, 선(先) 연립 정권 수립 및 티에우 대통령의 퇴진 후(後) 총선, 포로 교환과 미국의 배상 문제를 연계하여 주장했다.

이어 1969년 7월 25일 닉슨 독트린으로 일컫는 아시아 지역에서의 미군 철수를 선언했다. 그럼에도 평화 회담이 별다른 성과가 없자 닉슨 대통령은 7월

> **미국과 북베트남의 비밀협상**
> 이러한 비밀 협상은 1970년부터는 키신저와 레둑토 간의 비밀 협상으로 계속되었다.[134]

중순 호찌민 주석에게 서한을 보내 비밀 협상을 제의해, 8월부터 키신저와 쑤언투이의 비밀협상*이 개시됐다.

미국 측은 비밀 협상을 통해 미군과 자유 진영의 각 군대와 북베트남군의 상호 철수라는 군사적 견지에서 명분이 있는 제안을 했다. 정치적 측면에서는 베트남 장래의 결정은 베트남 국민 자신의 결의에 맡겨야 한다는 제안을 전달했지만, 북베트남 측은 기존의 입장만을 되풀이했다.

---

133) 전사편찬위원회, 『파월한국군전사 제6권』 (서울: 국방부, 1975), pp.30-31.

134) Jeffrey Kimball, *Nixon's Vietnam War*(Kansas City: Kansas University Press, 1998), p.156.

북베트남 측은 두 가지 제안을 일관되게 주장했는데, 미군 및 이른 바 미국의 용병들은 무조건 일방적인 철수를 해야 하며, 남베트남의 현 정권은 무조건 사퇴하고, 그 대신 평화 내각을 구성할 것을 요구했다. 북베트남 측은 미국으로 하여금 남베트남에서의 무조건적 군 병력과 장비 철수를 요구했고, 파리회담의 예비회담부터 비밀회담에 이르기까지 일관되게 이러한 문제를 제기했다.

그런데 1969년 9월 2일, 북베트남 호찌민 주석의 사망과 10월 15일 워싱턴에서의 대규모 반전 시위가 있었다.[135] 여론이 자신에게 불리하게 전개되자 닉슨 대통령은 1969년 12월 9일에 1970년 4월 15일까지 미군 5만 명을 철수시킨다는 제3차 철군 계획을 발표했다. 이에 따라 전쟁양상은 남베트남에서 군사작전이 계속되는 가운데, 미군 철수, 협상, 미국의 반전 운동, 미 언론의 공격, 남베트남 내 반정부 운동, 전쟁의 미국화에서 베트남화로의 전환 등 협상 과정에 영향을 미치는 모든 변수들이 뒤엉켜 작동됐다.

1970년 4월 29일 미군과 남베트남군은 국경지대에 은거하고 있던 북베트남 남부사령부를 제거하기 위해 캄보디아 낚시바늘 지역을 침공했다. 그러나 미국과 남베트남의 여론 악화만을 자극했을 뿐 성과를 거두지 못했다.

닉슨 대통령의 적극적인 외교 정책으로 1971년 4월 핑퐁 외교

---

135) George C. Herring, *America's Longest War*(New York: Kentucky University Press, 2002), pp.285-283.

로 표면화되기 시작한 미·중 화해 무드와 미·소 협력 관계 개선 등의 국제 정세는 북베트남을 초조하게 만들기 시작했다. 이러한 국제 정세의 변화를 인식한 북베트남은 4월 1일 북베트남 노동당 제1서기장 레주언(Le Duan)을 중국과 소련에 체류시키면서 북베트남에 대한 지지를 호소하게 했다.

1971년 5월 라오스 침공 작전 후 키신저는 북베트남과의 비밀 협상에서 미·북베트남 간 평화협정이 체결되면 6개월 이내에 미군을 완전 철수시키며, 티에우 대통령은 공정한 선거 실시를 위해 선거 1개월 전 하야 하겠다는 양보 제안을 내놓았다. 그러나 북베트남 측 대표 레득토는 5월 3일 협상에서 미국 측 제안을 거부하고 미군의 일방적 철군이라는 종전 주장을 되풀이했다.[136]

미국과 북베트남 측 사이의 입장이 어느 정도 좁혀지면서 북베트남 측의 협상 참여 행태에도 변화가 생기기 시작했다. 7월 15일 닉슨의 중국 방문 발표가 있게 되자 국제적 데탕트의 분위기는 북베트남을 불안하게 만들었고, 협상은 다시 교착되었다.

3. 위장된 평화 파리평화협정

닉슨 대통령은 1972년 연두교서에서 9개 항목의 외교정책을 밝히면서, 곧 중국과 소련을 방문할 뜻을 공표했다. 이는 신속한 베트남전쟁 종결이 미국 내 반전여론을 무마하고, 선거공약을

---

136) George C. Herring, *America's Longest War*(New York: Kentucky University Press, 2002), pp.62-63: 북베트남 측이 제안한 9개 항의 전제 조건은 대체로 1971년 이내 미군의 완전 철수, 티에우 정권에 대한 미국 측 지원 철회, 민족화합 연립정권 수립 등이었다.

실현하여, 11월 대통령선거에서 재선과 직결되기 때문이었다. 이를 위해 중국과 소련과 긴장완화를 통해 북베트남에게 압력을 가해 평화협정을 수락하도록 하는 것이 목표였다.

그러나 닉슨이 중국을 방문한 지 한 달이 지난 3월 30일부터 북베트남군은 1972년 3월 30일 북위 17도선 비무장 지대를 넘어 이른 바 72춘계 대공세를 감행했다. 시간이 지날수록 남베트남과 미국 측에 상황이 유리하게 전개될 것으로 보고, 조속한 대공세를 통해 협상에 유리한 상황을 조성해야 한다고 판단했기 때문이었다. 전황은 미국이 장담하던 베트남전쟁의 베트남화 정책이 허구였음을 보여주었고, 사이공 측에 불리하게만 전개됐다.

닉슨은 북베트남군의 공세를 미국의 베트남화 정책에 대한 정면 도전으로 간주하고 철저한 응징을 표명했다. 그는 4월 7일부터 비무장지대 접경 지역에 대한 폭격을 명령하고, 4월 16일부터는 하노이와 하이퐁에 대한 무제한 폭격을 명령했다. 그러나 북폭에도 불구하고 북베트남군의 공세가 위축되지 않자, 닉슨은 소련 방문을 2주 앞둔 5월 8일 텔레비전 방송을 통해 강력한 응징을 선언했다. 그리고 실제로 미 해군과 공군에 의한 해상봉쇄와 각 항구의 기뢰부설, 대량폭격이 이루어짐으로써 북베트남 전 지역이 거의 초토화돼 북베트남군 공세는 점차 둔화됐다.

북베트남은 전세가 불리한 국면으로 기울어지자, 미국 측에 평화협상 재개를 요청했다. 이에 따라 1972년 5월 4일 이후 중단됐던 협상은 7월 13일부터 재개되고, 키신저와 레득토 간의 비밀회담도 병행 개최됐다.137) 아울러 미국은 8월 11일 마지막 전투 부대도 철수시켰다. 9월 26일에는 이 대안으로 남베트남, 임시혁명정부, 중도파로 구성된 민족화해단결협의회를 구성해 총선거를 관장하도록 하는 안을 내놓아, 1968년 5월부터 시작한 1차 협상 이후 5년 만에 첫 타결을 갖게 됐다.[138]

이제 대통령 선거 전에 평화협정이 체결될 수 있게 됐다. 키신저는 티에우 대통령을 설득했으나 완강히 반대했다. 티에우는 결국 미·북베트남 간 비밀 협정 내용을 공개했고, 키신저는 북베트남과 예정대로 협정 조인을 할 수 없게 됐다.[139]

닉슨이 무난히 재선에 성공한 후, 11월 20일 키신저는 미국의 남베트남 물자 지원을 골자로 하는 조항 손질을 위해 레득토와 만났으나, 북베트남은 남베트남 지역의 물자 반입을 반대하고 연립정부 수립을 요구하기 시작했다. 당시 주월 미군은 2만4천 명의 마지막 철군 요원만 잔류하고 있었다.

협상이 공전을 거듭하자, 1972년 12월 18일 또 다시 미군의 북폭이 개시됐고, 이에 영향을 받은 북베트남은 1973년 1월 8일 협상 재개 의사를 밝히고 협정 초안을 신중히 검토하기 시작했다. 닉슨은 협상의 완전 타결을 확신하고, 1월 15일 이후 모든 북베트남 지역에 대한 북폭 정지를 명령하고, 티에우 설득에 노력을 기울였다. 1월 21일 티에우도 결국 협정에 동의하고, 협상 시작 8년 8개월 만에 파리에서 평화협정에 가조인하게 됐다.

---

137) 전사편찬위원회, 『파월한국군전사 제10권』 (서울: 군사편찬연구소, 2001), pp.14-15.

138) 전사편찬위원회, 『파월한국군전사 제10권』(서울: 군사편찬연구소, 2001), pp.78-79.

139) George C. Herring, *America's Longest War*(New York: Kentucky University Press, 2002), p.318.

1월 27일 유엔사무총장이 참석한 가운데 파리평화협정이 정식으로 조인되고, 1973년 1월 28일 08:00를 기해 발효됐다. 결국 북베트남이 원하는 내용으로 협상은 체결됐고, 북베트남은 무력통일 역량을 비축하는 시간을 얻었다.

이러한 베트남통일의 두 번째 교훈은 북베트남의 끈질긴 평화협상전략이었다. 북베트남은 평화협상과정에서 시간과 장소 및 방법에서 주도권을 쥐고 있었다. 첫째, 북베트남의 일관된 협상전략은 미군의 철수였다. 미국, 남베트남, 북베트남, 민족해방전선의 4자 회담 대상과 협상테이블 배치와 형태를 가지고 무려 6개월간 협상을 지연하였으며, 민족해방전선은 1975년 통일전쟁 승리 후 소멸됐다. 군사적 목표보다 정치적 목적이 우선된 전쟁 평화협상이었다.

둘째, 베트남전쟁 종식을 위해 미국이 추진한 파리 회담은 그동안 예비회담을 포함해 28차까지 이어졌으나, 북베트남 측의 일관된 전면 북폭 중지와 민족해방전선의 회담 참석 요구로 아무런 진전 없이 교착 상태에 빠졌다. 이러한 교착 상태를 타개하기 위한 방법은 강력한 군사적 압력으로 상대방이 양보하도록 하거나, 아쉬운 측이 먼저 양보하는 두 가지밖에 없었다.

따라서 한반도에서 평화통일 협상도 시간에 관계없이 협상 목표를 달성할 때가지 일관된 노력을 기울여야 한다는 것이다. 그렇지 않으면 여전히 협상의 주도권은 북한이 가질 수밖에 없다.

제3절 북베트남 무력통일

남베트남은 버팀목이었던 미군의 지원을 더 이상 기대할 수 없었다. 남베트남군은 11개 보병사단과 세계 4위의 공군력 등 110만 명이었다. 북베트남은 병력은 15개 보병사단 100만 명이 었으나 낡은 재래식 장비뿐이었다.

세계정세는 미국과 중국, 소련 등 강대국의 데탕트로 군사 개입을 억제했다. 반면 라오스와 캄보디아가 북베트남에게 병력과 물자 등을 지원하는 것은 자유로웠다.

결정적 공세시기를 노리던 북베트남은 사이공 북방의 푸옥롱성을 공격해 남베트남군 전력과 미군의 개입 가능성을 탐색했다. 미군이 개입하지 않을 것이라는 사실을 확신한 북베트남은 남베트남 중부 지역 부온마투옷을 기습 점령한 후 남진을 계속해 55일 만에 사이공을 함락시켰다.

1. 세계정세와 주변국 여건

북베트남의 입장에서 파리평화협정은 통일을 향한 1보 전진을 위한 1보 전략적 후퇴였다. 평화협정 체결 이후 1973년 말까지 미군을 비롯한 연합군은 남베트남에서 완전히 철수했다. 캐나다, 인도네시아, 폴란드, 헝가리 4개국은 국제휴전감시위원단을 편성해 휴전협정 준수를 감독했다. 그러나 휴전협정 체결에도 불구하고 북베트남의 공세는 계속되었다.140)

세계정세도 남베트남에게 불리하게 변했다. 1973년 10월 6일 제4차 중동전쟁이 시작됐다. 유럽에 있는 미군 기지들은 이스라엘 지원에 바빴다. 더구나 중동전은 국제 유가를 폭등시켜 전쟁비용이 대폭 증가했다. 중동사태는 베트남전쟁에서 겨우 발을 뺀 워싱턴의 관심을 지배해 버렸다.

다음해인 1974년 8월 8일에는 미국에서 발생한 워터게이트 사건으로 강력한 후원자 닉슨이 사임하고 부통령 포드(Gerald R. Ford, 1913. 7. 14-2006. 12. 26, 재임기간 1974. 8. 9-1977. 1. 20)가 8월 9일 제38대 대통령으로 취임했다. 이어 미국의 중간선거에서 민주당이 압도적인 승리로 상하원을 점령하게 되자 미국정부는 남베트남 지원은 대폭 축소됐다.

라오스와 캄보디아 상황도 북베트남에게 유리하게 전개되었다. 라오스는 1973년 공산좌파세력의 수장인 파테트 라오가 농민의 지지를 받아 13개 주 중 11개 주를 완전 장악했다. 1974년 6월 미군이 라오스에서 완전히 철수하자, 파테트 라오는 정부군을 푸쿤(phoukhoune)지역에서 제압하고 비엔티안에 입성했다.

1975년 12월 파테트 라오는 우파로부터 권력을 이양 받아 군주제를 폐지하고 라오스인민민주공화국을 수립했다. 당시 라오스 내에는 북베트남군 316사단과 8개 독립연대 최대 43,000여 명, 민족해방전선 1천여 명이 주둔했다.[141]

라오스는 비록 전쟁 당사국은 아니었으나 북베트남의 영향 아

---

140) 김도태, "분단국 통합과 평화협정," 제42차 국내학술회의, 통일연구원, 2001.

141) 베트남전쟁 사료, 『HB02222(주월 무관 신정균의 자료, 라오스편』, 1973, p.25.

래 병력과 군수지원 통로를 제공함으로써 북베트남의 전쟁 승리에 결정적 영향을 미쳤다. 더구나 좌우익 세력 간의 내전으로 인해 북베트남군이 라오스 영토 내 주둔하는 것을 방치했다.

캄보디아는 여전히 베트남과 국경을 맞대고 있는 동부지역에 북베트남 노동당 남부위원회(COSVN)의 거점을 제공했다. 비록 1970년 3월 18일 론놀 장군이 친미(親美)쿠데타로 집권함으로써 캄보디아의 북베트남에 대한 지원이 일시적으로 제한을 받기도 했다. 그러나 론놀의 거듭되는 실정으로 1975년 4월 17일 크메르루즈가 다시 정권을 장악했다.

이후 캄보디아 내에는 북베트남군 최대 33,000여 명과 민족해방전선 2만여 명이 주둔했다.[142] 캄보디아는 북베트남군 제1사단과 제5사단, 민족해방전선의 제5사단과 제7사단 등 4개 사단의 군수지원을 제공함으로써 남베트남의 수도 사이공에 직접적인 군사적 위협이 되었다.

중국과 소련은 닉슨의 데탕트 정책에 화답했다. 1972년 2월 닉슨은 중국을 방문하고, 5월에는 소련을 방문해 전략 핵무기 감축 등으로 냉전체제를 깨뜨렸다.

중국과 소련의 군사원조가 제한되었음에도 불구하고 북베트남은 미군의 재개입만 없다면 독자적으로 통일을 달성할 수 있는 역량을 갖추었다. 특히 미국의 반전 운동가들을 하노이에 초청해 현지 방송 등을 통해 미군 개입을 억제하는 고도의 심리전을 전개하기도 했다.

---

142) 베트남전쟁 사료, 『HB02222(주월 무관 신정균의 자료), 캄보디아 편』, 1973, p.30.

2. 호찌민루트로 간접접근전략 구현

1959년부터 확장해 온 호찌민루트는 1973년부터 남베트남 내륙 14번 도로 등 종적 및 횡적 도로망으로 구축되었다. 탱크 등 주요 기동장비의 유류 보급이 가능한 송유관까지 매설했다. 특히 남베트남과 라오스 및 캄보디아 접경인 중부 내륙 전략적 요충지인 부온마투옷 일대까지 구축했다. 이어 사이공에 이르는 직접접근로인 푸옥롱성까지 보급로를 구축했다.

1959년부터 시작된 지상 호찌민루트가 1974년까지 15년 동안 구축되면서 남베트남 공격을 위한 발판을 마련했다. 자전거와 소형 차량만 겨우 지나갈 수 있던 도로는 부분적으로 포장된 고속도로처럼 붐볐다. 대부분의 구간에 송유관이 매설되었다.

이 루트를 따라 북베트남군은 1973년에 10만여 명, 1974년 전반기에 8만여 명 병력을 추가 이동시켜 30만여 명의 병력이 전투지역에 투입되었다. 전쟁 물자도 1974년에만 2만2천여 톤을 수송했다.[143] 이로써 북베트남은 남베트남 점령을 위한 사전 준비를 모두 갖추었다.

드디어 1974년 10월에 북베트남 노동당 중앙위원회는 총공세를 결의했다. 1976년까지 남부 해방 전략 목표를 설정했다. 먼저 일종의 잽을 날려 남베트남군의 대응 능력과 미군의 재 개입의지를 시험하기로 했다. 공격 목표는 사이공 북방 135km 지점의 푸옥롱성이었다.

---

143) John Wiley & Sons, *The Blood Road*(Canada: John Prados Press, 1998), p.372.

이곳은 남베트남군 6사단 일부 병력 만 배치돼 있었고 캄보디아 국경과 인접해 있어 접근이 용이했다. 당시 북베트남전쟁 지도부는 당 제1서기 레주언, 국방장관 보응우옌지압, 정치국원 레둑토, 총사령관 반티엔둥 등이었다.

북베트남군은 푸옥롱성 공격 3주 만인 1975년 1월 7일 푹빈을 점령했다. 총공세를 앞두고 미국의 반응을 알아보기 위한 전초전을 시작했지만 하노이의 예상대로 미군의 개입은 없었다. 더구나 포드 대통령은 상원에 남베트남 군사원조를 3억 달러를 요청하였으나 1975년까지 승인을 받지 못했다.

최종공세를 앞두고 반티엔둥과 레둑토는 자전거를 타고 호찌민루트를 타고 남베트남으로 내려갔다. 반티엔둥은 자신의 이동을 노출시키지 않기 위해 하노이에 머물고 있는 것처럼 기만 통신과 가짜 인물을 내세웠다.

이러한 기만작전에도 불구하고 미국과 남베트남 정부는 하노이와 북위 17도선을 연하는 남베트남 북부 지역에 군사적 관심을 쏟고 있었다. 미국은 중동정세 불안과 국제 유가 급등으로 인한 경제난에 직면해 있었다. 그리고 징병제로 전환한 탓으로 섣불리 남베트남에 다시 개입할 수 있는 여건이 되지 않았다.

남베트남 정부는 여전이 미국에 이존하려 하였고, 외형적인 군비 증강에 도취되어 있었다. 군부 내 곳곳에 침투해 있던 북베트남 스파이들은 군사기밀을 빼내어 고스란히 북으로 넘겨주었다. 사면초가에 빠진 남베트남 정부는 결국 북베트남군이 날린 푸옥롱성 잽 한 방에 종말의 징조를 보이고 말았다.

3. 최후공세 호찌민 전역

자신감을 갖게 된 북베트남은 1974년 12월 13일 2개 사단의 푸옥롱성 공격을 시작으로 총공세를 감행했다. 베트남 통일전쟁은 3단계로 이루어졌다.

1954년 프랑스군을 상대로 싸웠던 디엔비엔푸 전투가 3월 13일부터 5월 7일까지 실시되었던 것처럼, 5월 우기가 오기 전까지 작전을 종결하고자 했다.

〈그림 2-2〉 남베트남 중부지역[144)

첫 번째 작전은 전략적 요충지인 남베트남 중부 부온마투옷을 점령하여 투이호아까지 절단하는 떠이응우옌 작전(1975. 3. 4-3. 24)이었다. 첫 번째 작전의 결과로 남베트남군 제2군단이 궤멸되었다.

이 작전의 핵심은 1975년 3월 10일 남베트남 중남부 부온마투옷(Buon Ma Thuot) 작전이었다. 리델하트가 제시한 간접접근 전략의 진수를 보여주었고, 남베트남군의 붕괴를 앞당긴 결정적 작전이었다. 이 작전으로 북베트남군 제316사단과 제320사단 등 3만여 명은 전략적 요충지인 이곳을 기습공격 점령함으로써 남베트남군을 전략적으로 절단했다.

---

144) 최용호, 『물어보세요! 베트남전쟁과 한국군』 (서울: 군사편찬연구소, 2004), p.79

작전에 앞서 북베트남군은 기만전술로 달랏성 부온마투옷* 대신 북쪽 푸레이쿠를 공격한다는 허위 작전명령서를 하달했다. 반면 남베트남군은 북베트남군이 북위 17도선에 있는 군사분계선을 넘어 공격해 올 것으로 예상하여 북쪽 해안도시 다낭에 병력을 집결시켰다.

> **부온마투옷**
>
> 부온마투옷은 라오스와 캄보디아로부터 호찌민루트를 통해 전쟁물자를 집결했다. 이곳에서 북으로는 플에이꾸와 꼰뚬, 남으로는 떠이닌과 달랏으로, 동으로는 닌호아에 이르는 5개 도로 요충이다. 닌호아에 이르는 26번 도로는 한국군 9사단 파병지역이었다. 현재 14번 도로는 호찌민로로 명명돼 있다.

결국 북베트남군 공격에 남베트남군 제23사단 4천여 명만 방어하던 병력은 일순간에 격멸되었다. 1차 공세를 쉽게 달성하자 3월 18일 정치국은 1975년 안에 남부 해방 목표를 수정했다. 이를 위해 부온마투옷을 점령한 북베트남군 96B 사단을 중부 고원지대인 푸레이쿠와 콘뚬으로 진출시켰다.

두 번째 작전은 남베트남 북부 비무장지대를 연하는 9번 도로상에서 다낭까지 공격하는 후에-다낭 작전(1975. 3. 21-3. 29)이다. 더구나 중부 고원 지대를 점령 한 북베트남군은 북부 해안으로 밀고 올라가 후에를 방어하던 남베트남군 제1사단을 북부와 남부에서 포위하여 3월 25일 격멸시켰다. 이 작전 결과 남베트남군 제1군단과 제2군단이 궤멸되었다.[145]

세 번째 작전은 남베트남 수도 사이공을 점령하는 최종 공세 호찌민 작전(1975. 4. 26-4. 30)이었다. 이 작전 결과 남베트남

---

145) 베트남 국립정치출판사, 김종욱 역, 『승리의 교훈, 베트남전쟁』(서울: 군사편찬연구소, 2013), p.134.

군 제3군단 궤멸과 함께 지도상에서 사라졌다. 이 작전이 시작되기 전 티에우 대통령은 1975년 4월 21일 정권을 부통령에게 넘겨주고 해외로 망명해 버렸다. 4월 23일에는 포드 대통령이 베트남전쟁 종식을 공식 선언한 것은 이미 남베트남 정부의 항복 선언과 마찬가지였다.

1975년 4월 30일, 사이공 남베트남 독립궁 울타리를 넘어뜨리고 진입한 843호 탱크는 디엔비엔푸전투와 케산전투에서 승리했던 제304사단 소속이었다. 전차병의 군화는 타이어바퀴를 잘라 만든 샌들이었다. 이 탱크는 호찌민루트를 따라 침투해 왔다. 루트를 따라 송유관도 건설돼 있어 유류 보급을 받아왔다. 북베트남은 1976년 7월 2일 임시혁명정부를 흡수한 베트남사회주의 공화국 통일정부를 수립했다.

베트남통일의 세 번째 교훈은 북베트남의 무력에 의한 통일이었다. 어느 한 쪽이 급격하게 힘이 부족할 때 무력 통일이 가능하다.

북베트남 무력통일은 단순히 군사적 우위만으로 이루어지지 않았다. 북베트남의 무력통일로부터 얻는 지혜는 다음과 같다. 첫째, 북베트남 정부는 국제 정세와 인도차이나의 지정학적인 여건을 최대한 활용했다. 둘째, 푸옥롱 성과 부온마투옷전투의 간접접근전략을 통해 궁극적 전쟁 승리를 달성할 수 있었다. 셋째, 강인한 정신력이다. 비록 최정예 전차 승무원이 미군 트럭의 타이어를 찢어 만든 샌들을 신고 있었으나, 통일에 대한 강렬한 의지로 남베트남군을 압도할 수 있었다. 이러한 교훈은 첨단 무기와 장비만으로 정치·군사적 목표를 달성할 수 없다는 것을 깨닫게 한다. 그들의 지혜와 의지를 겸허히 배워야 한다.

최근 한국은 미중과 긴밀한 공조를 통한 북한 핵문제 해결과 평화통일을 지향하는 평화통일 로드맵이 주목받고 있다. 군사적 무력통일은 최후의 수단이다. 베트남 무력통일의 본질은 군사력 사용 이전에 국제정세와 남베트남 교란을 통한 간접접근전략에 의해 평화협정을 맺어, 상대방의 무장을 해제시키고 무력으로 통일을 이루었다.

북한과 핵협상에서 핵동결과 ICBM폐기 선에서 타협하여, 평화협정을 체결할 때 과연 어떠한 일이 벌어질 것인가를 직시해야 할 것이다.

제4절 남베트남 패망

2차 세계대전 후 독립했던 많은 국가들 중 분단된 국가로서 남베트남이 가장 먼저 지구상에서 사라졌다. 북베트남은 독립과 자유라는 명분이 앞섰지만 남베트남은 내부의 문제점이 패망을 자초했다. 클라우제비츠는 전쟁론 삼위일체에서 "정부와 군대, 국민은 하나가 되어야 전쟁에서 승리할 수 있다"라고 말했다.146) 남베트남은 북베트남과의 30년 전쟁에서 삼위일체 중 단 하나도 제대로 적용되지 않았다. 남베트남정부의 무능한 전쟁지도, 남베트남군의 군사전략 부재, 국민들의 분열과 혼란으로 패망을 자초했다.

1. 남베트남정부의 무능한 전쟁지도

1967년 9월 응웬반티우(Nguyen Van Thieu)가 대통령에 취임하기까지 4년 동안, 무려 열 번의 정권교체가 반복되면서 나라 전체가 심각한 혼란상태에 빠져들고 있었다. 수시로 바뀌는 정부에게 올바른 정책이 있을 수 없었으며, 국민들은 정부를 신뢰할 수 없었다. 그들 집권층과 공무원은 국가의 안보와 경제발전 및 국민들의 복지는 도외시한 채 자신들의 정권유지에 혈안(血眼)이 되어 있었고 무사안일과 부패는 더욱 가속화됐다.

---

146) Carl von Clausewitz, edited and translated by Michael Howard and Peter Paret, *On War*(Princeton, New Jersey: Princeton University Press, 1976).

더구나 대외적 국제정치환경은 남베트남의 고립을 자초했다. 1973년 체결된 파리평화협정은 전쟁 당사자인 남베트남의 의지와 관계없이 미국의 강요에 의해 체결된 조약으로 많은 문제점을 안고 있었다. 특히 남베트남 영토 내에 북베트남군 병력 15만 명이 잔류하고 있었다.[147)

평화협정 체결 이후 1973년 말까지 미군을 비롯한 연합군은 남베트남에서 완전히 철수했다. 그리고 캐나다, 인도네시아, 폴란드, 헝가리 4개국은 국제휴전감시위원단을 편성해 휴전협정 준수를 감독하게 됐다. 그러나 휴전협정 체결에도 불구하고 북베트남의 공세는 계속됐다.[148)

이에 대해 미국도 남베트남에 잔류하고 있던 군사고문단원 중 9천여 명을 전역시킨 후 민간인 신분으로 군사자문 역할을 계속했다. 그러나 1973년 10월 제4차 중동전쟁의 발발과 석유파동으로 인한 세계 경제의 불황 등으로 남베트남의 사회·경제적 혼란은 가속화되었다.

미국의 경제 원조 삭감으로 90%가 넘는 인플레와 실업이 속출했다. 더구나 세계 4위의 공군력을 자랑하던 전투기는 항공유와 부속품 부족으로 작전 가동률이 50% 이상 감소되었다. 이에 따른 군의 사기 저하는 1974년 한 해 동안 24만 명의 남베트남군이 탈영하는 결과를 초래했다.[149) 반면 북베트남과 임시혁명

147) 마이클 매클리어, 유경찬 역, 『베트남 10,000일의 전쟁』(서울: 을유문화사, 2002), p.554.

148) 김도태, "분단국 통합과 평화협정," 제42차 국내학술회의, 통일연구원, 2001.

149) 홍규덕, "베트남 평화협정 및 중동 평화협정," 『전략연구』, 제18호(2003).

정부는 호찌민 통로를 이용하여 병력과 군수 물자를 비축하는 등 총공세를 펼치기에 유리한 상황을 조성했다.

남베트남의 강력한 후원자였던 미국은 1974년 8월 8일 워터게이트 사건으로 닉슨이 사임하고 부통령 포드(Gerald R. Ford, 1913. 7. 14-2006. 12. 26)가 8월 9일 제38대 대통령(재임기간 1974. 8. 9-1977. 1. 20)으로 취임했다. 그리고 민주당이 중간선거 시 상하원에서 압도적인 승리를 거두자 미국정부는 남베트남에 대한 미국의 지원을 대폭 축소했다.[150]

기회를 엿보던 북베트남은 1975년 3월 10일, 3개 사단을 집중해 전략적 요충지인 부온마투옷(Buon Ma Thuot)을 기습적으로 점령했다. 부온마투옷이 북베트남군에게 점령되자, 티에우 대통령은 1975년 4월 21일 정권을 즈엉반민(Duong Van Mihn)에게 넘겨주고 해외로 망명하고 말았다. 그러나 대통령직을 인수한 부통령 또한 4월 27일에 사임하고, 온건파인 즈엉반민(Duong Van Minh) 장군에게 대통령직을 위임했다.

4월 28일, 대통령에 취임한 민(Minh) 장군은 하노이 측과 협상을 시도 했다. 민 장군이 대통령이 되면 협상하겠다던 하노이 측은 대꾸도 하지 않았다. 북베트남과 최후까지 협상을 시도하던 민 대통령은 북베트남군이 시시각각으로 밀려오고 있지만 협상의 진전이 없자, 4월 30일 10:20에 라디오 방송을 통해 무조건 항복(降伏)을 선언했다.

---

150) 최용호, 『베트남전쟁과 한국군』(서울: 군사편찬연구소, 2004), pp.117-118.

2. 남베트남군의 군사전략 부재

남북으로 길게 뻗은 베트남의 지형 특성으로 인해 남베트남군과 미군 등 다국적군은 지역별 군구 단위로 작전 책임지역을 분할하여 담당하게 되었다. 제1군단은 북쪽 후에(Hue), 제2군단은 중부 푸레이꾸(Plei Ku)와 냐짱(Nha Trang), 제3군단은 수도 사이공을 포함한 비엔호아(Bien Hoa), 제4군단은 남쪽 까마우(Ca Mau) 반도를 포함한 메콩 델타 삼각주 지역을 담당했다.

1973년 평화협정이 체결된 후 남베트남에는 미군이 철수하면서 넘겨준 최신 장비와 함께 100만 명이 넘는 지상군, 세계4위를 자랑하는 공군력 등 막강한 군사력을 보유하고 있었다. 따라서 낡은 재래식 장비와 빈약한 보급체계를 가지고 있는 북베트남과 민족해방전선의 전력으로는 결코 비교될 수 없는 수준이었다. 그러나 1975년 1월 북베트남군의 공세가 시작되자, 이에 맞선 남베트남군은 전투다운 전투도 해보지 못한 채 불과 4개월 만에 최후를 맞이했다.

결국 남베트남군은 무사안일에 빠져 확고한 대적관을 갖지 못했다는 것이다. 반면 북베트남군과 민족해방전선은 산악과 늪지대에 은거하면서, 외부의 보급이 없더라도 생존은 물론 장기간에 걸친 전투임무를 수행할 수 있었다.

당시 남베트남 군대는 미군이 철수한 후에도 자신들의 여건에 부합된 전략과 전술을 개발하지 못하고, 미군의 전투방식에 젖어 있었다. 그들은 1개 분대의 민족해방전선을 상대하는데도 일단 전투기와 포병을 이용해 폭격 및 포격을 가한 후 헬기로 기동해 전과를 확인하는 방식의 작전을 수행했다. 헬기가 없다면 산악지역 기동은 불가능한 것이었다.

전쟁 초기 정규군 및 지방군과 민병대를 운용하는 남베트남군의 이원화 체제는 효율적인 군사작전을 저해했다. 티에우 대통령의 실각 이후 지역 군부대장에게 작전통제권이 부여됐으나, 전쟁 수행 능력의 결여로 통합된 작전이 제한되었다.

남베트남군은 자신들에게 부합된 전략과 전술은 도외시 한 채 미군이 넘겨준 장비에만 의존했다. 그 결과 수준 높은 무기체계와 상대방을 능가하는 대규모 군대를 보유한 남베트남 군대였지만, 재래식 빈약한 무기체계 및 보급체계를 가진 북베트남군과 남베트남민족해방전선의 상대가 될 수 없었던 것이다. 남베트남군이 농촌지역 전투에서 한 달 평균 1,000명씩 전사했다는 사실이 증명했다.

남베트남군 각 군단장은 행정상의 업무를 위하여 군관구사령관의 기능을 동시에 수행하였으므로 실질적으로는 전구사령관과 유사한 권한을 행사했다. 총참모부는 만일의 경우 국경을 월경하는 작전을 수행하거나, 일반예비가 투입될 때를 제외하고는 군단장의 작전계획 또는 결심사항에 관여하는 일이 극히 드물었다.151)

군관구사령관은 책임지역 내에서 평정과 개발계획을 집행하는 제1인자였다. 군단장의 책임과 권한은 매우 포괄적이어서 그들은 자주 대통령에게 직접 보고하고 명령을 받기도 했기 때문에,

---

151) 최용호, 『베트남전쟁과 한국군』(서울: 군사편찬연구소, 2004), pp.455-456.

그 명령을 실행함에 있어서는 군단장이 직접 책임을 졌다.152) 그러나 이러한 작전수행체계는 일관된 군사전략을 구현하는데 지장을 초래했다.

혼란한 상황을 틈타 북베트남군이 푸옥롱성 공격을 통해 자신감을 확인하고, 1975년 3월 10일, 3개 사단 3만 명을 집중해 전략적 요충지인 부온마투옷을 기습적으로 점령했다. 당시 이곳에는 남베트남군 4,000명만 배치되어 있었다.

〈사진 2-1〉 남베트남 대통령궁 폭격 항공기153)

부온마투옷이 북베트남군에게 점령되자, 티에우 대통령은 중부의 산악지역을 포기하고, 해안으로 철수해 인구 밀집지역을 집중적으로 방어하기로 했다. 이에 따라 북쪽의 제1군단은 산악지역에서 철수해 다낭과 쭈라이를 확보하게 하고, 제2군단은 부온마투옷을 탈환하라고 명령했다.

대통령의 철수지시가 하달되자, 제1군단과 제2군단은 각각 철수를 시작했는데, 선두부대가 철수를 시작하자, 군인들은 자신들

152) 까오반비엔, 나대식·조영철 역, 『최후의 붕괴』 (서울: 전사편찬위원회, 1985), pp.215-216.

153) 남베트남 패망 직전 남베트남 공군 주력기 F-5A로 조종사는 1975년 4월 8일 대통령궁을 폭격하고 북베트남으로 망명했는데, 남베트남군의 허상을 보여주는 사례다. 최용호, 『물어 보세요! 베트남전쟁과 한국군』(서울: 군사편찬연구소, 2004), p.79

의 가족과 가재도구를 챙기기에 급급하고, 민간인들 역시 살길을 찾아 피란길에 나섬으로써 피란대열은 시장의 행렬을 방불케 했다. 또한 곳곳에서 민족해방전선의 기습이 가해지자, 피란대열은 스스로 붕괴되고 말았다.

결국 남베트남군은 제대로 된 전투 한번 치르지 못한 채 2개 군단이 붕괴되고 말았으며, 대부분의 장비를 유기(遺棄)한 채 극소수의 병력만이 해상으로 철수할 수 있었다.

북베트남군은 17개 사단을 투입해 4월 26일부터 사이공을 공격하기 시작했다. 남베트남군 18사단의 사이공 방어 전략거점인 쑤안록 방어선이 무너졌다.[154] 전선에서 철수해 온 남베트남군 7개 사단도 최후의 투혼을 발휘해 4월 28일까지 방어선을 지탱하고 있었다. 그러나 4월 28일 군의 최고 책임자인 남베트남 참모총장 비엔 장군은 혼자만 살기위해 군복을 벗어버리고, 미 대사관으로 달아나 헬기를 이용해 탈출했다.

3. 남베트남 국민들의 분열과 혼란

남베트남 정부가 국민들에게 신뢰를 주지 못하면서 혼란을 거듭하게 되자, 국민들 사이에 잠재되어 있던 민족주의 의식이 고개를 들기 시작했다. "미국의 지원으로 유지되고 있는 남베트남 정부는 자신들의 정부가 아닌 미국의 꼭두각시 정권이며, 집권자들은 '미국의 주구(走狗)'다"는 발상이었다. 그 결과 정부를 상

---

154) 남베트남군 18사단장 레민다오 장군은 12일 동안 최후 방어선을 지킨 유능한 장군이었다.

대로 무장투쟁에 나서고 있는 민족해방전선의 활동이 더욱 설득력을 얻게 되었고, 이들의 활동에 가담하는 주민들이 점차 늘어나기 시작했다.

한편 남베트남에 비해 안정된 체제를 유지하고 있던 북베트남과 호찌민에 대한 동조자도 급속히 늘어났다. 그 과정에서 북베트남과 민족해방전선이 지향하는 체제가 공산주의인지, 자본주의인지는 문제가 되지 않았다. 그들에게는 호찌민이 주장하는 독립과 자유가 체제보다 더 큰 이상(理想)이었다.

자본주의 체제에 안주하고 있던 대부분의 주민들도 정부가 혼란한 틈을 이용해 자신들의 기득권 챙기기에 나섰다. 학생은 학생대로, 종교인은 종교인대로, 기업가는 기업가대로, 농부는 농부대로 각각 집단시위를 통해 자신들의 주장을 관철시키려 했다. 그 과정에서 정국은 더욱 혼미상태에 빠져 들게 되었다. 또한 정권과 체제에 대해 관심조차 없던 일반 국민들까지 북베트남과 호찌민을 선망하게 되면서 점차 민족해방전선을 지원하는 임시혁명정부의의 배후 세력으로 변했다.

예를 들어 전쟁이 계속되는 동안에도 남베트남 사람들조차 가장 존경하는 사람은 호찌민이다라고 주저 없이 말하는 경우가 허다했다. 호찌민이 1969년 9월 2일, 79세를 일기로 사망했을 때는 많은 남베트남 주민들이 공개적으로 검은 리본을 달고, 그의 죽음을 애도했다. 이 같은 민심은 군사작전으로 누를 수 있는 것이 결코 아니었다.

결과적으로 대부분의 남베트남 사람들은 남베트남 정부에 대한 실망의 대안으로 북베트남과 민족해방전선을 지지했다. 남베트남 사람들에게 북베트남과 민족해방전선은 자본주의 체제를 전복시키기 위한 공산주의 세력이 아니라 민족의 통일을 추구하는 민족주의 세력이었다. 따라서 그들은 자신의 나라를 지키려는 확고한 신념도, 또한 지킬 필요조차도 없었다.[155]

결국 1975년 4월 30일 오전 호찌민루트 수 천 km를 달려온 북베트남군 제304사단 843호 탱크가 대통령궁의 정문을 부수고 진입했다. 그들은 남베트남 국기를 끌어내린 후 임시혁명정부의 깃발을 올렸다. 이로써 1955년 10월 26일, 지엠에 의해 건국된 베트남공화국은 지도상에서 완전히 사라졌다.

베트남통일의 네 번째 교훈은 남베트남 내부의 분열과 무능이었다. 남베트남의 패망은 오랜 전부터 예견되어 왔다. 전쟁의 명분과 실리에서 이미 북베트남으로 기울어져 있었기 때문이었다.

호찌민의 외세로부터 독립과 자유라는 명분은 무엇과도 바꿀 수 없었다. 지엠 정권의 오랜 독재에 대한 저항은 시간이 갈수록 거세었고 새로 등장한 티에우도 미국에 의존했기 때문에 더 이상 남베트남 국민들의 지지를 얻을 수 없었다.

남베트남이 패망된 후 남베트남 주민들은 급속히 바뀌는 공산주의체제에 적응할 수 없었다. 그리고 남베트남을 붕괴시키는데 결정적으로 기여했던 임시혁명정부와 민족해방전선들도 대부분의 요직을 북에서 내려온 세력들이 장악했기 때문에 권력으로부터 멀어졌다. 이로 인해 150만여 명이 지방으로 강제 이주되거

---

155) 최용호, 『베트남전쟁과 한국군』(국방부: 군사편찬연구소, 2004), pp.457-458.

나 고위직과 군 간부 20만여 명이 재교육장에 수용되었다.

　이 같은 탄압으로 소형 선박을 타고 탈출한 보트피플이 1975년 한해만 해도 23만여 명에 달했다. 그 후에도 계속 이어진 보트피플 중에는 해방전쟁에서 주도적 역할을 수행했던 임시혁명정부와 　민족해방전선 간부들 상당수가 포함되어 있었다.*

> **쯔엉뉴땅(Truong Nhu Tang)**
> 임시혁명정부 사법상으로 남베트남 정부에 항거했던 쯔엉뉴땅(Truong Nhu Tang)은 남베트남 패망이후 이루어진 하노이의 정책에 환멸을 느끼고, 1978년 보트피플로 베트남을 탈출해 프랑스로 망명했다.157)

〈사진 2-2〉 남베트남을 탈출하는 보트피플156)

---

156) 최용호, 『한 권으로 읽는 베트남전쟁과 한국군』(서울: 군사편찬연구소, 2004), p.451

157) Truong Nhu Tang 지음, 김평옥 역, 『베트콩 해방전선』(서울: 시사연, 1987); 友田錫 지음, 양창식 역, 『배반당한 베트남 혁명』(서울: 도서출판 알파, 2002) 등이 있다.

　오늘날 아프리카와 중동지역 난민들이 목숨을 걸고 지중해를 건너 유럽대륙을 향하고 있다. 이른바 보트피플이다. 당시에는 한국도 남베트남 패망의 교훈을 본보기로 삼아 안보의식이 강화되었다. 그러나 요즈음 남남 갈등으로 인한 불안요인은 더욱 심화되었다. 따라서 자립안보를 지향하는 우리에게 40년 전 남베트남정부의 무능한 전쟁지도와 군부의 군사전략 부재 및 국민들의 분열과 혼란으로 패망을 자초한 역사적 사실이 알려주는 바는 많은 의미를 주고 있다.

제5절 베트남 통일 교훈과 한반도 통일방략

북베트남은 1945년부터 1975년까지 30년 전쟁을 통해 통일을 달성했다. 비록 중국과 소련의 군사 원조와 더불어 인접국 캄보디아와 라오스의 정치적 지원이 있었으나 최종적으로 자력으로 통일을 달성했다. 따라서 한반도 평화 통일을 위한 자립 안보를 갖추기 위해 베트남 통일 교훈을 면밀히 들여다 볼 필요가 있다.

북베트남 주도의 통일 핵심은 4개로 압축된다. 먼저 호찌민의 전쟁지도와 보응웬지압의 3불(不) 군사전략으로 전 국민이 전사가 돼 총력전을 펼쳤다. 그리고 미군 철수를 노린 일관된 평화협상 전략과 호찌민루트를 활용한 간접접근전략이 주효했다. 또한 남베트남 정부의 무능과 국민들의 분열과 혼란이 패망을 자초했다.

광복과 분단 70을 맞는 올해 한국은 통일을 향한 노력을 계속해왔다. 한국은 제2차 세계대전 이후 독립한 140여개 나라 중 유일하게 경제협력개발기구(OECD) 회원국으로 세계 11위의 경제강국이 됐다.

1. 독립과 자유를 위한 총력전

베트남 통일과정과 1980년대까지 적대관계를 유지해 오던 한국과 중국은 1992년 수교 이후 정치·경제적으로 긴밀한 협력체제를 유지해 오고 있다. 그러나 국익에 따라 서로 다른 견해를 보이고 있다. 최근 남중국해 영유권을 둘러싼 중국과 미국의 군사적 충돌 위기를 더해가고 있다.

남중국해 분쟁은 베트남 통일전쟁의 와중에 시작됐다. 1974년 중국이 당시 남베트남 영토였던 시사군도를 점령하고 1975년 남사군도 6개 섬을 점령하면서부터다. 이러한 역사적 사실을 두고 보더라도 한국의 통일을 위한 자립안보는 단순히 북한과의 문제가 아닌 동아시아 정세와 밀접한 관련이 있다.

베트남 통일은 독립과 자유라는 구심점을 이끈 호찌민의 리더십에 의한 구국항쟁이 이룬 결과다. 그리고 미군철수 목적을 끝까지 달성한 일관된 입장으로 실리를 추구한 평화협상전략, 호찌민루트를 통한 간접접근전략으로 힘을 뺀 뒤 결정적 시기에 군사력을 투입했다. 또한 남베트남 내 분열과 혼란을 획책해 자중지란에 빠지게 함으로써 궁극적 통일을 달성할 수 있었다.

북베트남은 호찌민 중심으로 일관된 구국항쟁을 펼쳤다. 호찌민은 프랑스와 러시아 및 중국 등 오랜 망명 생활을 통해 터득한 인민전쟁을 구현했다. 국민의 지지를 얻지 못하는 정부는 존립할 수 없음을 실감했기 때문에 스스로 솔선수범했다. 마오쩌둥의 대장정을 보면서 군사적 승리는 병력의 우세와 첨단 무기 및 장비가 아니라 민심에 있다고 보았다.

호찌민의 인민전쟁 사상을 군사전략으로 구현한 보응우엔지압 장군은 이른바 3불 전략으로 맞섰다. 적이 원하지 않은 시간과 장소 및 방법을 적용해 승리할 수 있었다. 더구나 1969년 9월 호찌민의 사망에도 불구하고 권력다툼보다는 레주언을 중심으로 집단지도체제를 견고히 했다.

한편 한국은 자유민주주의 체제하에서 국민의 다양한 민의를 수렴해왔다. 이승만과 박정희 정권은 장기집권으로 인한 폐해가 있었으나 북한의 위협에는 일관되게 대응할 수 있었다. 그러나 장기집권에 반대하는 민주화 요구 세력 일부가 북한의 지령을 받고 남한을 혼란시키기도 했다. 1970년대 박정희 정권의 장기집권 반대를 명분으로 민족해방전선 등 다양한 반정부 단체들이 나타났다. 최근에는 시민운동을 가장한 종북단체들도 활동하고 있다.

따라서 한국정부의 통일은 한민족 공존과 번영이라는 공감대를 형성할 수 있는 캐치프레이즈가 요구된다. 그리고 중국과 일본 등 동북아 주변국과 긴밀한 전략적 협조체제를 구축해야 한다. 또한 남북한 정치 지도자의 신뢰를 구축할 수 있는 협력체가 필요하겠다. 5년 단위 정권교체로 지난 정부의 각종 정책들이 계승되지 못하는 것이 아쉬운 현실이다.

2. 끈질긴 평화협상 전략

북베트남의 일관된 협상전략은 외세 철수였다. 미군과 나국석군 군사력에 의존하고 있던 남베트남은 외세가 사라지면 모래위 누각과 같은 존재였다. 미국은 1969년 닉슨 독트린 이후 명예로운 철군을 바랐지만 북베트남은 쉽게 놓아 주지 않았다. 미국은 하노이와 하이퐁 등 전략 요충지에 무자비한 폭격을 통해 협상의 주도권을 장악하려 했다.

그리고 협상의 파트너였던 티에우 정권에게 협상안을 수용하도록 압박과 함께 강요했다. 1973년 1월 협상 초안을 본 티에우 대통령은 다음과 같은 입장을 표명했다. "지금까지 우리는 야수를 사냥하기 위해 정글 속으로 들어가야 했지만 이제부터는 그들을 품에 안고 함께 잠을 자게 됐다."158)

결국 남베트남 내 산악지대에 북베트남군 7만여 명을 그대로 둔 채 협상안에 서명할 수밖에 없었다. 반면 북베트남은 시간 주도권을 쥐고 있었다. 처음부터 협상내용을 준수할 의도가 없었기에 북베트남은 1975년 3월 최종공세를 펼쳤다. 그러자 1973년 체결된 파리평화협정은 공허한 휴지 조각으로 변했다.

한편 한국은 1953년 정전협정 이후 굳건한 한미동맹체제를 바탕으로 북한의 끈질긴 위장평화공세를 잘 견뎌왔다. 북한은 북베트남의 평화협상 전략을 본 떠 일관된 미군철수를 주장하며 정전협정을 평화협정으로 변경하고자 했다. 즉 무력 적화통일을 위한 미군철수를 목표로 3대 혁명역량강화와 4대 군사노선을 추진하기 시작했다. 1974년 3월에는 최초로 미·북 평화협정 체결을 주장하며 미군 철수를 종용해 왔다.

그런데 북한의 일관된 평화통일 전략에 비해 한국은 1990년대 이후 5년 단위 정권교체와 정권의 성격에 따라 일관된 통일전략

---

158) 고성윤·백승주, "베트남 평화협정과 월남공산화 과정의 연계성 분석," 한국국방연구원, 1994. 12.

구현은 미흡했다. 반면 북한은 3대 세습 체제를 유지해 오면서 일관된 대남전략을 추구해 왔다. 극소수 세력은 남한과 교류를 통한 점진적 개방을 시도하였으나 군부 강경파의 반대에 오히려 숙청당하기도 했다. 2013년 장성택 처형 사례가 대표적이다.

따라서 남북한 상생의 평화통일 전략의 일관성이 요구된다. 그리고 북한 통일전략의 취약성을 파고드는 대안전략을 모색해야 한다. 또한 한반도 평화대헌장을 제정하여 남북한의 일관된 노력이 요청된다.

3. 내·외부 간접접근전략

1975년 4월 북베트남군 탱크 2대가 남베트남 대통령궁 울타리를 치고 들어갔다. 그 때 전차 승무원이 신고 있던 신발은 가죽 군화가 아닌 미군 타이어를 잘라 만든 샌들이었다. 보급품 수송수단도 트럭이 아닌 자전거였으며, 해상 수송도 선박이 아닌 뗏목이었다.

20세기 최강 미군을 상대로 이긴 군대는 첨단 무기와 장비가 아니었다. 1959년부터 1975년 최종 공세를 펼칠 때까지 27년간 구축한 지상과 해상 호찌민루트는 간접접근전략의 진수를 보여 주었다. 결국 통일을 뒷받침한 깃은 군사력이있다.

한국군도 6·25전쟁 이후 베트남전쟁에 참전하기 전까지 거지와 같은 수준의 군대를 벗어나지 못했다. 칡뿌리도 없어서 굶주리던 시절로 미군 군사원조에 의존하고 있었다. 6·25전쟁이 일본을 부활시켰다면 베트남전쟁은 한국을 빈사상태에서 벗어나게 했다.

베트남전쟁 참전은 국가발전과 한국군 현대화의 분수령이 됐다. 그리고 미군과 연합작전을 통해 전술과 전투기술을 습득할 수 있는 좋은 기회였다. 더구나 남베트남의 패망을 지켜본 박정희 정부는 자주국방력 강화를 위한 노력을 시작하는 계기가 되기도 했다.

따라서 한국군은 북한의 군사적 도발을 강력하게 응징할 수 있는 군사력 우위를 달성하는 자립안보가 절실히 요구된다. 1970년대 자주국방을 위한 노력을 계승하여 2020년대는 전시작전통제권을 전환해야 하겠다. 조건에 의한 불명확한 목표보다 전시작전통제권 전환 후 조건을 만드는 것이 필요하다. 안보 의존을 대물림하는 어리석음을 피해야 하겠다. 이를 위해서 유엔 등 국제 및 태평양 안보협력체제를 통한 협조가 요구된다.

남베트남 패망은 오래 전 예견되어 왔다. 전쟁의 명분과 실리에서 이미 북베트남으로 기울어져 있었기 때문이었다. 호찌민의 외세로부터 독립과 자유라는 명분은 무엇보다 바꿀 수 없었다. 지엠 정권의 오랜 독재에 대한 저항은 시간이 갈수록 거세었다. 1967년 새로 등장한 티에우도 미국에 의존했기 때문에 더 이상 남베트남 국민들의 지지를 얻을 수 없었다. 남베트남 정부의 무능한 전쟁지도와 군부의 군사전략 부재 및 국민들의 분열과 혼란으로 패망을 자초했다.

한편 한국은 끊임없는 북한의 대남도발과 내부적 민주화를 가장한 반정부 세력의 저항이 계속돼 왔다. 최근에는 국회와 행정부 등에 합법적으로 진출해 국론을 분열시키고 사회 혼란을 야기 시키려 했다.

이러한 교훈은 남베트남이 패망하기까지 10년 동안 참모총장을 지냈던 카오반비엔의 회고록과 임시혁명정부 법무상을 지냈던 쯔엉누탄의 배반당한 혁명159)을 펼쳐 볼 필요가 있다.

따라서 북한과 동북 3성에 인간정보 자산을 적극 확보하며, 남남 갈등을 최소화하는 정치적 역량을 모색해야 하겠다. 그리고 공세적 대북심리전으로 북한 정권의 허구성을 폭로하는 전략을 계속 구현해야 하겠다. 이러한 시각에서 볼 때 지난 대북 심리전 방송을 중단한 것은 장기적으로 볼 때 전술적 실패 사례로 예견된다. 36계 차도살인(借刀殺人)을 굳이 빌리지 않더라도 강력한 대북 전략 무기였던 대북 방송을 이산가족 상봉이라는 일회성 행사로 맞바꾼 것은 정치지도자들의 전략적 혜안이 부족한 탓으로 돌리기에 못내 아쉽다.

4. 자립안보로 통일추진전략 구현

1973년 파리평화협정으로 남베트남을 떠나면서 미국은 상호안보조약을 체결했다. 그러나 북베트남군이 전면공격하자 미군은 다시 개입하지 않았다. 국가 간 조약은 국가이익에 따라 한 장의 휴지 조각이 될 수 있다. 자립안보가 필요한 이유다.

---

159) 카오반비엔 지음, 나대식 등 역, 『월남 최후의 붕괴』 (서울: 국방부 전사편찬위원회, 1985); 쯔엉누탄, 양창식 역, 『배반당한 혁명』 (서울: 알파, 2003).

자본주의에 근간을 둔 자유민주주의 체제하에서 통일을 향한 길은 험난하다. 더구나 남남 갈등을 극복하고 통일을 위한 길은 가깝고도 멀게 느껴진다. 각 절에 알아본 북베트남 통일의 지혜를 모아 한국의 자립안보를 달성하고 평화통일을 지향하는 과제를 도출해 보면 다음과 같다.

〈표 2-1〉 베트남통일의 지혜와 한반도 통일방략

베트남 통일의 지혜	한국의 자립안보와 통일 추진과제
베트남 독립과 자유라는 구심점을 이끈 리더십 ⇒	① 통일은 한민족 '공존과 번영' 캐치프레이즈 ② 중국과 일본 등 주변국 전략적 협력 ③ 정치지도자의 협력체 구성
목적을 끝까지 달성한 일관된 평화협상 실리전략 ⇒	① 상생의 일관된 평화통일 전략 ② 북한 통일전략 취약성을 파고드는 전략구현 ③ 한반도 평화대헌장을 제정
허(虛)로 힘을 빼고 결정적 시기에 실(實)로 제압 ⇒	① 북한도발 강력 응징하는 군사력 우위 확보 ② 육해공 해병대 등 국가기동전략군 창설 ③ 유엔 등 국제·지역협력안보 체제 구축
남베트남 자중지란(自中之亂)을 유도 ⇒	① 북한 내 인간정보(휴민트) 자산 적극 확충 ② 남남갈등을 최소화 하는 정치적 역량 모색 ③ 공세적 대북심리전, 북한정권 허구성 폭로

한편 베트남 통일 이후 과오도 알아야 한다. 북베트남은 통일과 동시 남베트남 정부와 군부 요인 등 대규모 숙청을 단행했다.

이들을 집단농장에 강제 수용하고 사상개조 교육을 시켰다. 즉 결처분을 30만 명에서 200만여 명으로 추정한다. 1976년부터 1992년까지 해상으로 탈출한 보트 피플만 79만 명에 이른다.

통일 후 10년 이 지난 1986년 국민총생산이 84달러에 불과해 같은 해 북한 805달러에 비해 1/10에 불과했다. 통일은 막연한 기대감으로 준비하면 곤란하다. 통일을 위한 자립안보가 디딤돌이 될 청사진을 준비해야 하겠다.

우리에게 통일의 길은 멀고도 험한 길이지만 김춘남 시인의 달팽이처럼 가면 좋겠다.

"갑니다. 나의 길을 꾸준히 천천히 가다 지치면 잠시 멈추어 … 갈 길 멀어도 멀리 보며 갑니다."

자립안보로 통일의 길을.

제3장
베트남전쟁 승패요인

제1절 군사사상

베트남의 역사교과서에는 침략, 항쟁, 반란, 폭동 등의 내용이 반복해서 기술되어 있다. 그들의 역사는 전쟁으로 점철된 역사다. 전쟁에 관한 한 수많은 외세의 침략을 받았던 한반도의 역사를 능가한다. 베트남 민족에게 전쟁은 생활 속 일부였다. 따라서 베트남의 군사사상을 이해하는 것은 베트남의 역사와 문화를 이해하는 것이라고 할 수 있다.

1. 형성 배경

베트남의 군사사상은 군인을 위한 사상(思想)이라기보다는 일반대중 모두가 공통적으로 생각하고 있는 일상이라고 할 수 있다. 그렇지만 베트남 정부가 군사사상 또는 전략을 공식적인 자료로 발표하지는 않는다. 따라서 베트남의 군사사상과 군사전략에 관한 기초자료는 베트남의 역사 속에서 찾아야 한다. 베트남이 외세의 침략에 대항하는 과정에서, 또는 남쪽으로 국토를 확장하면서 이민족을 복속시키는 과정에서 구사한 전략을 분석해야 한다.

군사전략적 관점으로 베트남의 역사를 요약한다면 북수(北守)·
남공(南攻)의 투쟁으로 규정할 수 있다.[161]

2017년 말 현재
9천5백여 만 명으
로 추산되는 베트
남 인구의 90%를
차지하는 베트남의
주류 비엣(Viet)족의
근거지는 현재의 하
노이(Ha Noi)를 중
심으로 하는 홍(Hong)
강 일대였다. 그들
은 BC690년 최초의
민족국가 반랑(Van
Lang)을 수립한 이
래 최근까지 중국
의 침략에 저항해
왔다. 북수(北守)의
역사다.

〈그림 3-1〉 베트남 영토확장[160]

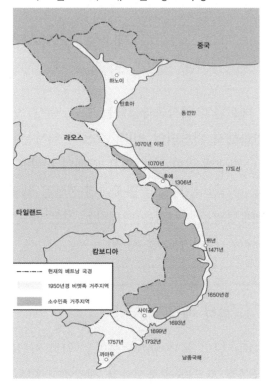

160) 유인선, 『새로 쓴 베트남의 역사』 (서울: 이산, 2013), p.217.

161) 베트남의 역사를 유사하게 평가한 학자는 최병욱 교수다. 그는 북저(北抵)·남진(南進)이라
는 용어를 사용했다. 북수(北守)·남공(南攻)은 최병욱 교수의 북저·남진과 맥락을 같이 한
다. 좀 더 사실적인 표현을 사용했을 뿐이다. 이런 표현에 대해 베트남 학자들은 대부분
동의하지 않는다. 그들이 남쪽을 공격해 차지했다는 역사적 사실을 인정하려들지 않기 때
문이다.

반면 그들은 끊임없이 남쪽으로 그들의 영역을 확장했다. 남공(南攻)의 역사다.

그 시기 현재의 베트남 중부에는 비엣족보다도 강력한 참파(Champa)족이, 남부에는 크메르(Khmer)족이 자치국가를 형성하고 있었다. 비엣족에 의한 남공(南攻)의 역사는 불과 250여 년 전인 1757년, 비엣족이 역사적 과업이었던 참파와 크메르족의 흡수·합병을 마무리하고 베트남의 최남단 까마우(Ca Mau)까지 진출하면서 완성되었다.

2. 인민전쟁사상의 특징과 개념

많은 사람들은 베트남의 역사를 외세의 침략에 대한 항쟁의 역사로 규정한다. 그러나 그것은 베트남 역사의 반쪽만을 반영한 평가다.

베트남이 유사 이래 외세의 침입에 대한 저항을 계속해 왔던 것은 맞다. 그러나 내부적으로는 남진정책을 계속하면서 중부의 참파족과 남부의 크메르족을 점령해 영토를 확장하면서 오늘날의 베트남을 건설했다. 따라서 베트남의 남진과정에서 정복의 역사를 반영해야 적절한 평가하고 할 수 있다. 그렇기에 그들의 전반적인 역사는 북수(北守)·남공(南攻)의 역사로 규정해야 하는 것이다.

베트남의 군사사상도 이 같은 베트남의 역사적 배경을 토대로 분석하고 평가해야 한다. 베트남의 군사사상은 걸출한 어느 한

사람에 의해 단시간에 만들어지기 보다는 장구한 세월을 통한 비엣족의 역사적 경험이 반영되어 있기 때문이다.

베트남의 역사적 배경에 따라 군사사상에 반영되어 있는 정신적 기조는 크게 두 가지로 나눌 수 있다. 첫째는 하노이 일대에 국한된 베트남의 영역을 남부의 까마우까지 확장하는 과정에서 형성된 공세적 상무정신이다. 둘째는 외세의 침략에 저항하는 과정에서 형성된 끈질긴 저항정신이다.

모든 군사사상이 공세와 수세를 포함하고 있지만 베트남의 경우는 베트남의 역사적 경험에 따라 두 가지 요소를 적절하게 겸비하고 있는 것이 다른 나라의 군사사상과 차별화된다. 베트남이 수천 년간 외세 침략에 저항해 오면서 수세적인 방어에만 머무르지 않고 공세적인 방어전략을 구사했던 배경이 베트남의 역사적 경험에 있었던 것이다.

베트남 민족이 역사를 통해 터득한 전쟁 수행방법을 인민전쟁(人民戰爭, People's War)사상이라고 이름 붙이고 이를 사상적, 이론적으로 체계화하여 프랑스와 미국에 대한 베트남 민족의 항쟁을 지도한 인물이 호찌민이다. 그는 베트남의 군사사상을 체계화한 인물로 평가할 수 있다. 따라서 현대 베트남의 군사사상은 호찌민의 인민전쟁사상으로 집약된다.

호찌민에 의해 "인민전쟁이란 인민에 의한 전쟁으로, 인민전쟁 전략이란 인민의 힘을 어떻게 조직화해나갈 것인가 하는 방책"으로 정리되었다.162) 따라서 호찌민의 지도에 따라 전쟁을

---

162) Võ Nguyên Giáp. *Hồ Chủ Tịch nhà chiến lược thiên tài, người cha thân yêu của*

수행한 베트남 민족에게 일정한 전선이나 전·후방이 따로 있을 수 없었다. 일터가 전선이었고 전선이 일터였다. 농부도 농사를 짓다가 즉각 전사로 변신했고, 장사치도 필요시에 즉각 전사로 돌변했다.

인민전쟁에 대한 호찌민의 신념은 1948년 6월 11일 국민들에게 보낸 다음과 같은 호소문에 잘 나타나 있다.

> "조국을 사랑하는 열의(熱意)에는 세 가지 목적이 있다. 첫째는 기근(饑饉)을 극복하는 것, 둘째는 무지(無知)를 극복하는 것, 셋째는 침략자를 정복하는 것이다. 그리고 목적을 달성하는 방법은 다음과 같다. 국민의 행복을 쟁취하기 위해 국민의 군대에 국민의 사기를 더한 것에 의지하는 것이다. 이것이 바로 직업이 무엇이든 더 빨리, 더 잘, 더 열심히 일하는 것을 의무로 삼아야 할 이유다. 모든 베트남 국민은 나이, 성별, 신분에 관계없이 군사전선, 경제전선, 정치전선, 문화전선 가운데 어느 한 곳에서 싸우는 전사(戰士)가 되어야 한다. 개개인이 전 국민의 저항, 절대 저항이라는 표어를 현실로 만들어야 한다. 우리는 조국을 사랑하는 열의를 가지고 저항전쟁을 계속하는 한편 우리의 조국을 재건할 것이다.
>
> ~중략~
>
> 공무원은 국민들에게 더 헌신적으로 봉사한다. 정규군과 게릴라 대원은 적에게 보다 치명적인 타격을 가하고 특히 무기를 노획하는데 힘쓴다."[163]

---

các lực lượng vũ trang nhân dân, Việt Nam- In lần 2(Ha Noi: Sự thật, 1974). 보응웬지압, 『위대한 전략가 호찌민』 (하노이: 스텃출판사, 1974), pp.151-156.

163) Ho Chi Minh, Ecrits(Ha Noi: Foreign Language Publishing House. 1971), pp.85-87;

3. 인민전쟁사상의 핵심 요체

가. 전 인민의 동참과 전 국토를 대상으로 하는 총력전 사상

약소국가가 강대국을 상대로 전쟁을 수행하려면 전 국민과 전 국토를 대상으로 하는 총력전으로 대항할 수밖에 없다. 당연한 논리다. 베트남의 지도자 호찌민 역시 베트남 국민 3천만 명이 곧 베트남군 3천만 명이라고 강조하면서 전 국민의 동참을 독려했다.[164]

문제는 국민의 동참을 어떻게 유도해 내느냐다. 호찌민 등 베트남의 지도자는 국민과 함께 동참하는 방식으로 국민의 참여를 유도했다. 유사시에는 과감하게 수도를 적에게 내어 주면서 국민과 함께 게릴라가 되었다. 지도자가 스스로 솔선수범하고 모범을 보임으로써 국민이 스스로 지도자를 따르도록 한 것이다.

반면 1232년 몽골의 침략을 받은 고려의 집권층은 수도였던 개경과 국민을 버리고 그들만의 안전을 위해 강화도로 피란했다. 강화도의 고려조정은 백성들의 안위는 돌보지 않았지만 세금은 꼬박꼬박 걷어 갔다. 백성들의 자발적인 저항활동도 독려했다. 전란으로 국가적 위기에 처할 때마다 집권층이 국민과 함께 산악에 은거하며 게릴라전을 수행한 베트남 지도층의 사례와 극명하게 대비된다.

김기태, 『호찌민 평전』(서울: 자인출판사, 2001), pp.246-247에서 재인용.

164) Pham Van Dong, *Ho Chi Minh A Man, A Nation, An Age, and A Cause*(Ha Noi: Foreign Languages Publishing House, 1990), p.27.

나. 장기전과 지구전(持久戰)을 각오한 전쟁사상

호찌민은 약소국인 베트남이 강대국과 싸워 이기려면 장기전과 지구전을 각오해야 한다고 강조하면서 장기전과 지구전 전략의 요체를 다음과 같이 설명했다.

"우리의 적은 가급적 전쟁을 빨리 끝내려고 서두를 것이나 우리들은 오히려 전쟁을 그들이 원하지 않는 방향으로 지연시킴으로써 그들에게 많은 어려움과 고통을 안길 수 있어야 한다."[165]

다. 정치와 군사가 통합된 전쟁사상

호찌민은 인민전쟁 수행을 위한 군사와 정치의 병립을 강조했다. 호찌민은 "정치와 군사가 통합됨으로써 군사적인 승리로 정치적인 승리를 얻을 수 있으며 이는 다시 더 큰 군사적인 승리를 가능하게 한다"고 강조하였다.[166]

라. 게릴라전을 주요 투쟁수단으로 하는 전쟁사상

호찌민은 제2차 세계대전 중 프랑스와 일본을 상대로 한 투쟁에서부터 게릴라전을 주요 투쟁수단으로 삼았다. 이어 제2차 세

165) Hồ Chủ Tịch nhà chiến lược thiên tài, người cha thân yêu của các lực lượng vũ trang nhân dân Việt Nam; Võ Nguyên Giáp, *In lần 2*(Ha Noi: Sự thật, 1974); 보응웬지압, 『위대한 전략가 호찌민』(하노이: 스텃출판사, 1974), p.156 & pp.160-175.

166) Võ Nguyên Giáp. *In lần 2*(Ha Noi: Sự thật, 1974); 보응웬지압, 『위대한 전략가 호찌민』(하노이: 스텃출판사, 1974), p.157.

계대전 이후 항불·항미전쟁을 거치면서 게릴라전의 중요성을 더욱 강조하게 된다. 그는 게릴라전을 인민전쟁사상을 실현하는 주요 투쟁 수단으로 삼았다.

마. 무기가 아닌 인간에 의한 전쟁사상

호찌민이 상대하는 프랑스 또는 미국 군대의 현대화되고 정밀한 무기는 호찌민이 극복해야 할 최대의 과제였다. 호찌민은 베트남의 재래식 무기로 강대국 군대의 선진화된 무기를 당해낼 수 없음을 잘 인식하고 있었다. 따라서 그는 무기의 차이가 아니라 그 무기를 운용하는 사람의 마음가짐과 의지의 차이를 믿었다. 베트남 민족의 전쟁 의지를 믿고 있던 그는 미국의 현대전 무기가 두렵지 않았다.

호찌민은 인민전쟁의 물질적인 측면이 아닌 인간적인 측면을 반복해 강조하면서 대중(大衆)의 힘을 활용하려고 노력하였다. 호찌민은 인민전쟁의 개념을 설명하면서 군사투쟁과 정치투쟁을 병행해야한다고 하였는데, 정치투쟁에서 이기기 위한 한 가지 요소로 전쟁의 심리적(心理的)인 요소 즉, 국민들의 정신전력(精神戰力)이 상대방보다 우위에 있어야 한다고 강조했다.[167]

---

167) Tái bản lần thứ, 3 *Hồ Chí Minh toàn tập. T.4*(Ha Noi: Chính trị Quốc gia. 2009); 『호찌민 선집 제4권』(하노이: 국가정치출판사, 2009), p.77; Tái bản lần thứ , *Hồ Chí Minh toàn tập. T.5*(Ha Noi: Chính trị Quốc gia. 2009). 『호찌민 선집 제5권』(하노이: 국가정치출판사, 2009), p.188; Tái bản lần thứ 3, *Hồ Chí Minh toàn tập. T.6*.(Ha Noi: Chính trị Quốc gia. 2009). 『호찌민 선집 제6권』(하노이: 국가정치출판사, 2009), pp.163~164, 281-282.

제2절 군사전략

베트남의 군사전략·전술 역시 그들의 인민전쟁사상과 마찬가지로 어느 시기에 특정인에 의해 정립된 것이 아니다. 오랜 기간 그들의 역사를 통해 터득한 개념과 기법들이 망라되어 있는 것이다. 특히 북부지역에서 중국의 침략에 저항하는 과정에서 기본 인식이 형성되고, 제2차 세계대전을 전후한 시기 프랑스의 지배에 저항하는 과정에서 그 실체가 알려졌다.

1. 형성 배경

베트남의 군사전략·전술은 인민전쟁사상의 실행을 위한 하위 수단 또는 실행 방법이라고 할 수 있다. 따라서 인민전쟁사상을 정립한 호찌민에 의해 그 틀이 만들어졌다. 이어 보응웬지압에 의해 실전에 적용되면서 보완되고 정비되면서 보다 확실하게 드러나기 시작했다.

호찌민은 인민전쟁전략에 대해 "베트남 민족이 외세의 침략과 지배를 벗어나 독립을 쟁취하기 위한 수단이기 때문에 모든 국민을 동참시켜 이를 적재적소에 배치, 활용하여 민족의 대항 역량을 최대로 발휘하는 것이 중요하다"라고 강조하였다.[168] 군사전략·전술 역시 같은 틀의 범위 내에서 수행되었다.

---

168) Hồ Chủ Tịch nhà chiến lược thiên tài, người cha thân yêu của các lực lượng vũ trang nhân dân Việt Nam; Võ Nguyên Giáp, *In lần 2*(Ha Noi: Sự thật, 1974); 보응웬지압, 『위대한 전략가 호찌민』(하노이: 스텃출판사, 1974), pp.151-156.

2. 군사전략의 특징과 개념

보응웬지압은 호찌민의 인민전쟁이론을 다음과 같이 요약했다.

"베트남이 디엔비엔푸 전투에 이어 미국과 전쟁에서 승리한 것은 인민전쟁전략이 있었기 때문이다.

흔히 인민전쟁전략과 게릴라 전술을 혼동하기도 하는데 인민전쟁 전략의 개념과 게릴라 전술의 개념은 서로 관계가 있을 수도 있고 없을 수도 있다. 그러나 일반적인 개념에서 게릴라 전술은 인민전 쟁전략의 한 가지 수행방식에 불과하다.

게릴라 전술이 단순히 전투방식만을 일컫는다면 인민전쟁전략의 개념은 한마디로 '인민에 의한 인민을 위한 전쟁'이다. 인민전쟁전 략의 개념은 보다 복합적이고 종합적인 것이다."

인민전쟁전략은 군사적, 정치적, 경제적 영역 모두를 포함한 다. 여기서 '인민에 의한'이란 뜻은 단순히 군대뿐만 아니라 국 민 모두가 참여한다는 뜻이다. '인민을 위한'이란 독립과 통일 또는 인민의 행복 등 인민이 목표로 하는 것을 성취하기 위한 전 쟁이라는 뜻이다.

인민전쟁전략의 개념은 물적 자원보다는 인적 자원을 더 중요 시한다. 그래서 호찌민 주석이 그 틀을 마련한 인민전쟁전략은 모든 인구를 동원하는 광범위한 것이다.[169]

---

169) CNN과의 인터뷰에서 언급, 1998. 11. 23.

3. 군사전략의 핵심요체

가. 게릴라 전술을 주요 수단으로 하는 군사전략

게릴라(Guerrilla)라는 용어는 1808년 나폴레옹군의 점령에 대항하는 포르투갈의 국민적 저항에서 비롯되었다. 게릴라는 원래 포르투갈어 'Guerr'의 전쟁과 'Illa'의 조그만이라는 복합어로 소규모 전쟁을 의미한다. 호찌민은 게릴라전에 대해 다음과 같이 설명했다.

> "게릴라 전투란 압박받는 민족이 제국주의 국가에 대항해서 싸우는 전쟁이며 그들을 상대로 확실한 승리를 얻을 수 있는 방법이다. 승리를 확보하기 위한 4가지 요소로서 바른 정치적 지침이 있어야 하고, 대중에 의지하여야 하며 강력한 비밀조직과 함께 훌륭한 전투 기술이 있어야 한다."

호찌민은 게릴라 전투의 4가지 원칙을 다음과 같이 제시했다.

첫째는 항상 주도권을 장악하도록 노력하여야 한다. 주도권을 잡는다는 것은 적을 우리의 의지대로 통제한다는 것을 의미하는데 구체적으로 적을 우리가 공격하고자 하는 곳으로 유인하는 것을 의미한다. 적이 너무 강하다면 아군은 철수할 수밖에 없다. 그러나 이 경우에도 주도권을 잃어서는 안 된다.

둘째, 모든 결정과 행동은 신속히 해야 한다. 게릴라 전투는 신속성이 생명이다. 번개처럼 적을 몰아쳐서 적이 이를 알기 전에 사라져버리는 것이 게릴라 전투의 핵심이다. 따라서 행군, 공격, 철수 등 어떠한 경우에도 모든 행동은 신속히 이루어져야 한다.

셋째, 항상 공세적이어야 한다. 이는 우리가 주도권을 쥐고 적을 먼저 공격한다는 것을 의미한다. 만일 대규모의 공격이 불가능하다면 소규모의 공격을 반복함으로써 적을 조금씩 마모시켜 나가야 한다. 게릴라 전투가 공세성을 잃는다면 전투의 결과는 필패(必敗)다.

넷째, 모든 전투는 적절하고 융통성 있는 계획을 수립한 가운데 철저한 준비를 거쳐 실시되어야 한다. 게릴라 전투는 앞에서 말한 주도권, 신속성, 공세성의 원칙에 의존해야 하나 계획과 준비가 미흡한 전투는 실패할 가능성이 높다. 융통성 있는 계획을 수립한다면 적은 우리의 예기치 않은 공격에 준비가 안 된 상태에서 당황할 수밖에 없다.

호찌민이 강조한 게릴라 전투의 5가지 기술은 다음과 같다.

첫째, 적의 강한 곳에 대한 공격을 회피하여야 하며 적의 약한 곳만을 골라서 공격해야 한다.

둘째, 동쪽에서 적을 혼란시키고 서쪽에서 적을 공격하여야 한다. 즉 적을 기만하는 것이 필수적이다.

셋째, 작전에 실패할 경우 아군에게 치명적인 손실이 예상되는 전투는 회피해야 한다.

넷째, 아군의 전력을 언제든지 분산시켜야 하고 반대로 언제든지 집중시킬 수 있는 준비가 되어 있어야 한다. 시의 적절하게 전투력의 분산과 집중 기술을 구사(驅使)할 수 있어야 한다.

다섯째, 공격시기로 우리의 전투력이 가장 왕성한 상태에 있고 적의 전투력이 가장 취약한 상태에 있을 때를 골라 공격해야 한다. 그래야 확실한 성공을 보장받을 수 있을 뿐만 아니라 아군의 피해도 최소화 할 수 있다.[171]

호찌민은 게릴라전투*를 성공적으로 수행하기 위해서는 앞서 제시한 4가지 원칙, 5가지 기술과 함께 혁명기지(基地) 즉, 게릴라 기지를 확보하는 것이 매우 중요하다고 강조했다.

모든 게릴라 기지는 게릴라 전투의 시발점임과

> ### 호찌민의 게릴라전
> 호찌민이 게릴라전투 이론과 혁명기지(게릴라 기지) 이론을 발전시킨 시기는 1935년에서 1945년간 프랑스와 프랑스에 이어 진주한 일본군에게 대항한 8월운동 시기부터였다. 이 저항운동을 통해 호찌민은 후에 북베트남군의 모태(母胎)가 되는 게릴라 부대를 양성하고 혁명기지를 베트남 곳곳에 설치하여 제2차 세계대전 이후 계속된 대불항쟁의 전초기지로 삼았다.[170]

동시에 모든 게릴라 투쟁은 게릴라 기지를 수립하기 위한 단계라는 것이다. 그는 게릴라 전투와 함께 게릴라 기지를 확보해야 확실한 승리를 담보 받을 수 있으며 게릴라 부대와 게릴라 기지 간에는 유기적인 협조관계가 구축되어야 한다고 강조하였다.

---

170) Hồ Chí Minh toàn tập. T.3. Tái bản lần thứ 3(Ha Noi: Chính trị Quốc gia. 2009); 『호찌민 선집 제3권』(하노이: 국가정치출판사, 2009), pp.83-89.

171) Hồ Chí Minh toàn tập. T.4. Tái bản lần thứ 3(Ha Noi: Chính trị Quốc gia. 2009); 『호찌민 선집 제4권』(하노이: 국가정치출판사, 2009), pp.83-89.

나. 전장의 주도권 확보에 중점을 둔 전략

호찌민과 보응웬지압은 전장에서 주도권을 선제권(先制權)이라 칭하며 주도권 장악을 위한 전략의 중요성을 다음과 같이 강조했다.

"인민전쟁에서 가장 역점을 두어야 할 것은 적의 병력(兵力)을 말살하고 우리의 병력을 보존, 강화해 나가는 것이다. 이를 위해서는 무슨 수를 써서라도 공격에 있어 선제권을 잡아야 한다. 선제권을 유지한다면 우리의 군대는 싸우면 싸울수록 강해질 것이며 전투를 거듭할수록 전투력을 강화시켜 나갈 수 있다. 선제권을 유지해 나가기 위해서는 기동성을 갖추어야 한다."

"기동성이란 아군의 주력을 적의 약한 부분에 신속히 집중시키는 능력이다. 기동수단이 제한된 인민군대로 기동성을 늘리기 위해서는 적이 예상하지 못한 방법으로 예상하지 못한 장소에 주력을 집중시키는 능력을 발전시켜야 한다."172)

다. 정치와 군사, 정규전과 게릴라전을 배합하는 전략

남베트남의 전쟁터에서는 부분적인 봉기의 형태를 띤 농촌지역 게릴라전이 중요한 전략적 역할을 담당하였으며 고루 발전

---

172) Hồ Chí Minh toàn tập. T.4. Tái bản lần thứ 3(Ha Noi: Chính trị Quốc gia. 2009). 『호찌민 선집 제4권』(하노이: 국가정치출판사, 2009), p.77; Hồ Chí Minh toàn tập. T.5. Tái bản lần thứ 3(Ha Noi: Chính trị Quốc gia. 2009). 『호찌민 선집 제5권』(하노이: 국가정치출판사, 2009), p.188; Hồ Chí Minh toàn tập. T.6. Tái bản lần thứ 3(Ha Noi: Chính trị Quốc gia. 2009). 『호찌민 선집 제6권』(하노이: 국가정치출판사, 2009), pp.163-164, 281-282.

해 나갔다. 게릴라 전투와 정규전은 인민전쟁에 있어서 **빼어 놓**을 수 없는 작전형태지만 그렇다고 해서 상황에 관계없이 인민전쟁은 반드시 게릴라전으로 시작해서 정규전으로 발전해가야 한다는 뜻은 아니다.

호찌민은 "지금 당장이라도 적이 북쪽으로 침략전을 강행해 온다면 정규전과 게릴라전이 동시에 시행될 것이다"고 강조하면 서 배합전략을 다음과 같이 중요시하고 있다.

"우리가 적에 비해 정치적으로 우세하고 적은 우리보다 물질적으로 강할 때, 인민전쟁에서 승리를 다지기 위해서는 일단 광범위한 게릴라 전투를 추진하여 나가되 점차 게릴라 전투와 정규전을 병행해 나가는 것이 필요하다. 정규전과 게릴라 전투는 밀접히 결합된 것이며 상호간을 고무(鼓舞)함으로써 적을 마모하고 나아가서는 전멸시키며 궁극적인 승리를 가져온다."173)

라. 적의 약점을 적극 활용하는 전략

베트남군은 언제나 적의 약점을 활용하려했다. 공격할 것인가, 방어할 것인가, 후퇴할 것인가의 판단도 철저하게 적의 강·약점의 판단 결과에 따랐다. 적 부대에서 약점이 발견되지 않으면 적이 약점을 노출할 때까지 기회를 기다렸으며 게릴라 공격 등으로 적의 약점을 찾아냈다.

---

173) 호찌민 지음, 월든 벨로 서문, 배기현 옮김, 『호치민: 식민주의를 타도하라』(서울: 프레시안북, 2009), p.195.

적의 약점이 발견되더라도 아군의 전력이 약하거나 적의 전력이 강해 성공할 가능성이 낮을 경우에는 결코 공격을 시도하지 않았다. 그들은 성공이 확실한 경우에만 적의 약점을 타격하고 즉시 철수하는 작전으로 적의 전력을 마모시키고 자신의 병력을 보존했다.

그 과정에서 적이 전혀 생각하지도 못하는 기상천외(奇想天外)한 방법으로 적의 의표(意表)를 찌르는 기습을 적극 활용했다. 베트남인들은 약한 전투력을 극복할 수 있는 또 다른 방법으로 기발한 방법을 동원하여 적을 놀라게 하고 당황하게 하였으며 이는 결국 언제나 베트남의 대승으로 이어졌다.

레러이가 들것을 교대로 이용하여 10만여 명의 병력을 800km의 행군에서 보존하여 청군의 진지를 기습한 사건이나 쩐흥다오가 강바닥에 말뚝을 박아 원나라의 함선을 침몰시킨 예 등에서 이를 확인할 수 있다.

또한 디엔비엔푸 전투에서 지그재그식 참호를 구축하여 프랑스군의 직접 사격과 포탄의 파편을 피한 것이나 야포를 인력만을 이용하여 산 정상까지 끌어올려 프랑스군의 대포병사격(對砲兵射擊)을 회피한 것도 적의 의표를 찌르는 기발한 구상이었다.

퇴각전술 역시 주요한 전술의 하나로 사용되었다. 퇴각전술은 적을 내륙 깊숙이 끌어들여 적 병력을 피로하게 만들고 보급로를 신장(伸張)시켜 신장된 적의 보급로를 게릴라 부대로 공격하기 위한 목적에서였다.

또한 퇴각전술은 약한 전력을 가진 편이 일단 상대방과 정면 대결을 피하고, 전투력을 보강하기 위한 좋은 방법이었다. 퇴각 시 가용한 식량과 가축과 가재도구는 모두 소각 또는 은닉하였다. 이 방법은 현지조달에 보급의 많은 부분을 의지하던 당시 군대의 보급체계에서 적에게 큰 타격을 줄 수 있는 방법이었다.

중국과 전쟁에서 베트남군은 언제나 소수이고 열세였다. 적에게 끊임없이 공격을 가해 적을 마모시키는 방법이 소수의 베트남군이 중국의 대규모 침략군을 맞아 싸우는 가장 효과적인 방법이었으며 마모전략은 장기전, 지구전을 전제로 한 전략이었다. 베트남군은 강한 적에게 무모하게 부딪히기보다는 시간을 끌면서 적을 서서히 마모시키고 지치게 만들면서 결정적인 기회를 기다렸다.

베트남인들은 지형에 익숙하지 못한 침략군에게 대항하는 방법으로 대부대, 소부대, 게릴라 부대의 구분이 없이 지역 주민과 농민들의 헌신적인 지원과 동참 아래 매복과 습격 작전을 즐겨 사용하였다. 매복과 습격은 지형에 익숙한 부타이완이 사용할 수 있으며 지역 주민들의 첩보 제공과 은신처 제공 등이 요구되는 작전이기 때문이었다. 또한 매복과 습격은 게릴라 부대가 주로 사용한 전법이었으나 정규군의 대부대라고 하더라도 항상 매복과 습격의 기회를 노리는 것을 원칙으로 삼았다.

제3절 지도자

　베트남의 역사는 영토를 확장해나가는 과정보다 외세에 대항하는 과정에서 지도자의 역할이 두드러졌다. 그 중심에 호찌민이 있다. 베트남의 역사적 지도자는 호찌민을 기준으로 호찌민 이전의 지도자와 호찌민, 그리고 그의 후계자그룹으로 크게 구분된다.

　호찌민 이전의 시대는 대부분 대륙세력인 중국과 교류하는 시대였다. 반면 호찌민 시대에는 대륙세력이 해양세력으로 교체되는 시기였다. 따라서 호찌민 이전의 지도자들은 대부분 중국으로 대표되는 대륙세력의 침략에 대항했지만 호찌민은 주로 해상으로 공격해오는 프랑스, 일본, 미국 등에 대항했다.

1. 호찌민 이전의 지도자

가. 쯩짝·쯩니(Trung Trac·Trung Nhi, ??-AD43)의 여성군

　베트남의 유명한 시인 또흐유(Tố Hữu)의 시문에 다음과 같은 구절이 있다. "베트남 여성은 날씨기 춥디힐지라도 집에 있시 않고 나가서 느윽랑을 걱정한다('Rét thì mặc rét, nước làng em lo)." 여기서 느윽랑이란 촌락의 물을 뜻하는데 이것은 베트남 여성이 사회적인 일을 걱정한다는 뜻이다.174)

같은 맥락에서 베트남 여성은 전쟁이 발생하면 남성과 대등하게 참여했다. 베트남 사람이라면 누구나 다 아는 성어(成語)가 있다. "적이 오면 여자도 나가 싸운다(Giặc đến nhà, đàn bà cũng đánh)"라는 말이다.

그 유래가 쯩짝·쯩니 자매의 역사적인 활약과 연결된다. 베트남이 중국의 지배하에 있던 AD40년 지방관리로 있던 쯩짝(Trung Trac)의 남편이 폭정을 일삼던 한(漢)의 관리에게 살해되었다. 중앙집권 국가였던 한의 관리는 변방으로 갈수록 자질이 떨어지는 경우가 많아 수탈이 심했다. 쯩짝은 동생 쯩니(Trung Nhi)와 함께 반란을 일으켰다.

그들의 반란은 미미한 세력으로 출발했지만 토착주민들의 지지를 얻으면서 급속히 확대되었다. 하노이 일대에서 봉기한 그들의 세력은 단시일 내에 남중국의 광시(廣西)와 광둥(廣東) 일대까지 확산되었다. 중원의 중앙정부는 묵과할 수 없었다.

당시 후한의 지배자였던 광무제(光武帝)는 가장 신임하던 장수 마위안(馬援)과 3만 명의 정병을 파병했다. 마위완은 게릴라전을 펼치는 쯩짝·쯩니의 반란군과 고전 끝에 AD43년 겨우 반란을 진압할 수 있었다. 쯩짝·쯩니의 반란군에는 많은 여성이 참여하고 있었다. 그 시절에도 베트남의 여성은 남성과 거의 동일한 위치에서 전투임무를 수행하고 있었다.[175]

---

174) Mai Huong, *Tho Tố Hữu va nhung loi binh* (Ha Noi: Nha Xuat ban Van Hoa Thong Tin, 2003); 마이 흐엉, 『토흐의 詩와 評論』(하노이: 문화통신출판사, 2003), p.316; 심상준, "베트남여성의 지위와 한·베 다문화가족," 『베트남연구 제9집』 (서울: 한국베트남학회, 2009)에서 재인용.

175) 최용호, "제1·2차 베트남전쟁 시 베트남 여성의 참전배경 연구," 『베트남연구 제10집』(서

나. 쩐흥다오(Tran Hung Dao, 1229-1300)의 민·관·군 총력전

쩐흥다오는 1284년부터 1287년까지 3차례에 걸친 몽골의 침략을 물리친 장군이다. 당시 몽골은 중국 대륙은 물론 베트남의 남쪽의 참파까지 점령한 상태였다. 따라서 하노이 일대의 베트남은 몽골의 세력에게 포위된 채 고립된 섬과 같은 처지였다.

위급한 시기에 총사령관에 임명된 쩐흥다오는 덕망이 있는 전국의 촌로(村老)들을 어전(御殿)에 소집해 저항과 항복 중에서 택일 할 것을 물었다. 베트남의 촌로는 마을에서 절대적인 영향력을 갖고 있었다. 베트남의 속어 중에 "왕의 명령은 촌장의 숨소리에도 미치지 못한다"라고 할 정도다.

촌로 모두가 싸우겠다는 결연한 의지를 보였다. 주민의 적극적인 지원에 힘을 얻은 쩐흥다오는 몽골의 대군에 저항했으나 수도인 하노이가 함락되고 말았다. 쩐흥다오는 항복할 의향을 보이는 황제를 설득해 게릴라전을 전개해 몽골군을 격퇴했다. 몽골의 2차, 3차 공세도 하노이를 포기하고 산간오지 자위촌에 은거하면서 게릴라전을 병행해 몽골의 대군을 물리쳤다.

세계를 정복한 몽골도 베트남을 끝까지 점령하지 못했다. 베트남도 몽골의 대군을 물리친 후 화친정책을 병행했다. 베트남은 황제 쿠빌라이에게 사절을 보내 사죄하고 조공을 바치는 한편 전쟁 중에 포로가 된 장수들을 송환했다. 쿠빌라이는 그에 만족하지 않고 제4차 원정을 준비했지만 1294년 사망했다.[176]

울: 한국베트남학회, 2010), pp.142-166.

176) 최용호, 『한 권으로 읽는 베트남전쟁과 한국군』(서울 : 군사편찬연구소, 2004), pp.16-20.

다. 레러이(Le Loi, 1385-1433)의 게릴라전

레러이는 레(후레, 後Le)왕조의 태조황제다. 1407년 명(明)의 영락제(永樂帝)가 베트남을 점령했던 1418년 레러이는 타인호아 (Thanh Hoa)지방에서 봉기했다. 그러나 그는 명의 상대가 되지 못했다. 그는 명과 화약(和約)을 맺었다. 명의 예봉을 피하기 위한 술책이었다.

레러이는 언제나 명의 강점을 피하고 약점만을 골라 타격했다. 후일 마오쩌둥이 제시한 16자 전법 즉 "적진아퇴(敵進我退), 적퇴아진(敵退我進), 적주아요(敵駐我擾), 적피아타(敵疲我打)"를 가장 잘 활용한 지도자였다. 결국 그는 1428년 명나라 군대를 몰아내고 레(후레, 後Le)왕조를 건국했다.[177]

라. 응웬반후에(Nguyen Van Hue, 1753-1792)의 게릴라전

응웬반후에(Nguyen Van Hue, 1753-1792)는 1771년 뀌년 (Quy Nhon)의 떠이선(Tay Son)에서 반란을 일으켜 하노이를 공격했다. 당시의 집권층이던 레왕조는 청(淸)의 지원을 요청했다. 청군 20만 명이 하노이를 점령했다. 떠이선 반군 지도자 응웬반후에는 외세척결을 명분으로 황제의 자리에 올라 연호를 광쯩(光中)이라 했다.

광쯩황제는 하노이 남쪽 응헤안(Nghe An)으로 철수해 10만여 명의 농민군을 규합했다. 그는 자신이 솔선수범하여 농민군을

---

177) 최용호, 『한 권으로 읽는 베트남전쟁과 한국군』(서울: 군사편찬연구소, 2004), pp.20-21.

이끌며 하노이까지 800㎞를 행군해 청(淸)군을 기습 공격해 승리를 거두었다. 외세에 저항하는 주민의 민심을 규합해 저항한 결과였다.

2. 호찌민

호찌민(Ho Chi Minh: 1890~1969)*은 베트남 국민들이 현대사의 인물 중에서 가장 존경하는 국부(國父)다. 현대의 베트남은 호찌민을 빼어 놓고 생각할 수조차 없을 정도다. 베트남 민족이 역사를 통해 터득한 전쟁 수행방법을 사상적, 이론적으로 체계화하고, 프랑스와 미국에 대한

> **스탈린과 호찌민, 마오쩌둥의 삼각관계**
> 스탈린은 매우 의심이 많아 마오쩌둥과 호찌민 모두를 티토식 민족주의자로 생각했다. 언젠가 세 사람이 함께 회동한 자리에서 스탈린은 "이제부터 베트남은 소련에 의지해도 좋다. 소련은 베트남이 원하는 모든 도움을 제공하기 위해 노력할 것이다. 그러나 지리적인 조건 등으로 지원하지 못할 경우가 생긴다면 중국이 베트남을 지원해줄 것이다"라고 언급을 하자 마오쩌둥은 그 자리에서 "소련이 못하겠다면 중국이 가진 모든 것을 베트남이 필요할 경우 제공하겠다"라고 약속했다.

베트남 민족의 항쟁을 지도한 인물이 호찌민이다.

호찌민의 인민전쟁(People's War, 人民戰爭)이란 인민에 의한 전쟁으로, 인민전쟁전략이란 인민의 힘을 어떻게 조직화할 것인가 하는 방책으로 정리되었다. 호찌민이 규정한 인민전쟁 사상·전략이 호찌민의 지도력과 결합되면서 베트남은 강대국 프랑스에 이어 미국을 상대로 한 전쟁에서 승리할 수 있었다.

현대 베트남의 역사뿐만 아니라 베트남전쟁의 승패요인을 분석하기 위해서는 호찌민의 생애와 지도력을 살펴보는 것이 가장 중요한 키워드가 되는 이유다.

가. 호찌민의 출생과 활동

호찌민은 1890년 5월 19일 베트남 중북부지역의 응에안(Nghe An)성 남단(Nam Dan)군 껌리엔(Kim Lien)에서 유학자의 2남1녀 중 막내로 태어났다. 그가 태어난 껌리엔 마을은 응에안성의 성청이 위치한 빈(Vinh)에서 서쪽으로 15㎞ 정도 이격된 시골 마을이다.

어린시절 그의 이름은 응웬신꿍(Nguyen Sinh Cung)이었다. 11살이 되면서 응웬땃타인(Nguyen Tat Thanh)으로 바꿨다. 프랑스에서 생활하던 시절에는 애국자라는 뜻을 가진 응웬아이꾸옥(Nguyen Ai Quoc)으로 바꿨다.

그 후에도 그는 비밀리에 활동했던 관계로 수많은 가명(假名)을 사용했다. 그러다가 1942년 연합국과 협력을 모색하기 위해 국경을 넘어 중국으로 입국하면서부터 호찌민이라는 이름을 사용했다. 호찌민이 수많은 가명을 사용했기 때문에 그가 지도자가 된 후 그의 가족조차도 그를 알지 못했다고 한다.

그의 신분이 가족들에게 알려진 후에도 그는 단 한 차례 가족과 상봉을 했을 뿐이다. 그 후에는 하노이 중심으로 하는 구역을 친인척 접근 금지구역으로 설정해 친인척의 접근을 원천 봉쇄했다.

나. 무소유의 삶

호찌민의 생애에서는 여느 역사상의 영웅에게서 발견되는 극적(劇的)인 요소가 존재하지 않는다. 그러나 그의 생애는 전체가 조국과 인민을 위한 희생과 헌신의 연속이었다.*

그는 평생을 독신(獨身)으로 살았다. 철저한 무소유(無所有)의 삶이였다. 그는 군림하는 지도자가 아니라 친근한 이웃과 같은 자세로 항상 앞장서서 솔선수범하는 지도자였다. 베트남 사람들은 지금도 그를 호 아저씨라는 뜻의 박호(Bac Ho)라는 친근한 표현으로 호칭(呼稱)하면서 변함없는 존경과 경외(敬畏)의 마음을 보내고 있다.

> **호찌민과 국가훈장**
>
> 1962년 북베트남 국회가 호찌민에게 베트남 최고훈장인 금성훈장(金星勳章) 수여를 결정했다. 호찌민은 그해 제6차 회기 국회연설을 통해 남부가 해방되지 않은 이상 자신의 임무는 아직 끝나지 않았으므로 훈장을 받을 수 없다고 사양했다. 그 대신 남부를 해방시키고 남·북의 전 베트남인들이 같은 지붕 아래서 기쁨을 누리게 될 때 즐거운 마음으로 이를 받겠다는 조건을 제시했다.

다. 베트남 민족의 대단결 추구, 개인우상화 배격

마지막으로, 호찌민이 일생을 통해 일관되게 강조하고 호소한 것은 베트남 민족의 대단결(大團結)이었다. 그는 베트남 민족의 위대한 힘은 역사적으로 중국의 침략에 대한 항생에서 여실히 나타난 민족의 단결에 있다고 지적하면서 국민들의 단결과 동참을 호소했다. 가장 어렵고, 힘든 장소에는 언제나 그가 함께 있었으며, 그가 항상 앞장을 섰다.

그는 전쟁기간 중에도 주기적으로 전쟁의 참화로 고통 받고 있는 마을과 도시들을 방문하여 일반 국민들과 스스럼없이 담소하였으며 주석(主席)이라는 직위보다는 친근한 이웃 할아버지로 존경받았다. 그는 파리 평화회담이 진행 중이던 1969년 9월 2일 79세의 일기로 사망했다. 그는

> **호찌민의 사망일자와 사후 조치**
> 호찌민의 부고(訃告)는 24시간동안 지연되었다. 정치적인 분위기 조성을 위해 베트남민주공화국 수립일 다음날인 9월 3일 사망을 발표했다. 공산당 정치국은 1965년 5월 그가 미리 써놓은 유언장을 1968년과 1969년 이본(異本)을 통해 수정했다. 그 중 보통사람처럼 화장(火葬)해달라는 그의 유언은 받아들여 지지 않았다.

자신에 대한 우상화를 엄금할 것과 자신의 시신(屍身)을 화장하여 재를 3등분해 베트남의 북부, 중부, 남부에 뿌려줄 것을 유언(遺言)으로 남겼다.*

그러나 그의 후계자들은 그의 유언을 어기고 그들의 정치적 목적에 따라 하노이의 중심인 바딘 광장 앞 중앙에 묘소를 짓고 그의 시신을 방부(防腐) 처리 후 안치(安置)하여 베트남 국민들이 시신을 볼 수 있도록 하였다. 호찌민의 유해가 전시된 바딘광장은 베트남 최고의 성소(聖所)로 관리되고 있다.*

> **호찌민과 김일성**
> 호찌민은 거의 같은 시기를 살았던 김일성과 비교되기도 한다. 유사한 점이 많다. 1930년-1940년대에 코민테른활동을 같이 수행했다거나 또는 제2차 세계대전 이후 북베트남과 북한의 공산당의 지도자로 각각 활약했다는 점 등에서 그렇다. 그러나 근본적으로 다른 점은 개인우상화와 권력의 사유화에 대한 차이다. 호찌민은 개인에 대한 우상화, 권력의 사유화를 철저하게 배격했다. 그 부분에서 김일성은 결코 호찌민과 비교 대상이 되지 못한다.

라. 남·북 베트남 주민의 평가

호찌민의 사망 사실이 발표되었을 때 남쪽의 주민들은 공공연하게 검은 리본을 패용하고 호찌민의 죽음을 애도했다. 1968년 뗏(Tet)공세 이후였던 당시의 분위기로 볼 때 파리평화협상이 시작되면서 전쟁의 주도권이 북쪽으로 넘어가면서 생긴 현상이었다.

그러나 남쪽의 주민들이 호찌민을 존경하는 마음은 한국군 전투부대가 파병되던 1965년 당시에도 감지되고 있었다. 당시의 상황에 대해 채명신 주월 한국군사령관은 다음과 같이 증언했다.

"주월사 참모부에는 베트남의 여자 타자수들이 1명씩 배정되었다. 그들은 장관이나 교수 같은 지도층 인사의 자녀들이며 베트남 최고의 명문대학 재학생들이었다. 신원조회에서 아무런 하자도 없는 사람들이다. 날이 가면서 그들에게 물어 보았다. 베트남에서 누구를 가장 존경하느냐고 했을 때 그들은 하나같이 북베트남의 최고지도자 호찌민이라고 서슴지 않고 대답했다. 처음엔 농담인줄 알았는데 진담이었고 여러 타자수들에게 물어 보았으나 그들도 역시 같은 대답이었다. 그들의 말에 의하면 베트남 국민의 절대다수가 호찌민을 가장 존경한다는 것이었다."[178]

호찌민이 사망한 이후에도 그에 대한 남베트남 주민의 존경심은 더욱 고조되었다. 나아가 북베트남 정부에 대한 신뢰와 함께 남베트남 정부에 대한 반발로 이어졌다. 남베트남 정부가 아무리 좋은 정책을 펼치더라도 호찌민의 영향력을 넘어설 수가 없었다.

---

178) 채명신, "베트남전쟁의 특성과 연합작전," 군사편찬연구소, 『베트남전쟁연구총서(1)』(서울: 군사편찬연구소, 2002), pp.98-99.

3. 호찌민의 조력자와 후계자

가. 보응웬지압

보응웬지압(Vo Nguyen Giap, 1911-2013)은 호찌민을 도와 베트남의 독립과 통일을 위해 일생을 헌신한 군사지도자다. 그는 꽝빈(Quang Binh)성의 안싸(An Xa)에서 출생했다. 지압은 1939년 중국으로 도망가 1941년 베트민(Viet Minh)의 결성에 참여하면서부터 호찌민과 행동을 같이 하게 됐다.

그는 호찌민의 인민전쟁사상을 군사적으로 완성시켜 전쟁에 적용했다. 그는 베트남군 총사령관으로 1954년의 디엔비엔푸 전투를 승리로 이끈 후 국방장관에 임명되었다. 1968년 1월에는 뗏(Tet)공세를 주도해 미국을 협상테이블로 이끌어 냈다.

두 사람은 1941년부터 가장 충실한 파트너였다. 두 사람은 끊임없이 대화와 교감(交感)을 나누며 전쟁에서 승리하기 위한 전략과 전술을 연구하고 적용하기 위해 노력했다. 호찌민의 인민전쟁사상은 보응웬지압의 군사전략에 의해 꽃피우게 된다.

호찌민이 제시한 인민전쟁의 수행개념과 방법은 보응웬지압의 연구와 실천으로 보다 체계화되어 구체적인 작전명령으로 하달되었다. 보응웬지압이 창안하고 전투에 적용한 많은 전술, 전법은 국가주석인 호찌민의 교시(敎示)에 대한 실천으로 베트남군의 교리(敎理)로 채택되었다. 모든 작전의 성공은 호찌민의 영광으로 돌려졌다.

나. 호찌민의 후계자들

호찌민 사후 베트남 민족의 대단결이란 그의 유언(遺言)은 전 국민의 가슴에 비명(碑銘)처럼 새겨졌다. 호찌민 주석의 뒤를 이어 공산당 제1서기에 오른 인물은 베트남 남부출신 레주언(Le Duan, 1907-1986)이다.

베트남의 지도층은 위계질서가 정해진 레주언(Le Du An), 레둑토(Le Duc Tho), 팜반동(Pham Van Dong), 보응웬지압(Vo Nguyen Giap), 반티엔둥(Van Thien Dung) 등 11명의 정치국 원들로 구성되어 추호의 흔들림이 없이 전쟁을 수행했다. 베트남을 독립시킨 것은 호찌민이 아니라 민중과 함께 했던 청렴과 희생이라는 호찌민 정신이었다.

베트남의 집단지도체제는 친소파와 친중파가 서로를 견제했다. 그러나 미국과 중국의 관계개선 이후부터 베트남과 중국관계가 악화되기 시작했다. 중국과 교류가 단절되면서 레주언에 의한 급속한 사회주의체제는 베트남경제의 몰락을 가져왔다.

베트남은 1986년 12월 제6차 공산당대회에서 도이머이(Doi Moi, 쇄신)정책을 채택하여 전면적인 대외개방정책으로 전환했다. 호찌민 세대의 지도자들이 모두 퇴진하고 신세대가 등장했다. 그때부터 베트남은 사실상 자본주의체제로 전환했다. 그러나 호찌민의 민족주의 이상과 지도력은 손상을 입거나 변하지 않았다. 호찌민을 국부로 존중하고 받드는 분위기는 지금도 변함없이 계속되고 있다.

제4절 항불·항미·항중전쟁

현대 베트남의 국제협력 역시 호찌민의 활약과 밀접하게 연계되어 있다. 1941년 5월 호찌민은 베트남의 국경지대에서 베트남독립동맹(Viet Nam Doc Lap Dong Minh) 즉 베트민(Viet Minh, 越盟)을 창설했다. 그해 6월 22일 히틀러가 소련을 침공하자 베트민은 연합국지지를 선언했다.

1942년 8월, 베트민은 중국의 국민당 정부와 협력을 모색하기 위해 응웬아이꾸옥(Nguyen Ai Quoc, 阮愛國)이라는 가명을 사용해 오던 호찌민은 중국식 이름인 호찌민(Ho Chi Minh, 胡志明)이라는 가명을 사용하기 시작했다. 그러나 국민당 군벌은 호찌민을 체포했다. 그 후 호찌민의 이용가치를 파악한 국민당 군벌은 호찌민을 석방해 협력하게 했다.

1944년 9월 호찌민 세력은 베트남 북부의 까오방(Cao Bang), 박깐(Bac Can), 랑썬(Lang Son) 등에 해방구를 설치하고 총봉기를 계획했다. 그들은 추락한 미군의 조종사 구출 등에 협력하면서 미국의 전략정보부(OSS, Office of Strategic Services)와 연결을 시도했다. 호찌민은 베트남의 독립을 위해 미국의 지원을 얻는데 많은 공을 들였다.[179]

---

179) 최용호, 『한 권으로 읽는 베트남전쟁과 한국군』(서울: 군사편찬연구소, 2004), pp.36-40.

1. 제2차 세계대전 종전과 제1차 베트남전쟁(항불전쟁)

가. 포츠담회담과 프랑스의 재침략

제2차 세계대전이 계속되고 있던 1943년 11월, 카이로에서 전쟁수행과 전후처리를 논의하기 위해 미국 대통령 루스벨트, 영국 수상 처칠, 중국 총통 장제스(蔣介石)가 만나 3자회담을 열었다. 그 자리에서 루스벨트는 인도차이나 문제와 관련해 종전 후 프랑스의 인도차이나 복귀를 반대했다. 반면 처칠은 "인도차이나를 프랑스에 되돌려 주어야한다"는 입장이었다.

1943년 4월, 루스벨트(Franklin D. Roosevelt, 1882. 1. 30-1945. 4. 12, 재임기간 1933. 3. 4-1945. 4. 12)의 갑작스런 죽음으로 미국의 인도차이나 정책은 변화의 계기를 맞았다. 대통령직을 승계한 트루먼(Harry S. Truman, 1884. 5. 8-1972. 12. 26, 재임기간 1945. 4. 12-1953. 1. 20)은 영국 및 프랑스와 협력을 강조했다. 아시아 식민지 국가들의 독립은 관심이 없었다. 그렇다고 트루먼이 프랑스에 호의적인 것은 아니었다.

1945년 7월 독일의 포츠담에서 만난 미·영·소 3국의 정상들은 일본 항복 후 전후처리를 논의했다. 그 과정에서 "베트남에 주둔하고 있는 일본군의 무장해제를 위해 북위 16도선을 기준으로 북쪽은 중국군이, 남쪽은 영국군이 진주한다"는 내용에 합의했다. 회의에 참석하지 않았던 장제스도 회의 후에 동의 했다.

1945년 8월 15일 일본의 항복과 함께 중국군과 영국군의 베트남 진주(進駐)가 시작됐다. 북부지역에는 윈난(雲南)성 군벌 루한(盧漢)이 지휘하는 18만 명의 중국군이 9월 9일 하노이에 도착했다. 남부에는 9월 12일 그레이시(DougLas D. Gracey) 소장이 지휘하는 7,500명의 영국군이 진주했다.

프랑스 정부는 티에리 다르장리외(Thierry d'Argenlieu) 제독을 인도차이나 고등 판무관(辦務官)에 임명했다. 이어서 8월 22일 장 셍트니(Jean Sainteney)와 장 세딜(Jean Cedile)을 각각 하노이와 사이공에 파견해 현지 유력인사와 접촉해 프랑스의 베트남 복귀를 추진하게 했다. 베트남 남쪽에 진주(進駐)하는 영국군 부대에 프랑스군 1개 중대를 포함시켰다.

프랑스는 전쟁 전의 기득권을 지키기 위해 1946년 1월부터 중국과 협상을 시작했다. 그들은 중국에서 자신들의 이권을 포기하는 대가로 2월 23일부 중국군 철수를 합의했다. 이어 영국군도 3월 4일 철수를 발표했다. 소련도 미국과 관계를 고려해 호찌민 정부의 승인을 주저했다. 국제적 이권에 따라 베트남은 또 다시 프랑스의 지배를 받아야 했다.

호찌민의 선택은 프랑스와 협상할 것인가, 아니면 전쟁에 돌입할 것인가 둘 중 하나였다. 그러나 당시 베트민의 군사력은 프랑스와 대적할 수 있는 능력이 없었다. 따라서 호찌민은 내키지 않았지만, 협상테이블에 나가지 않을 수 없었다. 양측이 합의한 내용은 "통킹 지역에 베트남 독립국가를 수립해 프랑스 연방으로 남게 되며, 안남 및 코친차이나와 통일 여부는 국민투표로 결정하고, 프랑스군은 향후 5년 이내에 철수한다"는 것이었다.*

합의 내용이 발표되자, 호찌민측과 프랑스측 모두가 반발했다. 호찌민은 "평생 동안 중국의 똥을 먹는 것보다는 잠시 동안 프랑스의 똥냄새를 맡는 것이 낫다"라고 동료들을 설득했다.[180] 그러나 프랑스가 협상내용을 뒤집었다. 고등판무관인 다르장리외가 "협상내용은 통킹과 안남에만 적용되며, 코친차이나는 프랑스의 직할 식민지로 남게 될 것이다"고 발표한 것이다.

협상은 백지화됐다. 상황은 계속 악화됐다. 남은 길은 전쟁뿐이었다. 국제연맹이 있었지만 중재를 도외시했다. 호찌민 세력을 공산주의자로 간주하고 있었기 때문이다. 결국 호찌민 세력이 먼저 발포를 시작했다. 1946년 12월 19일 20:00을 기해 프랑스 세력에 대한 대대적인 습격을 가한 후 하노이를 포기하고 산간지역으로 도주했다. 제1차 베트남전쟁의 시작이었다.

나 독립전쟁을 이념전쟁으로 전환시키기 위한 프랑스이 전략

전쟁이 시작되자, 프랑스는 계속해서 승리했다. 베트남군은 제공권을 장악하고 우수한 장비로 무장되어 있던 프랑스의 상대가

---

180) 최용호, 『한 권으로 읽는 베트남전쟁과 한국군』(서울: 국방부 군사편찬연구소, 2004), p.61.

되지 못했다. 그러나 얼마 지나지 않아 프랑스군이 치고 빠지는 방식(Hit & Run)의 베트남 게릴라전술에 말려들면서 막대한 피해가 발생하기 시작했다. 그때부터 프랑스는 군사적 승리가 쉽지 않다는 사실을 인식하기 시작했다.

군사적 승리가 요원해졌음을 인식하게 된 프랑스 정부는 전쟁의 국면전환을 시도했다. 외세 식민지배자에 대한 독립전쟁을 자유민주주의 수호를 위한 공산주의자 타도로 전환시킨 것이다. 이를 위해 프랑스는 1949년 3월 베트남의 마지막 황제로 호찌민에게 권력을 물려주었던 바오다이(Bao Dai)를 내세워 민주주의를 표방하는 새로운 베트남 정부를 수립했다.

그러자 반대로 호찌민에게 기회가 찾아왔다. 1949년 10월 1일 중국에 마오쩌둥(毛澤東) 정부가 수립되면서 호찌민에게 귀중한 동맹국이 등장한 것이다. 중국은 호찌민에게 군사원조를 제공했을 뿐만 아니라 1950년 1월 18일 베트남민주공화국을 승인했다. 중국은 호찌민 정부를 인정한 세계 최초의 국가였다. 그러자 며칠 뒤인 1월 30일 소련이 중국과 경쟁적으로 호찌민 정부를 승인하고 원조를 시작했다.

중국과 소련이 등장하자 미국도 나서지 않을 수 없었다. 미국은 프랑스의 식민정책에 반대 입장을 취했지만 이젠 어쩔 수 없이 프랑스에 끌려가야 했다. 미국은 1950년 2월 7일, 호찌민 정부를 공산정권으로 규정하고, 프랑스 괴뢰정부로 간주되고 있던 바오다이의 베트남 정부를 승인했다. 이어 미국은 프랑스에 대한 원조제공도 발표했다.

다. 이념전쟁으로 변화와 국제협력관계에 미친 영향

베트남과 프랑스간의 식민전쟁이던 베트남전쟁이 동서(東西) 이념대결 양상으로 발전하면서 국제협력관계가 반전됐다. 1950년 초까지만 해도 미·소 관계는 제2차 세계대전의 동맹국 정신이 어느 정도 유지되고 있었다. 즉 서로간의 눈치를 봐가면서 서로의 심기를 건드리지 않기 위해 노력하는 분위기가 곳곳에서 감지됐다. 그러나 베트남전쟁이 이념대결로 전환되면서 미·소의 동맹정신은 다음과 같이 실종사태를 맞게 된다.

첫째, 중국의 공산화 이후 소련과 감정적 대립관계에 있던 미국이 제2차 세계대전을 통해 형성된 소련과 동맹관계를 청산하고, 적대적 정책을 표면화하는 계기가 되었다.

둘째, 미국이 동남아시아 문제에 본격적으로 개입하는 단초가 됐다. 1950년 이전까지 미국은 동북아시아를 제외한 동남아시아 등의 지역은 영국과 프랑스 등 유럽세력에게 위임하고 있었다. 프랑스가 발을 빼자 미국이 그 역할을 떠안았다.

셋째, 스탈린이 김일성에 의해 제기되었던 한반도 적화통일을 위한 남침전쟁을 최종 승인했던 때가 1950년 4월 초였다는 사실과도 연계해 검토할 필요가 있다

결과적으로 변화무쌍했던 1950년 초의 세계정세와 관련해 볼 때 중국과 소련의 베트남 승인이 미국으로 하여금 한반도 문제 등의 외교정책을 급속히 바꾸는데 영향을 미쳤을 것임은 틀림없는 사실이다.

미국 내에서 중국 대륙을 잃었다는 비난 여론이 비등해 지면서 곤경에 처했던 트루먼 정부는 소련이 호찌민 정부를 승인하자, 호찌민이 공산주의자임을 확인했다는 듯 지체 없이 바오다이 정부를 승인했던 것이다. 여기에 더하여 6월 25일, 유엔이 승인한 한반도의 유일 합법정부 대한민국이 김일성의 침략을 받게 되자, 공산주의에 대한 미국의 경각심은 더욱 높아졌다.

미국의 입장에서 본다면, 공산화된 중국의 호찌민 감싸기를 공산주의 세력의 팽창으로 규정하고, 한반도에서 발생한 6·25전쟁에 즉각 참전했으며, 호찌민과 싸우고 있는 프랑스에 대한 지원확대 등의 조치가 연속선상에서 해석될 수 있는 것이다. 반면 호찌민군은 공산세력의 지원을 얻어 전쟁에서 승리할 수 있다는 자신감을 갖게 되었다.

라. 프랑스의 철군과정에서 국제협력관계

1953년 초, 프랑스에서 중도파였던 라니엘이 수상에 취임했다. 그해 7월 27일에는 한반도에서 정전협정이 체결되었다. 그러자 프랑스에서도 베트남 문제를 협상으로 해결하자는 여론이 힘을 얻기 시작했다.

1954년 1월 베를린에서 미·영·소.프랑스 4개국 외무부장관 회담이 열렸다. 그 회의에서 한반도의 정전협정 이후 문제를 토의하기 위해 4월 26일 제네바회담을 개최하기로 했다. 그때 인도차이나 평화체제 구축을 위한 문제도 함께 협의하기로 했다.

예정대로 열린 제네바 회담에서 한반도 문제를 먼저 협의했으나 뚜렷한 결론을 얻지 못했다. 이어 인도차이나 문제를 협의했는데, 그날이 바로 디엔비엔푸가 함락된 다음날인 5월 8일이었다. 회의에서 베트남 측은 즉각 휴전과 프랑스군의 즉각 철수를 요구했다. 베트남 측의 요구가 대부분 수용되었다.

합의된 내용은 베트남을 북위 17도선을 따라 남북으로 분할해, 북쪽은 호찌민 정부가 통치하고, 남쪽은 프랑스가 세운 바오다이 체제를 유지하되, 2년 후인 1956년 7월까지 남·북 총선거로 통일정부를 수립한다는 것이었다. 프랑스는 더 이상 베트남 문제에 개입할 생각이 없었다. 프랑스는 미련 없이 철수했다.

2. 제2차 베트남전쟁(항미전쟁)과 국제관계

미국은 프랑스와 생각이 달랐다. 호찌민은 공산주의자라는 것이었다. 따라서 베트남에 공산주의 정권이 수립될 경우 공산주의 팽창의 도미노 현상이 라오스-캄보디아-타일랜드를 거쳐 필리핀과 다른 아시아 국가로 파급되어 세계가 공산화되고 말 것이라는 우려였다. 미국이 프랑스를 대신해 총대를 메야 했다. 프랑스는 미국의 시도를 적극 말리는 형편이었다.

미국의 전략은 프랑스가 합의한 남·북 총선거까지 2년간의 시간을 활용해 17도선 남쪽의 정부를 안정시키는 것이었다. 이를 위해 무능한 정부로 낙인찍힌 바오다이 정부를 교체해야 했다. 미국은 젊은 개혁가 응오딘지엠(Ngo Dinh Diem)을 앞세웠다.

지엠은 수상(首相)에 취임해 새로운 내각을 구성했다. 실권을 장악한 지엠은 1955년 10월 26일 바오다이(Bao Dai) 왕정을 폐지한 후 베트남공화국(Republic of Vietnam)을 수립하고 자신이 초대 대통령으로 취임했다. 남베트남의 운명을 결정하는 절대권력을 장악한 지엠은 미국의 적극적인 지원 하에 북베트남과 대결했다.

그러나 미국이 믿었던 지엠이 족벌독재정치와 부패로 추락하면서 남베트남에서 쿠데타가 빈발했다. 남베트남은 결국 1975년 4월 30일 북베트남에 의해 점령되고 말았다.

호찌민은 남베트남을 점령할 때까지 중·소 등거리 외교노선을 구사하면서 공산권의 지원을 얻어냈다. 그러나 1969년 호찌민이 사망한 후부터 호찌민의 후계자가 통치하게 된 베트남은 점차 친소노선으로 기울기 시작했다.

제2차 베트남전쟁이 격화되고 있던 1960년대 중반부터 후반기까지 국제정세는 자유진영과 공산권의 이념대결이었다. 따라서 세계는 베트남전쟁을 매개로 자유진영과 공산진영의 냉전체제 간의 대결을 더욱 공고히 해나가고 있었다.

반면 베트남 통일이 완성된 1975년 이후부터 친소노선을 명확히 한 베트남은 중국에 대한 견제와 적대감을 노골적으로 표현하기 시작했다. 동남아시아에서 군사강국으로 부상한 베트남은 중국의 우방인 캄보디아를 위협하기 시작한 것이다. 중국의 입장에서 결코 좌시할 수 없었다.

3. 베트남·중국의 전쟁과 국제관계

1972년 5월 닉슨 미국 대통령이 베이징을 공식 방문했다. 미국은 베트남문제 해결을 위해 중국과 화해가 우선이라고 생각했다. 중국 역시 소련과 갈등관계에 있었기 때문에 미·중 화해가 필요했다. 미·중 화해를 바탕으로 미국은 베트남 문제에 자신감을 갖고 협상에 임할 수 있었다.

1975년 4월 남베트남이 해방되면서부터 베트남 정부는 중국에 대한 경계심리가 작용하기 시작했다. 베트남 동해상의 도서에 대한 영유권 충돌이 그 시발점이 됐다. 베트남이 항미전쟁과 해방전쟁에 주력하고 있던 1974년 1월 남베트남의 해군을 공격해 베트남 동해상의 파라셀(Paracel)군도(베트남명 호앙싸군도, 중국명 시사군도)를 무력으로 점령한 것이다. 베트남은 점차 소련 편향외교로 기울게 됐다.

소련과 베트남의 포위전략에 위협을 느낀 중국은 캄보디아를 적극 지원하면서 반대로 베트남 포위전략을 구사하기 시작했다. 베트남은 1978년 10월 전

> **베트남의 캄보디아 침공**
> 베트남이 캄보디아를 침략한 가장 큰 이유는 과거 프랑스가 지배하던 인도차이나 지역 즉 캄보디아와 라오스를 포함한 3국에서 군사력의 과시를 통해 패권을 장악하려 했던 베트남의 민족주의 의식과 관련이 있다.

격적으로 캄보디아를 침공*해 폴포트 정권을 무너뜨리고 행삼린 정권을 옹립해 친 베트남 캄보디아 정부를 수립했다.

동남아시아에서 베트남의 영향력 확대를 소련의 영향력 확대와 함께 중국의 봉쇄로 인식한 중국의 지도부는 베트남의 캄보

디아 침공을 좌시할 수 없었다. 그러나 소련과 갈등이 고조될 수 있는 베트남 침공을 자국의 의지만으로 결행하기는 어려웠다. 주변 강대국의 의중을 탐색할 필요가 있었다.

중국의 최고지도자 덩샤오핑(鄧小平, 1904. 8. 22-1997. 2. 19)은 1979년 1월 말부터 2월 초까지 일본과 미국의 순방에 나섰다. 순방의 중요한 목적은 그들의 베트남 침공*에 대한 일본과 미국의 반응을 확인하는 것이었다. 그때 미국의 묵시적인 동의

> **중국의 베트남 침공**
>
> 중국의 베트남 침공은 1979년 2월 17일 시작되어 3월 15일 자발적으로 철수할 때까지 약 1개월 동안 계속되었다. 중국군은 5개 사단 8만5천여 명의 병력으로 전 전선에서 베트남의 영내로 20-30㎞ 정도를 진격해 국경도시 몽까이(Mong Cai), 랑썬(Lang Son), 까오방(Cao Bang), 하지앙(Ha Giang), 라오까이(Lao Cai) 등을 공격했다. 베트남은 국경지역의 예비군 10만여 명을 동원해 대응했다. 정규군 5만여 명은 수도 하노이에 대기시켰다.

를 얻는 덩샤오핑은 귀국하자마자 베트남 침공을 결행했다. 1979년 2월 17일 침공이 시작됐다. 한 달 정도 계속된 전쟁은 베트남의 승리로 보는 것이 대부분의 평가다.

4. 베트남의 도이머이정책과 국제관계

베트남은 캄보디아 침공에 이어 중국의 공격까지 물리치면서 군사적 위상과 민족적 자존심을 과시하게 됐다. 그러나 그것은 베트남을 외교적으로 고립시켜 세계 최빈국중 하나로 추락하게 만드는 재앙이 되었다. 그 시기 베트남은 세계 최대의 쌀 생산국임도 불구하고 아사자가 속출하는 국가로 전락하고 말았다.[181]

그로 인해 베트남은 국민들의 의식주조차도 해결할 수 없었다. 자본주의체제를 경험했던 많은 남쪽 주민들이 살길을 찾아 조국을 탈출하는 보트 피플(boat people)로 전락했다. 상황이 그 지경에 이르자 베트남의 지도자들은 과거 10년간의 고립정책을 되돌아보지 않을 수 없었다.

다행히도 베트남의 집권층은 과오를 확실하게 인정하고 1986년 12월, 당시로서는 혁명적이라고 할 수 있는 도이머이(Doi Moi, 刷新)정책을 채택하면서 사회주의체제의 틀을 과감히 벗어던졌다.182) 1989년에는 무력으로 점령하고 있던 캄보디아에서 철수했다. 1991년에는 전쟁을 치렀던 중국과 국교를 정상화했다.

그 후 베트남은 중국보다도 더 자본주의 이론을 충실하게 받아들였다. 베트남은 1992년 12월 22일 한국과 수교에 이어 1995년 미국과 수교하면서 국제사회에 완전히 복귀했다. 베트남은 중국처럼 형식상 사회주의를 표방하면서도 중국을 능가하는 자본주의적 사고로 전환했다. "검은 고양이든 흰 고양이든 쥐만 잘 잡으면 된다"는 덩샤오핑(鄧小平)의 이론을 중국보다 더 충실하게 받아들인 베트남이었다.

그때부터 베트남은 어느 곳에서도 사회주의 색채를 찾아보기 어렵게 되었다. 달러를 가진 미국인들이 거리를 활보하고 있고, 곳곳에서 그들을 붙잡기 위한 경쟁이 벌어졌다. 중앙정부와 각

---

181) Pham Dinh Nhan, *Almanach Nhung Su Kien lich su Viet Nam*(Ha Noi: Nha Xuat ban Van Hoa Thong Tin, 1999); 팜딘년, 『베트남의 역사적 사건들』 (하노이: 문화통신출판사, 1999), pp.159-160.

182) 베트남의 개혁·개방과 도이머이(Doi Moi)에 관한 자세한 연구는 황귀연, "베트남공산당의 개혁·개방정책에 관한 연구," 경남대학교 박사학위 논문(1996).

지방이 앞 다투어 미국의 투자유치를 위해 나섰다.[183]

1990년대 베트남의 시장경제 정착화는 2000년대가 되면서 고도성장기를 구가하게 됐다. 2000년대 베트남의 평균 경제성장률은 8% 수준이었다. 세계의 석학들은 베트남을 새로운 잠룡으로 평가했다. 그러나 최근 베트남은 1970년대의 군사력에 입각한 베트남민족주의, 1980년대의 도이머이 혁신정책, 그리고 1990년대의 시장경제의 정착화, 2000년대의 고도성장기라는 10년 주기의 4단계 변화에 이어 새로운 변화를 요구받고 있다.

북쪽에서 국경을 마주하고 있던 중국이 미국과 어깨를 나란히 하는 G2세력으로 부상하면서 남중국해로 세력을 확대해 동남아시아 국가들과 충돌하고 있기 때문이다. 특히 남중국해에서 중국과 대치하고 있는 베트남은 중국을 견제할 새로운 파트너로 미국과 인도를 선택해 긴밀한 협력관계를 구축해 나가고 있다. 동남아시아 국가들과의 연합전선도 구축하면서 중국에 대한 힘 겨루기와 함께 맞장 뜨기 외교를 계속하고 있다.

---

183) 최용호, 『한 권으로 읽는 베트남전쟁과 한국군』(서울: 군사편찬연구소, 2004), pp.463-464.

제5절 한반도 통일에 주는 시사점

제2차 세계대전 이후 약소국 베트남이 제1차 베트남전쟁(항불전쟁, 1946-1954)에서 강대국 프랑스를 물리친데 이어 제2차 베트남전쟁(항미전쟁, 1964-1973)에서 초강대국 미국까지 잇달아 물리치게 된 저력은 무엇에 근거한 것인가. 반대로 미국의 군사적 패배에서 한국은 어떤 교훈을 얻을 수 있는가?

베트남이 위치한 동남아시아반도와 한반도는 지정학적으로 유사점이 매우 많다. 따라서 동남아시아반도의 중심국가 베트남과 한반도의 민족국가는 유사한 역사를 가졌다. 오늘날에도 유사한 국제적 상황에 놓여 있다. 제2차 세계대전 이후 현재까지 베트남의 상황은 대한민국의 미래에도 매우 유용한 교훈을 시사해 준다.

1. 항불·항미전쟁에서 승리한 베트남의 저력

가. 국민 모두가 공감할 수 있는 대의명분

외세의 침략에 대항해 독립국가를 건설해야 한다는데 반대할 국민은 없었다. 물론 베트남에서도 소수의 친중주의자, 친불주의자, 친미주의자 등이 있었다. 그러나 대다수의 국민은 자유독립의 기치를 확고히 했다.

그 것은 역사적인 것이었다. 외세의 침략이 있을 때마다 국민적 합의에 의해 외세에 대항하는 힘을 이끌어 냈다. 베트남은 국난에 처할 때마다 주민들에게 외세의 노예가 될 것인가, 아니면 스스로의 주인이 될 것인가를 묻는 형식을 택했다. 주민들의 항전의지를 강요가 아닌, 스스로 일깨우게 하는 방법을 택했던 것이다.

나. 지도자의 솔선수범과 국민의 지도자에 대한 신뢰

베트남의 지도자들은 국난에 처할 때마다 지도자가 위기를 타개하기 위해 앞장섰다. 외세가 침범할 경우 왕과 왕족 등의 지도자가 안전지대로 피란을 가는 것이 아니라 주민들과 함께 게릴라가 되어 정글로 피신해 저항활동을 계속하는 것이다. 침략세력들은 주민과 뒤섞여 있는 지도자를 식별해 낼 수가 없었다.

호찌민의 경우도 무소유의 삶을 살면서 주민과 함께 하는 삶을 보여 주었다. 주민에게 호찌민은 멀리 있는 지도자, 높이 떠받드는 지도자가 아닌 옆집의 친근한 아저씨와 같은 지도자로 인식되었다.

베트남 주민들에게 호찌민의 행동은 하나하나가 그대로 그들의 사표였다. 그들은 호찌민의 언행을 그대로 따라 했다. 그것이 제1·2차 베트남전쟁에서 강대국 프랑스와 미국을 잇달아 물리치는 저력의 원천이 되었다.

다. 국민의 생활과 함께 하게 된 게릴라 전술

베트남 주민들에게 게릴라활동은 특수한 군사활동이 아닌 그들 삶과 생활의 일부였다. 남녀노소는 물론 전투원과 비전투원의 구분이 없었다. 당연하게 전투지역과 비전투지역의 구분도 없었다. 논에서 농사를 짓고 있던 농부도 순식간에 전투원이 되었다가 다시 농부로 되돌아갔으며, 시장에서 장사를 하는 아주머니도, 꽃을 파는 소녀도, 불법을 전하는 스님도 마찬가지였다.

전투원과 비전투원, 전장과 비전장을 엄격하게 구분하는 서양의 사고방식에서는 이해할 수 없는 상황이었다. 적과 아군, 적지역과 아지역을 구분할 수가 없는 것이다. 결국 무차별 포격이 이루어지면서 주민들의 적대감을 더욱 부추기게 되고 전투를 계속할수록, 전투에서 이기는 횟수가 늘어날수록 주민들의 적대감을 더욱 증대시키는 결과를 가져오게 되었던 것이다.

2. 미국의 군사적 패배에 대한 분석

가. 제1단계 : 군사력에 의존한 작전(1964-1968)

베트남에 상륙한 미군이 전략은 간단했다. 베트콩을 찾아내어 강력한 군사력으로 베트콩을 격멸해버리면 된다는 것이다. 수색 및 격멸(Search & Destroy)에 의한 정규전 개념이다. 초기작전에서 미군의 위력을 보여준다면 베트콩들은 자연스럽게 소멸될 것이라고 보았다.

이를 위해 베트콩에게 동화되지 않은 주민들을 안전지대 즉 전략촌(Strategic Hamlet)을 조성해 수용하고 주민과 게릴라를 분리시켜 게릴라를 강력하게 응징하는 방법을 택했다. 그러나 주민과 게릴라를 분리하는 과정에서부터 주민들의 의사를 무시하고 강제로 집행하게 되면서 민심이반현상이 발생해 미국의 전략은 실패하고 말았다.

나. 제2단계 : 문화·관습을 존중한 민군작전 병행(1968-1973)

뗏공세(1968. 12. 30) 이후 미국은 베트남전략을 전환해 베트남의 문화와 관습을 존중하는 방향으로 전환했다. 베트남전쟁의 베트남화전략이다. 그러나 그것은 시기적으로 너무 늦어버렸다. 미국에 대한 베트남 주민의 반감이 너무 깊어 회복되기에는 시간이 더 필요했다.

민군작전의 시행도 미군의 철수와 병행해서 이루어지면서 힘이 실리지 못했다. 또한 그 시행조차도 해병대의 연합작전소대(CAP, Combined Action Platoon) 등 부분적으로 시행되는데 그쳤다. 후반기의 민군작전이 미군의 상륙 초기부터 시행되었다면 상황은 달라졌을 것이다.

다. 이라크전에서 실패 반복

역사는 반복된다. 베트남전쟁에서 미군의 실패는 30년 후 이라크 전쟁에서 거의 그대로 반복되었다. 부시 대통령(George

W. Bush, 1946. 7. 6-, 재임기간 2001. 1. 20-2009. 1. 20)은 2003년 3월 20일 이라크 자유작전을 감행하여 4월 9일 바그다드를 점령했다. 5월 1일에는 에이브러험링컨호에서 전쟁승리를 선언했으며, 12월 13일에는 후세인을 체포했다. 그런 이라크전쟁이 베트남전쟁의 재판이 될 것이라고 예측한 사람은 많지 않았다.

그러나 부시대통령의 전쟁승리선언 이후부터 이라크전쟁은 베트남전쟁과 지역과 시기만 달랐을 뿐 이란성 쌍둥이처럼 닮아가기 시작했다. 그렇다면 이라크전쟁의 해결책은 무엇인가? 30년 전 베트남전쟁이 바로 그 답이다.

미국이 이미 베트남전쟁에서 겪었던 그런 실수가 왜 반복되어야 하는가? 베트남전쟁의 교훈이 철저하게 학습되지 못했기 때문이다. 우리가 과거 역사의 교훈을 철저하게 반복해서 분석하고, 학습하고, 적용하기 위해 노력해야 하는 이유다.

3. 우리에게 주는 교훈

가. 지도자론 : 국민이 진심으로 존경하고 따르고 싶은 지도자

선거철을 맞을 때마다, 청문회에 임할 때마다 안타까움에 고개를 들지 못할 때가 많다. 세금을 제때에 내지 않은 지도자, 병역을 필하지 않은 지도자는 왜 그렇게 많은지 모르겠다. 이젠 국가의 체제를 제대로 갖춘 지 70년에 가깝다. 이젠 국민 앞에 모든 것이 모범적이고 떳떳할 수 있는 지도자가 나타날 때가 충분히 되었다.

국민은 자신이 못하는 것을 할 수 있는 지도자를 원한다. 그게 축지법을 행하고, 장풍을 일으키는 지도자를 원하는 것이 아니다. 자신이 존경할 수 있는 지도자를 원하는 것이다. 이웃집 아저씨와 같으면서도 진심으로 존경하고 따르고 싶은 지도자를 우리도 가질 수 있는 때가 되었다고 본다.

나. 한반도에서 베트남방식의 게릴라전 양상의 가능성

1968년 1·21사태는 김일성이 베트남에서 배운 게릴라전술을 시험 적용해 본 것으로 가정하고 있다. 그 증거는 아직까지 확인하지 못했지만 베트남의 1968년 12월 30일 뗏공세와 면밀한 연계 하에 1968년 1월 23일 푸에블로호 납치를 감행하지 않았을까하는 가정이 있다. 그 시기가 너무나 교묘하기 때문이다.

1968년 10월 30일부터 11월 2일까지 울진·삼척 무장공비침투사건을 일으킨 김일성의 목적은 무엇일까. 120명의 무장공비를 침투시켜 단순하게 남한의 혼란을 조성하기 위함일까. 그들의 목적이 그렇게 단순하다고 보지 않는다. 김일성이 호찌민에게 배운 수법을 남한에서 실험하려 했던 것이다.

호찌민은 베트남 정권을 수립하기 전인 1944년 베트남 북부의 산악지대에 6개의 해방구를 설치해 거점으로 삼았다. 제2차 베트남전쟁 시 남베트남의 공산주의자들도 마찬가지였다. 남베트남 곳곳에 남베트남민족해방전선의 해방구가 설치됐다.

김일성은 경상북도와 강원도 산악지대에 그들이 지배하는 해방구를 설치하려 했다. 6·25전쟁 시 빨치산의 지배지역과 같은 개념이다. 그러나 반공의식이 투철한 주민들의 신고와 저항에 의해 김일성의 기도는 실패했다.

그 다음 예상되는 반정부세력의 기도는 무엇일까? 이젠 산악지역을 장악할 필요가 없다. 민중이 없는 지역은 소용이 없다. 민중과 함께 할 수 있는 도시로 잠입할 것이다. 불만세력이 집중된 지역에 잠입해 선전과 선동으로 소요를 일으키게 될 것이다. 우리는 이런 게릴라전의 도전에 대비해야 한다.

다. 한반도의 국제관계 : 베트남의 중·소 등거리외교 교훈

남중국해의 해상 자유통행권 보장의 문제로 미·중이 불꽃 튀기는 눈치싸움을 계속하고 있다. 남중국해의 영유권 분쟁과 중국의 최근 행보를 고려할 때 우리는 미국과 안보동맹관계를 바탕으로 베트남 등 동남아시아 국가들의 사례를 면밀히 검토해 대응전략을 강구할 필요가 있다.

우리는 베트남에서 세력구도가 바뀔 때 마다 전란에 휩싸였던 역사를 직시해야 한다. 제2차 베트남전쟁 당시 베트남은 소련과 중국의 강대국 사이에서 두 나라의 경쟁관계를 적절히 이용하며 미국과 전쟁에 활용했다. 그러나 항미전쟁에서 승리한 베트남은 급속한 친소정책으로 중국과 적대적인 관계를 갖게 됐으며 결국 1979년 전쟁을 겪게 되었다.

그때부터 베트남은 동남아시아에서 군사패권국으로 군림할 수는 있었으나 스스로 자초한 고립정책은 경제의 악순환을 불러와 세계 최빈국으로 전락하고 말았다. 결국 베트남은 1986년 과거의 잘못을 반성하는 도이머이(Doi Moi, 刷新)정책으로 급선회하여 중국, 미국 등 과거 적대국과 수교하면서 새로운 활력을 되찾을 수 있었다.

베트남의 사례는 우리에게 귀중한 교훈을 시사해 주고 있다. 우리 역시 주변 강대국 세력의 역학구도 변화에 능동적으로 대비해야 한다. 대륙세력 내부의 변화, 대륙세력과 해양세력의 경쟁, 대륙세력이 해양세력을 대체하는 세력 전이 등에 적극적으로 대처해야 한다.

이를 위해 한·중·일 3국의 협력관계에 이어 베트남 등 동남아 국가와 협력관계를 동시에 발전시켜야 한다. 현재의 아세안(ASEAN)+3에 의한 협력관계와 함께 환태평양경제동반자협정(TPP), 동아시아지역 정상회의 등을 통한 지역협력 체제를 보다 긴밀하게 만들어 나갈 필요가 있다.[184]

나아가 전략적 동반자 관계인 베트남과 쌍무관계를 보다 확대할 필요가 있다. 현재의 경제적 협력관계를 안보협력관계로 확대해 나가는데 보다 적극 나서야 한다. 이를 위해 안보관계자의 교류 및 관련연구 그리고 학교기관의 교류를 확대할 필요가 있다.

---

[184] 환태평양경제동반자협정(TPP)과 동아시아 지역협력의 보다 자세한 내용은 강선주 "환태평양경제동반자협정(TPP)과 동아시아 지역협력," 외교안보연구원, 『주요국제문제분석 2011-42』(2011. 12); 이재현, "2011년 동아시아 지역 정상회의 평가 및 향후 지역 정세 전망," 외교안보연구원, 『주요국제문제분석 2011-36』(2011. 12).

제4장
자립안보와 전작권 전환

　문재인 대통령은 2017년 6월 30일 워싱턴에서 트럼프 대통령과 가진 한미정상회담을 통해 "전작권 전환을 가속화"하기로 합의하였다. 7월 19일 발표한 100대 국정과제 중 하나로 "굳건한 한미동맹 기반위에 전작권 조기 전환"을 추진 중이다.

　2017년 10월 28일 제49차 SCM에서 "제50차 SCM까지 전략문서·작전계획, 미래연합군사령부 편성(안)에 대한 연합연습 및 검증계획 등 조건에 기초한 전환계획을 공동으로 보완"하는데 합의했다.

　한편 대부분의 안보단체, 보수논객 등 상당수의 오피니언 리더들은 "북핵미사일 위협이 해소되지 않은 안보상황과 함께 남북, 미북 연쇄 정상회담과 이어질 비핵화 협상 등이 유동적인 안보상황에서 전작권 조기 전환은 적절치 않다"라고 비판한다.

　이 같은 국내외의 상황을 고려할 때 전작권 조기 전환을 추진하기 위해서는 안보환경에 대한 평가, 4·27판문점선언과　미북정상 6·12공동성명의 과제와 도전을 논의할 필요가 있다. 또한 전작권 전환 목적과 의의, 미래연합사령부 지휘구조와 능력, 유엔사 역할 및 지휘관계, 한반도·지역·글로벌 차원의 한미동맹 비전, 국민적 공감대 형성과 미 측 인식 공유를 위한 전략적 소통(SC, Strategic Communication) 등의 전략개발이 요구된다.

제1절 안보환경 평가

기존 국제질서에 도전하는 격랑이 몰려오고 있다. 국제질서를 바꿀 수 있는 한반도의 평화와 번영, 통일을 위한 4·27판문점선언과 새로운 미북관계를 수립할 것에 합의한 미북 6·12공동성명이 있었다. 또한 자유주의 대 비자유주의 국제질서 간 충돌은 물론 트럼프 정부의 인도-태평양 전략 대 시진핑 2기의 신형국제관계간 패권경쟁이 심화되고 있다. 참으로 비상한 전략, 협치의 정책 추진, 국민적 결기가 요구된다.

자유주의 국제질서인 법의 지배, 개방된 시장경제, 인권, 자유, 민주주의 등 인류의 보편적 가치와 힘의 지배, 배타적 보호무역주의, 중상주의적 개별 국익을 추구하는 비자유주의적 국제질서가 충돌하고 있는 바, 자국우선주의, 북·중·러 비자유국가의 부상으로 자유주의 국제질서가 약화되고 힘에 기초한 질서가 강화되는 형국이다.

1. 미·중간 글로벌 패권경쟁의 심화

가. 트럼프 정부의 국가안보전략

트럼프 행정부는 2017국가안보전략(NSS, National Security Strategy)[185]에서 기술, 선전, 강압을 통해 기존의 규범과 질서

---

185) The White House, *National Security Strategy of the United States of*

에 도전하면서 그들의 세계를 구축하고 있는 중국, 러시아를 수정주의 세력으로 규정하고 있다. 대량살상무기로 인접국은 물론 글로벌 평화를 위협하는 북한과 이란 등의 독재세력과 사악한 이데올로기와 초국가적 범죄조직으로 폭력과 증오를 선동하는 테러리스트인 ISIS를 적대세력으로 보고 있다.

미국은 중국이 자유민주주의와 시장경제를 채택하면 민주주의 국가 간에는 전쟁이 일어나지 않을 것이라는 민주평화론에 입각하여 대중협력을 추진해왔다. 그러나 최근 중국몽을 구현하기 위해 남중국해 지역에 인공섬을 구축, 군사화하고 시진핑의 10년 임기제를 폐지하는 등 중국의 실상은 이러한 전략이 허상이었음을 인식하게 되었다.

미국은 영토수호와 국민안전 확보, 번영 증진, 힘을 통한 평화, 영향력 확장을 4대 핵심국가이익으로 추구하고 있다. 먼저 영토 수호와 국민 안전확보를 위해 국경 통제를 강화하고 이민체계를 개혁하며, 동맹을 약화시키는 초국가적 범죄조직을 차단하면서 디지털 네트워크 보호에 주력하고 있다. 둘째, 번영 증진을 위해 국력 회복의 필수인 미국 근로자와 기업의 이익을 위해 경제 소생에 주안을 두고, 자유, 공평, 호혜적 통상과 지적 재산권 보호, 에너지 확보 등 경제안보를 추구하고 있다. 셋째, 힘을 통한 평화를 위해 무적의 군사력 재건과 사이버 역량을 강화하고, 동맹국의 역할 확대를 요구하면서 인도-태평양, 유럽, 중동 지역에서 세력균형을 추구한다. 넷째, 영향력 확장을 위해 양자·

America(Washington, D.C.: The White House, Dec 2017).

다자 간 협력과 개발 노력을 강화하고, 자유시장 경제, 정치 안정, 법의 지배 및 인권 등 보편적 가치를 추구하고 있다.

나. 미국의 자유롭고 열린 인도-태평양전략

트럼프 행정부는 자유롭고 열린 인도-태평양 전략을 추구하고 있다. 공동번영, 지역안정, 평화, 민주화를 목표로 법치, 자유항해·항공, 보편적 가치, 자유무역 등 공통가치를 공유하는 국가들과 연대해 국제사회에서 책임을 회피하고, 국제법과 규범을 경시하며, 주변국 이익을 침해하는 국가들과 맞서고 있다. 이를 위해 동맹 네트워크 강화를 통해 중국을 견제하고, 외교적으로 미·일·호주·인도 4개국 대화(QUAD, Quadilateral Dialogue)와 권역별 동맹체제를 강화하고 있다.[186]

경제적으로 미국은 중국이 차세대 핵심산업 육성과 지적 재산권 침해를 통해 기술패권에 도전하는 것에 대해 고관세정책으로 맞서고 있다. 셰일가스를 개발해 안정적인 에너지를 확보하고 한편

> **환태평양파트너십(TPP)**
> 정확한 명칭은 포괄적진보환태평안파트너십(CPTPP, Comprehensive Progressive Trans-Pacific Partnership)이다. 2015년 10월 6일 미국, 일본, 캐나다, 호주 등 태평양 연안의 12개국이 참여하는 광역 자유무역협정(FTA)으로 출범했다. 2017년 1월 트럼프 대통령이 탈퇴를 선언하였다. 2018년 3월 일본이 중심이 되어 11개국이 CPTPP를 체결하였다.

탈퇴한 환태평양파트너십(TPP)*의 재가입을 검토하면서 중국의 경제적 영향력을 차단하고자 한다.

---

186) 이철민, "호주가 중국 대신 미국을 선택한 이유," 『조선일보』, 2018년 2월 19일.

군사적으로는 2019회계년도 국방비를 전년 대비 11%가 증액된 6,860억 달러로 책정한 데서 알 수 있듯이 압도적 우위의 군사력 건설로 어떠한 세력도 미국에 도전하지 못하도록 하겠다는 것이다. 동북아 해공군력을 확장하기 위해 7함대의 모항인 요코스카에 신형항공모함인 로널드레이건함을 전개하였고, 이와쿠니에 차세대 전투기 F-35기를 전진 배치했다.

괌에는 정찰 및 종심타격 중추기지로 MQ-4C 드레이던 무인정찰기와 글로벌 호크 무인정찰기를 배치했다. 미 전략폭격기의 3총사로 불리는 이미 전개해 있는 B-1B, 2018년 1월 11일 3대의 스텔스 폭격기 B-2 전개, 1월 16일 6대의 B-52H와 항공기 운용유지요원 300여명을 증파했다. 또한 2,200여명의 해병대 병력이 탑승한 강습상륙함을 운용하고 있다.

동북아·동남아지역에는 6만 8천여 명, 인도양 5만여 명의 미군이 주둔하고 있으며, 호주 북서부 다윈에 해병병력의 순환배치, 슈빅만 해군기지, 클라크 공군기지 등 필리핀 내 5개 군사기지 재사용, 베트남과 미 해군 함정의 깜란(Cam Ranh)만 기지 사용과 대 베트남 무기 금수(禁輸) 해제, 싱가포르에 연안전투함LC5를 순환배치해 유사시 병력수송기지로 운용하고 있다.

환태평양훈련(RIMPAC)과 함께 인도양에서 미·일·호주 해군함정이 참가하는 Malabar훈련, 한국과 Key Resolve/Foal Eagle훈련, 일본과 Yamasakura훈련, 필리핀과 Balikatan훈련, 태국에서의 Cobra Gold훈련, 몽골과 Khan Quest연습 등은 중국의 세력 확장을 차단하기 위한 군사전략의 일환이다.

다. 중국의 국가안보전략

2017년 10월 19차 당대회를 통한 시진핑 2기의 국가안보전략은 중국몽(中國夢)의 구현이다. 세계적 사회주의 강대국 건설을 국가목표로 2020년 소강사회 전면건설과 2035년 사회주의 현대화 달성, 2050년 건국 100주년 사회주의 현대화 국가 건설을 완성하겠다는 것이다.

정치적으로 시진핑 신시대 중국 특색 사회주의 사상은 마오쩌둥 사상, 덩샤오핑 이론과 동일한 반열위에 당을 영도하는 정치를 하면서 10년 임기제를 폐지시켜 권력을 강화하였다. 외교적으로 신형 국제관계전략과 일대일로(One Belt & One Road) 전략을 추진하면서 인류운명공동체를 추구하고 있다.

군사적으로 해양대국화 전략하에 1단계로 2020년까지 군의 기계화와 정보화를 실현하고, 2단계로 2035년까지 군 현대화를 달성하며, 3단계로 2050년에 세계 일류 군대를 건설하겠다는 것이다. 경제적으로 사회주의 시장경제, 기술굴기인 'Made in China 2025'를 추진하여, 기술 패권국가가로 발돋움하겠다는 것이다.

중국이 언론을 통제 하고 인권을 제한하면서 힘으로 국제질서를 변경하고 글로벌 경제를 좌지우지하면서 미래사업을 주도하게 될 경우 자유민주주의와 시장경제가 심대한 도전을 받게 될 것이다.

라. 중국의 신형국제관계 전략

시진핑 2기 중국은 신형국제관계 전략을 추진하고 있다. 중국의 경제력 상승에 따른 국제영향력이 증대되고 미국의 역(逆)세계화와 보편성을 상실한 틈새를 이용하여 중화 국제화를 선언한 것이다. 중국 천하 복원의 꿈 중국몽 비전하에 외교, 경제, 군사분야에서 다차원전략을 구사하고 있다.

외교적으로 일대일로(One Belt & One Road)정상회의, 아시아교류신뢰구축회의(CICA, The Conference on Interaction and Confidence-Building Measures in Asia), 상하이협력기구(SCO, Shanghai Cooperation Organization), 아시아판 다포스포럼인 보아보포럼, 중-아프리카정상회의, 파리기후협약을 포함한 다자기구를 통해서 공세적 외교로 전략적 영향력 행사와 세계질서 재편을 추구하고 있다.

경제적으로 산업, 금융 및 경협 기구를 통한 세계금융 및 통상질서 재편을 주도하고 있다. 5G세대 IT, 로봇 첨단공장기기, 항공우주 등 차세대 10대 핵심 산업과 3조345억 달러의 외환보유고, 아시아인프라투자은행(AIIB, Asia Infrastructure Investment Bank), 위안화 국제결재, 지역포괄적경제파트너십(RCEP, Regional Comprehensive Economic Partnership) 등을 통해 경제적 영향력을 확대하고 있다.

군사적으로 반접근지역거부(A2AD, Anti-Access & Area Denial)전략과 도련선 및 진주목걸이전략 등 팽창주의 해양대국화 전략으로 태평양을 미국과 양분하려 한다.

중국이 추진해온 2015년 이후의 군사개혁은 글로벌 패권국으로 영향력을 행사하기 위한 조치로 평가된다.[187] 군의 지휘통제체제는 군사력을 운용하는 기능인 군령권과 군사력을 건설, 유지, 관리하는 군정권으로 구분해 볼 수 있다.

중국의 최근 군사개혁은 군령 및 군정권 측면에서 지휘체계에 커다란 변화를 보이고 있다. 기존에 군령권을 행사했던 총참모부가 해체되었으며, 새로 등장한 합동참모부는 미 합동참모본부와 같이 순수한 참모조직으로 예하 부대의 작전을 지휘할 권한이 없다.

지휘통제체제 개편으로 중국군의 군령은 과거 중앙군사위원회, 총참모부, 7개 군구·예하부대로 이어 지는 4단계 지휘체계에서 이제는 중앙군사위원회, 5개 전구, 예하부대를 잇는 3단계로 단축되었다.

중국군은 군정권·군구조 개혁으로 육·해·공군, 로켓군, 그리고 전략지원부대의 5개 군종을 두게 되었다. 육군지도기구는 공군사령부나 해군사령부와 같이 육군사령부 역할을 담당하는 기구다. 합동참모부가 역할을 축소함에 따라 육군의 군정권 및 군사력 건설을 담당할 육군사령부를 둔 것이다.

로켓군은 과거 제2포병의 명칭을 바꾼 것으로 미·일이 미사일 방어체계 강화 및 미국과 핵무기 경쟁에 적극 대처하겠다는 의지를 반영한 것이다. 비록 제2포병의 조직을 그대로 유지하고 있고, 핵억제 및 핵반격이라는 기본 임무에는 변함이 없으나 타 군

---

187) "중국 군사개혁." 한국전략문제연구소 정책토론회 결과보고서 18-02(242호).

과 동등한 위상을 확보함으로써 전략적 중요성 측면에서 상대적으로 비중이 커질 것으로 전망된다.

각 군구가 행사했던 인사 및 군수기능이 각 군사령부로 흡수됨으로써 5개 전구사령부는 군정권 없이 군령권만 행사하게 되고, 역으로 육군 포함 각 군 사령부는 과거 행사했던 군령권을 내려놓고 오직 군정권만을 갖게 되었다. 전략지원부대는 신형 작전역량으로 정보, 기술정찰, 전자전, 인터넷 공격방어, 그리고 심리전 등 5대 영역을 아우르게 될 것이다.

해양세력의 위상 확보는 해군력, 상선단, 그리고 해외기지의 세 요소가 구축되어야 한다.[188] 해군력은 바다에서 안전한 항해를 보장하기 위한 제해권을 장악하기 위해 필요하다. 상선단은 바다를 이용한 교역을 통해 국가의 부를 창출하고 경제적 번영을 이루는 주요한 요소다. 마지막으로 해외기지는 해군력과 상선단을 운용하는데 필요한 유류와 식량 등 보급을 지원하는 요소다.

중국은 해군력 양성을 위해 지금까지는 이 세 요소 가운데 상선단을 중심으로 경제교역을 확대해 왔다면, 이제는 상대적으로 취약한 해외기지를 확보해야 하는 상황에 이른 것이다. 지부티는 최초로 중국의 해병대 병력을 해외에 주둔시키는 기지다.

미국의 자유롭고 열린 인도-태평양전략과 중국의 신형대국관계 전략이 무역통상, 기술절취, 인권, 남중국 분쟁 등에서 충돌

---

188) Alfred Thayer Mahan, *The Influence of Sea Power Upon History, 1660-1783*(New York: Pelican Publishing, 1918).

하고 있다. 한국은 민주주의와 시장경제 틀에서 국가전략을 수립하고 정부·기업·국민이 결집하여 대처할 필요가 있다.

마. 미·중간 전략적 이해가 충돌하는 한반도

한반도는 미중 간 전략적 이해가 충돌하는 지역이다. 미국의 대북 압박과 관여정책은 북한을 외교적으로 고립화시키고, 경제 제재와 무력투사 등 최대 압박과 제재를 통해서 대화로 유인해 북핵을 폐기하는 것이다. 협상을 통해 북핵 폐기가 이루어질 경우 평화협정과 국교정상화를 추진하겠다는 것이다. 비핵화, 자유민주주의와 시장경제 원칙에 의한 한반도의 평화통일을 지향하고 있다. 미국은 통일 한반도가 중국의 질서에 편입될 경우 한미동맹이 약화되거나 소멸될 가능성을 우려하고 있다.

중국의 한반도정책은 비핵화, 평화와 안정유지, 대화·협상을 통한 문제해결이다. 한국과 전략적 협력 동반자관계를, 북한과 전통적 우호협력관계를 유지하고 있으며, 한국을 포함한 전체 한반도를 중국식 질서에 편입시키겠다는 전략을 추구하고 있다.

한편 미국은 중국과 관계개선을 희망하고, 중국 역시 미국과의 대립을 회피하는 측면이 있기 때문에 미중 간의 상호의존성이 높아지고 협력증진 요소를 지향할 것으로 전망된다. 중국은 미국의 분열된 국내 여론이 동아시아 정책에 반영되지 않도록 해야 한다. 한편 중국은 아시아 해양 장악에 국력을 소진하기 보다는 국내문제를 우선적으로 해결하는 것이 좋을 것이다.

미국은 한반도를 중국을 견제할 수 있는 전략적 요충지역으로 활용하고 있다. 한반도의 캠프 험프리스(Camp Humphreys)가 중국 본토의 전략적 중심에 비수 역할을 하고 있는 것이다. 미중 간 무력 충돌이 발생할 때 여의도 5배에 이르는 444만평의 캠프 험프리스에 재배치된 주한미군 전력은 광활한 활주로를 통해, 평택항과 오산·수원·성남공군기지를 통해 우발지역으로 즉각 재전개할 수 있다.

중국은 대북 불신에도 미중관계 틀 속의 북한은 전략적 자산이다. 다롄 항모의 모항인 칭다오는 중국의 동해함대사령부가 위치하고 있어 한반도 유사시 중국이 반접근 지역 거부전략을 구사 한다면 서해의 제해권*은 심각한 도전을 받게 될 것이다. 따라서 한국이 대응책을 강구하지 않는다면 힘겨운 전쟁을 할 수밖에 없을 것이다. 따라서 한국은 미·중간 글로벌 패권경쟁이 심화되는 상황에서 가치동맹인 한미동맹을 기본축으로 하면서 전략적 협력의 대중관계를 유지할 필요가 있다.

서해의 제해권

한반도에서 치러진 임진왜란, 청일·러일전쟁은 물론 6·25전쟁에 이르기까지 서해에서 제해권을 누가 장악했느냐에 따라 전쟁의 승패가 갈라졌다. 임진왜란 시 이순신 장군이 왜군 함정의 서해 진출을 차단하지 못했다면 왜군은 발해만 지역까지 진출하여 지해작전에 의해 조기에 한반도는 물론 명나라 정벌까지 가능했을 것이다. 청일전쟁과 러일전쟁에서도 일본 함대가 서해를 제패했기 때문에 쉽게 승리할 수 있었다. 6·25전쟁 시 7함대를 포함한 영국군 해군전력이 서해의 제해권을 장악하였기 때문에 중국군과 북한군의 남진을 저지할 수 있었다. 만약 중국 해군세력이 국군과 유엔군의 1951년 1.4후퇴 시 서해를 장악했다면 한반도 전체를 점령할 수도 있었을 것이다.

2. 일본의 적극적 평화주의와 러시아의 신동방정책

가. 일본의 적극적 평화주의정책 추진

일본은 인도-태평양 전략에 적극 참여해 중국의 부상을 견제하고 일본-ASEAN정상회의와 2018년 3월 11개국이 참가하는 포괄적 진보 환태평양 파트너십 협정(CPTPP, Comprehensive Progressive Trans Pacific Partnership) 체결을 주도하는 등 경제적 영향력을 확대하면서 북핵 문제, 동북아 안보질서 재편과 평화유지군 파병을 통해 적극적 평화주의를 추진하고 있다.

일본은 전쟁할 수 있는 나라를 건설하기 위해 국가안보국 신설, 집단적 자위권의 법제화에 이어 평화헌법의 개헌을 추진하고 있다. 중국을 주적으로 명시하고 북핵미사일 위협에 대응하기 위해 정보 감시전력과 미사일방어 및 타격전력에 주안을 둔 군사력 증강과 지상작전사령부에 해당하는 육상총대와 일본판 해병대인 수륙기동단을 창설하였다.

일본인의 역사인식에 근본적인 변화가 발생하고 있는 바, 침략전쟁과 식민지배에 대한 속죄의식을 자학사관으로 비판하는 역사수정주의가 부상, 확산되고 있으며, 경제강국으로서 일본의 국력에 걸맞는 정치·군사적 역할을 확대해 나가고 있다. 한편 근대화에 앞서고 식민통치했던 일본이 누렸던 한국에 대한 우월의식이 한국의 경제성장과 민주화로 인해 수직적 한일관계가 과거를 뛰어넘는 관계로 변화를 요구하고 있다.[189]

---

189) NEAR 재단 편저, 『한일관계, 이렇게 풀어라』(서울: 김영사, 2015), pp.20-39.

나. 러시아의 신동방정책 추진

러시아는 크림반도 병합, 우크라이나 사태와 시리아 내전 개입 등에서 보는 바와 같이 소련제국의 영광을 부흥시키고 동구-중앙아시아-극동러시아를 연결하는 유라시아 경제연합을 구축하고 있다. 또한 유로-퍼시픽국가로서 정체성을 갖고 시베리아극동개발에 역점을 두는 신동방정책을 추진하면서 동부전략사령부 전력 증강을 통해 지역 내 영향력을 확대하고 있다.

러시아는 미국이 한국, 일본과 동맹을 강화하고 한·미·일 안보협력을 심화하는 것에 민감하며, 나토식 집단안보체제로 발전되는 것을 경계하면서 중국과 전략적 연대를 통해 견제하고 있다.

러시아의 한·러 관계는 경제협력을 우선시하고, 북한에 대해서 정치·외교적 관리와 에너지 지원 등을 통해 러시아의 존재감을 과시하고 있다.

3. 북한의 화전양면 전략

북한은 2018년 4월 20일 제7기 당대회 3차 전원회의에서 경제건설-핵무력 병진노선의 승리를 선포하고 사회주의 경제강국 총집중 노선이라는 전략적 선택을 선언함으로써 김정은 독자통치 시대가 개막되었다. 유엔 대북제재로 궁중경제가 심대한 영향을 받고 있으며, 장마당 시장이 침체되고 있다. 돌파구를 찾기 위해 평창올림픽의 참가와 특사단 상호파견, 남북정상회담을 개최하기에 이르렀다.

<図 4-1> 북한의 전략적 선택과 생존·번영 곡선

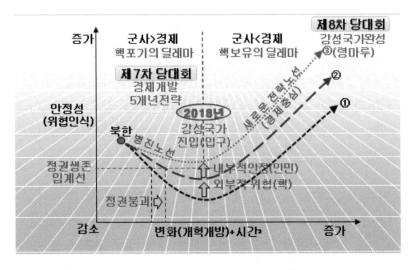

출처: 김동엽, "북한의 전략적 선택 배경과 의도," 한반도 미래전략연구원 주최 제22차 한반도 미래비전과 동북아 평화구축 전문가 정책포럼, 2018. 5. 19.

비핵화 진전 시 남북관계 개선, 경제협력, 평화협정체결을 추진할 수도 있을 것이다. 반면 시간 끌기식 협상을 통해 국제사회의 제재를 완화하고 남남 갈등과 한미동맹을 약화시키는 의도가 있을 수 있다. 단계적 동시적 비핵화 추진 가능 시 핵폐기와 미북 관계 정상화도 가능하겠지만 협상 결렬 시 미북 관계는 무력충돌로 비화될 수도 있을 것이다.

미북 정상회담에서 레버리지를 높이고 결렬 시 중국으로부터 지원을 받기 위해 플랜B 차원의 북중정상회담 등 양국 관계를 개선시켜 나가고, 미국 위협에 공동대처하기 위한 북러간 경제협력과 방산협력을 강화할 수도 있을 것이다.

제2절 4·27판문점선언과 6·12공동성명의 과제와 도전

남북 정상간 4·27판문점선언과 미북정상간 6·12공동성명은 한국의 안보에 대한 도전은 물론 한반도와 동북아의 질서에 파장을 던져주고 있다.

1. 4·27판문점선언의 과제와 도전

남북정상은 2018년 4월 27일 역사적인 판문점 정상회담을 통해 다음과 같은 내용의 4·27판문점선언을 발표했다.

첫째, 남과 북은 남북 관계의 전면적이며 획기적인 개선과 발전을 위해 민족 자주의 원칙과 6·15정상선언과 10·4선언 합의 이행, 쌍방 당국자가 상주하는 개성 남북공동연락사무소 설치, 각계 각층이 참가하는 민족공동행사, 2018 아시아경기대회 공동진출, 이산가족·친척상봉, 민족경제의 균형적 발전을 위해 1차적으로 동해선 및 경의선 철도와 도로를 연결하고 현대화 대책을 강구하기로 합의하였다.

둘째, 남과 북은 한반도에서 첨예한 군사적 긴장상태를 완화하기 위한 일체의 적대행위를 전면 중지하고, 비무장지대 평화지대화, 서해 북방한계선 일대 평화수역화, 남북협력교류사업의 군사적 보장, 국방부장관회담을 비롯한 군사당국자회담을 개최하기로 합의하였다.

셋째, 한반도의 항구적이며 공고한 평화체제 구축을 위해 불가침 합의를 재확인하고, 군사적 신뢰 구축과 단계적 군축, 종전선언과 정전협정을 평화협정으로 전환하기 위한 회담 개최, 완전한 비핵화를 통해 핵 없는 한반도를 실현하며, 문재인 대통령의 가을 평양방문에 합의하였다.

지난해 북한의 그칠 줄 모르는 핵미사일 도발과 한미의 군사적 무력시위로 긴장이 고조되어 전쟁 직전의 상황으로 치닫던 위기가 극적으로 반전되어, 남북정상이 만나고, 미북정상회담이 잇달아 개최되어 평화와 협력의 물꼬를 트게 되었다.

4·27판문점선언은 북한의 비핵화와 한반도 평화체제 구축을 위한 국제협력, 군사적 신뢰구축과 단계적 군축, DMZ평화지대화를 위한 유엔사와 협력, 남북교류협력의 군사적 보장 등의 과제를 안겨주었다.

동시에 비핵화 협상이 핵동결과 ICBM폐기 선에서 타협하거나 비핵화 협상 결렬시, 대비책이 강구되어야 한다.

2. 6·12공동성명의 과제와 도전

한편, 우여 곡절 끝에 6월 12일 싱가포르에서 개최된 미북정상회담에서 양국 수뇌는 다음과 같이 합의했다.

① 긴장과 대결에서 평화와 번영을 향한 새로운 북미관계 수립,

② 지속적이고 안정적인 한반도 평화체제 구축,

③ 4·27판문점선언 재확인과 김정은 위원장의 확고하고 흔들림 없는 한반도의 완전한 비핵화 의지 표명,

④ 미군 전쟁포로·전쟁 실종자의 유해 송환 및 발굴에 합의하였다.

미북정상회담이 던져준 과제로 북핵폐기의 시한, 대상 등에 구체적인 합의가 없었다는 것이다. 이른 시기 후속 폼페이 국무장관과 북한 간에 고위급 회담이 예상되나, 비핵화는 굉장히 많은 절차와 단계가 필요하여, 시간 끌기식으로 가게 되었을 때 핵동결 선에서 타협할 가능성을 배제할 수 없다.

두 번째 이슈는 한미연합훈련 중단 발표에 대한 논란이다. 북한이 핵실험과 ICBM발사 시험 중단, 풍계리 핵실험장 폐쇄 등의 선제적 비핵화 조치가 이루어졌으며, 미국도 이에 상응한 체제보장 조치차원에서 트럼프 대통령은 한미연합훈련을 중단하겠다고 발표한 것으로 판단된다.

이에 대해 한국은 북한의 진정성 있는 비핵화 조치가 실천되고, 남북, 미북 간 성실한 대화가 지속될 경우 한미연합훈련을 신중히 검토하겠다는 것이며, 중국은 북한의 핵실험 중단과 한미연합중단인 쌍중단 제의를 실현한 것으로 보고 있다. 문제는 북한의 실질적인 핵폐기가 이루어지지 않은 상황에서 한미연합훈련을 선뜻 중단하겠다고 발표했는가에 대한 비판과 북한의 도발 및 전쟁억지를 위한 방어적 성격의 연합훈련의 정당성과 가

치와 함께 동맹의 신뢰문제, 주한미군의 주둔 명분이 제기될 수 있다.

세 번째 이슈는 대북 제재 해제에 관한 사항으로 미국은 비핵화가 더 이상 위협이 안 될 때 해제하겠다는 것이며 특히 미 의회에서 대북제재 해제조건으로 ① 영구적인 CVID합의, ② 모든 핵, 화학, 생물학 무기 해체, ③ 군사목적 우라늄 및 플루토늄 생산 농축 중단, ④ 핵실험장, 연구 및 농축시절 등 핵무기 기반시설 영구해체, ⑤ 탄도미사일 해체를 요구하고 있다. 일본도 핵폐기 이후 제재를 해제할 수 있다는 입장이다.

한국은 비제재 대상인 인도적 지원은 추진하고, 유엔 제재가 해제되었을 때 남북경협을 추진할 수 있을 것이나 천안함 피격에 따른 우리 정부의 대북 제재인 5·24조치의 해제 이슈와 미국의 대북 제재인 국제전략물자 반출규정 위배 문제가 발생된다. 또한 북한 개발을 위한 다자간 신탁기금 조성 시, 한국의 주도권과 국제사회 참여와의 조화 문제가 제기된다. 남북 경제교류협력은 북한의 비핵화와 미북관계 진전에 따라 추동될 수밖에 없다.

마지막으로 북한의 비핵화가 요원할 수 있으며, 핵이 있는 북한과 대결할 수밖에 없는 최악의 시나리오를 상정하여 Plan B를 추진해야 한다. 핵전쟁이라는 재앙을 예방하기 위해 한국은 킬체인-한국형미사일방어체계-한국형대량응징보복 등 3축 체계 조기 전력화를 추진할 수밖에 없을 것이다. 대량살상무기제거작전을 지휘통제할 전략사령부 창설 추진도 적극 검토해야 할 것이다.

3. 평화협정 체결과 주한미군의 미래

한국은 한반도 비핵화와 함께 평화협정 체결을 추진하고 있다. 평화협정 체결 시 주한미군 장래 문제가 한미 측에서 제기되고 있다. 평화협정과 주한미군 미래 관련 국제법적 측면과 외국 사례를 살펴보고, 북한이 공식적으로는 주한미군 철수를 주장하면서 미북수교가 되면 주한미군이 주둔해도 문제가 없다는 식의 양면전략을 구사하는 의도가 무엇인가를 분석하고자 한다.

주한미군의 국제법적 주둔 근거는 1954년 11월 18일 발효되었던 '대한민국과 미합중국 간의 상호방위조약'에 의거하고 있다. 주한미군은 제4조 "미국은 그들의 육·해·공군을 한국의 영토 내와 그 부근에 배치할 수 있는 권리를 가지며 한국은 이를 허락한다"는 근거에 따라 주둔하고 있다.

따라서 평화협정 체결과 주한미군 지위와는 무관하다. 제3조에 "양국은 각 당사국의 행정 지배하에 있는 영토를 위협하는 태평양 지역에서의 무력공격을 자국의 평화와 안전을 위협하는 것이라고 간주하고 공통의 위험에 대처"하기 위해 주둔하기 때문에 북한과의 평화협정을 체결할 때 북한을 더 이상 적대 위협세력으로 인정하지 않아서 주한미군 주둔 명분이 사라질 것이라는 주장은 타당하지 않다.

이러한 미군의 해외주둔사례는 일본과 독일에서 찾을 수 있다. 샌프란시스코 강화조약을 체결하였던 1951년 9월 8일에 일본의 안전보장을 위해 미일안보조약이 동시에 서명되었고, 1952년 4월 28일에 발효되었다. 주일미군은 미일안보조약 6조에 의거 일본이 공격을 받을 경우 미일 공동 대처를 명시하고 있다.

한편, 독일의 경우 주독미군의 법적 주둔 근거는 나토와 독일 간에 체결한 주둔협정이다. 전승 4개국의 독일점령 체제가 1955년 5월 5일 발효된 파리조약에 따라 종식된 이후 미국, 영국, 프랑스는 나토의 일원으로서 독일에 자국 군대를 주둔시킬 필요성이 대두되어, 3국은 1954년 10월 23일 공동으로 독일과 '독일 내 외국군 주둔에 관한 협정' 이른 바 주둔협정을 체결하게 된다. 독일 통일과 동서냉전 종식 후에도 NATO의 일원으로 미군이 지속 주둔하고 있는 것이다.

북한은 주한미군을 대남 적화전략목표 달성에 있어 최대 장애물로 인식하고 있다. 6·25남침 시 낙동강까지 점령을 했지만 미군이 개입함으로써 무력적화 통일을 달성할 수 없었다고 보고 있다. 따라서 북한은 궁극적으로 지향하고 있는 한반도의 공산화 목표를 달성하기 위해서는 무엇보다 주한미군을 철수시키고 한미동맹의 고리를 끊어야 한다는 것이 기본인식이다.

북한이 이처럼 공식적으로는 주한미군의 철수를 일관되게 요구하면서도 주한미군의 역할 변경을 거론하고 있는 이유는, 주한미군의 철수를 궁극적 목표로 하되, 그 중간 단계로서 미군을 평화유지군 등으로 역할을 변경시킴으로써 주한미군의 지위와 성격을 변경시켜 궁극적으로 한미동맹체제를 약화시켜 당

규약에 나와 있듯이 "전 사회의 김일성·김정일주의화"를 완성하겠다는 것을 직시할 필요가 있다.

평화협정체결 이후 주한미군을 계속 주둔할 것인가에 대해 국내 정치, 주한미군의 경제적 가치, 평화협정 체결 및 통일 이후 차원, 중국의 세계 대응전략 차원에서 살펴보고자 한다.

먼저 국내 정치 측면에서 한국 국민은 한미동맹이 안보의 기본 축이라는 인식을 갖고 있다. 한미동맹의 상징은 주한미군이다. 주한미군 철수 아닌 감군에 대해서도 국민이 민감한 반응을 보이는 것은 아직도 북한을 믿지 못한다는 것이며 주한미군을 고려하지 않은 한국 안보를 생각할 수 없기 때문이다.

두 번째 주한미군이 주둔해야 하는 이유로서 주한미군의 가치와 철수 시 경제에 미치는 파장이 심대하기 때문이다. 주한미군이 우리 국민과 국가경제에 미치는 영향은 지대한 바, 2만8,500여 명의 주한미군이 주둔하고, 보유한 장비 가치가 17-31조원으로 추정되며 이 전력을 대체하기 위해서 23-36조원의 추가 소요가 예상된다.

한국경제에 미치는 효과로 안보비용 절감 효과, 소비지출과 한국인 고용으로 인한 국민경제 기여 효과, 대북 억제력 제공을 통해 국제사회에서 한국의 국가위험도를 줄여 국가 신인도를 제고하는 효과 등은 수치로 표현할 수 없는 지대한 기여를 하고 있음을 보여준다.

세 번째는 중국의 세계전략 대응 차원이다. 중국은 세계전략의 일환으로 타이완에서 일본 남쪽에 이르는 제1도련선을 구축하여 2025년 이후에는 제1도련선 안으로 미국의 해군력이 들어오지 못하도록 하겠다는 것이 목표다.

세계 최대 규모의 미군기지인 평택 Camp Humphreys, 성남, 오산. 수원, 군산공군기지와 평택군항은 주한미군이 우발사태지역으로 재전개하여 대처할 수 있는 허브로서 미국에게도 중국의 위협을 견제할 수 있는 전략적 요충지로서 한반도에 주한미군의 지속 주둔은 필요하다.

마지막으로 평화협정 체결 및 통일 이후 차원에서 주한미군 주둔을 고려하지 않고 핵미사일 폐기가 이루어지지 않는 상황에서 평화협정을 체결할 수 없을 것이다. 북한의 특수전, 장사정포, 잠수함, 사이버 위협 등 재래식 전력의 위협이 엄존한 상황에서 전쟁억제, 억제 실패시 군사작전에서 승리하기 위해 주한미군 지속 주둔이 필요하다.

통일 이후 한반도는 지정학적으로 미·중·일·러 4대국에 둘러싸인 세계 유일의 나라로서, 청일·러일전쟁 등 두 번의 전쟁에 휘말린 후 결국은 일본에 병합된 오욕의 역사를 갖고 있다. 한반도가 통일되더라도 미군이 있어 세력 균형을 유지하는 것이 한반도의 안정뿐만 아니라 동아시아 전체의 안정에도 긴요하다.

평화협정 체결 이후에도 한미동맹과 주한미군은 지속 되어야 한다. 판문점선언 제3항에서 언급된 '영구적이고 확실한 한반도 평화체제 구축을 위해 적극 협력해 나갈 것이다'는 것은 그 동안 경색된 남북한 관계 개선을 의미하며, 저비용 고효율 안보 수단인 한미동맹의 변화를 의미하지 않는다.

평화협정 체결 시 주한미군 주둔의 정당성이 어려울 것이라는 주장은 주한미군의 국제법적 주둔 근거가 한미상호방위조약임을 고려할 때 타당치 않는 주장이다. 주한미군의 지속 주둔은 주일미군이 샌프란시스코 강화조약 이후에도 미일안보조약에 의해 지속 주둔하고 있고, 주독미군이 독일 통일이후에도 독일과 나토 간 체결된 주둔군협정에 근거한 것과 동일한 맥락이다.

주한미군은 철수 시 국내 정치적 불안정 측면, 전작권 전환 이후의 신연합방위체제에서 지원역할로 위상이 변경되나 미래연합사의 지휘체제에서 주한미군사령관을 부사령관으로 임명함으로써 주한미군의 지속 주둔 명분과 증원전력을 보장할 수 있는 메카니즘 구축을 위해서도 주한미군이 주둔해야 한다.

주한미군이 철수 시 두 배의 국방비 증액이 요구되고, 미국의 한국 투자가 썰물처럼 빠져 나가는 등 안보위기가 있기 전에 경제위기가 예상된다. 중국의 해양대국화 전략을 차단하기 위해서도 주한미군 주둔은 필요하다. 통일된 이후에 주한미군이 철수하면 한반도에 대한 패권을 장악하기 위해 주변세력간의 무력 충돌 가능성을 배제할 수 없으며, 이를 차단하기 위해서도 주한미군은 필요하다.

4. 시사점

안보환경 평가를 통해 한국은 강력한 힘의 뒷받침에 의한 비핵화와 남북관계 발전을 도모하고, 협상 결렬 시 북핵미사일을 대량생산하고 전력화할 경우, 이를 무력화(無力化)시키는 전략으로 대응해야 할 것이다.

미중 글로벌 패권경쟁이 심화되고, 전략적 이해관계가 충돌하는 한반도에서 남북관계가 급진전되어 평화협정이나 단계적 군축 등으로 평화체제를 구축할 수 있을 것이다. 이 과정에서 전작권 전환을 통해 한국이 군사력 운용에 대한 권한을 행사할 때 명실상부하게 평화협정과 군축협상을 주도할 수 있을 것이다.

한반도 비핵화 협상이 핵동결이나 ICBM 폐기 선에서 타협될 때 한국은 북핵미사일 위협에 노출될 것이다. 또한 비핵화 협상이 결렬되고 북한이 핵미사일 선제타격으로 남침을 감행할 경우 사전 전쟁할 수 있는 나라를 만들어 놓지 못하면 재앙적 핵전쟁으로부터 속수무책으로 당할 수밖에 없을 것이다.

북한의 노동당 규약에는 온 사회의 김일성·김정일주의화를 통한 적화통일을 명시하고 있으며 북핵미사일은 이러한 전략을 구현하는 데 핵심적인 전력임을 직시해야 한다. 만에 하나 핵무기를 탑재한 ICBM으로 미본토를 공격하고 준거리탄도미사일로 주일미군 및 괌의 발진기지를 공격하여 미 증원전력 전개를 차단하면서 동시에 동해안 특정 도시에 전술핵무기로 공격을 감행하고 초토화 한 후 항복을 하지 않는다면 수도권을 더 큰 핵무기로 공격하여 피바다로 만들겠다고 위협할 때 싸워 이길 수 있는 준비가 사전에 강구되어 있지 않다면 어떠한 사태가 발생할 것인가.

아마도 병자호란 당시 상황이 재현되지 않을까. 청태종이 1636년 12월 2일 10만 병력을 거느리고 압록강을 건너 16일에는 청군의 선발대가 인조가 피신한 남한산성을 1637년 1월 1일 태종이 도착하여 남한산성 아래 탄천에 20만 청나라 군을 집결하여 남한산성은 완전 고립되었다. 이러한 상황에서 끝까지 항전해야 한다고 주장한 주전파의 김상헌도, 온 조선 땅이 청군의 유린으로 피바다가 되는 것보다 인조가 항복하여 백성을 구원해야 한다는 주화파의 최명길 간의 논쟁을 거듭하다가 주화파가 우세하여 마침내 성문을 열고 항복하기에 이르렀다.190) 왜 1592년 피비린나는 임진왜란을 겪었으면서도 국방을 외면하여 삼전도의 굴욕을 당해야만 했으며 수십만의 백성이 인질로 끌려가는 참혹함을 겪어야만 했는가.

북한이 한국의 특정지역이 전술핵 공격으로 아수라장이 발생할 때, 북한에 항복하자고 대통령에게 건의하는 주화파와 끝까지 싸워 결사항전하자는 주전파간의 논쟁이 벌어질 것이고 급기야 항복하는 사태가 발생하지 않는다는 법이 없을 것이다. 이러한 사태가 발생하지 않도록 하기 위해서 전작권을 조기에 전환하여 북한의 침략을 억제하고 억제 실패 시 승리할 수 있도록 철저히 대비해야 할 것이다.

---

190) 鄭之虎, 『南漢日記』 (서울: 푸른길, 2008).

제3절 전작권 전환의 목적과 의의

1. 전작권 전환의 목적

한미연합사로부터 한국 합참으로의 전작권 전환은 이 땅의 주인인 대한민국 국민이 동맹에 과도하게 의존하지 않고 우리 스스로의 의지와 힘, 전략으로 자유민주주의와 조국 강토를 수호하는 데 있다.[191]

북한 대비 압도적 우위의 국력, 격상된 국제적 위상, 드높은 국민적 자존감, 민주주의에 대한 자긍심, 국제적 수준으로 성장한 국군이 우리나라를 지킬 수 있는 의지와 능력, 전략이 있다고 확신한다.

〈표 4-1〉 남북한 국력 비교

구분	대한민국	북 한	대비
GDP	1조848억 달러	400억 달러	46:1
1인당 국민소득	36,500달러	1,800달러	20:1
무역	1조752억 달러	73억 달러	146:1
인구	5,022만 명	2,454만 명	2:1
군병력	63만 명	120만 명	2:1
국방비	400억 달러	35억1천만 달러	11:1

출처: Central Intelligence Agency, *The CIA Worldfact 2017*(New York: Skyhorse Publishing, 2016).

---

191) 정경영, 『통일을 향한 안보의 도전과 결기』(서울: 지성과 감성 2017), pp.77-100.

또한 전작권 전환은 한국 안보의 최대 위협인 북핵미사일 위협에 주도적으로 대처하고, 북한이 무력 적화통일을 위해 전면전을 감행할 때 전쟁에서 싸워 이길 수 있는 나라를 만드는 데 있다. 뿐만 아니라 전평시 지휘체제를 일원화하여 전쟁을 억제하고, 유사시 승리하여 통일한국을 완성하는 데 있다.

어느 나라도 전평시 지휘체제가 이원화되어 있는 나라는 없다. 평시에는 합참의장이 작전통제권을 행사하다가 위기가 고조되어 방어준비태세가 격상되면 한국군에 대한 작전통제권을 연합사령관에게 전환하는 이원화된 전평시 지휘체제를 일원화 할 때 북한의 국지도발을 억제하고, 전쟁에 싸워 이길 수 있는 교육훈련을 통해서 유사시 승리하여 통일한국을 완성할 수 있는 것이다.

2. 전작권 전환의 의의

연합사로부터 전시작전통제권을 한국 합참으로 전환하는 것은 다음과 같은 10가지의 중대한 의미가 있다.

첫째, 전작권 전환은 대한민국이 경제 산업화와 정치민주화를 달성한 데 이어 안보의 자립화를 이룩한다는 의미가 있다. 대한민국은 한미동맹 덕분에 전쟁을 억제하고 평화를 유지하면서 경제산업화를 달성하여 세계 11위의 경제강국이자 세계 6위의 수출국가가 되었으며 2차 대전이후 도움을 받은 나라가 최초로 도와주는 나라가 되었다.

또한 1950년대 한국에서 민주주의를 바라는 것은 쓰레기통에서 장미꽃 피기를 바라는 것과 마찬가지로 불가능할 것이라던 영국 기자의 풍자를 뒤엎으면서 한국에서 평화적인 정권교체 뿐 아니라 민의를 저버리는 권력을 탄핵이라는 평화적인 방법에 의해 정권을 퇴진시킬 정도로 자유민주주의를 꽃피우게 되었다. 이제는 자국의 안보분야에서도 동맹에 의존하지 않고 자립할 수 있게 되어 대한민국은 명실상부한 부강한 나라가 된 것이다.

둘째, 한국의 자주국방과 미국의 한국 방어의 한국화를 완성한다는 의미가 있다. 자주국방을 지향하는 우리에게 40여 년 전 남베트남 정부의 무능한 전쟁지도와 군부의 군사전략 부재, 국민의 분열과 혼란으로 패망을 자초했던 역사적 교훈은 의미심장하다. 스스로 지킬 의지가 없었던 남베트남이 패전, 북베트남에 의해 무력통일을 당했던 것은 자주국방을 할 수 없는 나라는 패망한다는 것을 보여준 엄중한 메시지다.

한국에게 전작권 전환은 1970년대부터 끊임없이 추진해온 자주국방의 실현을 의미하며, 미국으로부터는 탈냉전이후 동아시아안보구상(EASI, East Asia Security Initiative)에 따라 추진해온 한국 방어의 한국화를 완성한다는 의미가 있다.

연합사의 지상구성군사령관에 한국군 장성을 보임하고, 군사정전위 수석대표를 한국군 장성으로 교체했으며, 1992년 6월에는 숭서부 전선에서 작전통제권을 행사하던 한미야전사를 해체시키고 제3야전군이 인수했고, 1994년 평시작전통제권을 이양받고 드디어 전시작전통제권을 전환 받을 수 있게 된 것이다.

셋째, 전작권 전환은 비대칭동맹으로부터 호혜적 대칭동맹으로 변환을 의미한다. 안보를 보장받는 대신 자주성을 담보로 제약을 받아온 동맹이 한국군 4성 장군을 사령관으로 주한미군 사령관을 부사령관으로 하는 미래연합사령부 창설을 통해서 한국 주도 신연합방위체제로 거듭나게 됨을 뜻한다.

넷째, 전작권 전환은 국민의 군에 대한 신뢰를 회복하고 나라를 지키는 군의 본분을 다하는 군으로서의 자긍심 고취에 기여할 것이다. 우리 군이 정치에 개입하는 아름답지 못한 면이 있었고, 연합사가 전쟁계획을 주도적으로 발전시키고 한국군은 참여자의 입장에 서게 됨에 따라 일부 국민들에게 한국군은 싸워 이기는 전투부대보다 병력관리, 사고예방에 치중하는 행정군대가 된 것이 아닌가하는 비판을 받아왔다.

우리 스스로 전쟁계획을 발전시키고 여기에 부합된 훈련을 하면서 싸워 이기는 군대로 전환할 때 국민의 군에 대한 신뢰를 회복할 수 있다. 나아가 한국군도 주인의식을 갖고 나라를 지키는 본연의 임무에 충실함으로써 평화를 지키고, 전시에 싸워 승리하는 군으로서 자긍심 고취에 기여할 것이다.

다섯째, 군사력 운용의 자율성을 발휘하여, 결연한 군사대비태세 하에서 북한의 무력 도발을 억제하고, 억제 실패 시 즉각적이고 과감하게 응징 보복할 수 있게 될 것이다.

북한이 야포로 도발해 오면 야포로만 대응해야 한다는 비례성의 원칙과 도발 무기의 치사율이 높은 무기로 도발할수록 대응사격의 승인권자가 상향되는 정전 시 유엔사 교전규칙에 의거 북한의 도발이 있을 때 마다 실기하여 대응하지 못하는 사례가 빈번했다.

영해에서 초계중인 천안함이 참혹하게 피격당하는 상황에서 확전이 우려되어 무기력하게 대응하고, 연평도가 대낮에 북한군의 포격 도발로 불바다가 되어 대한민국 영토가 유린되는 상황에서 출격을 했던 전투기가 응징 보복을 못하고 회항하는 것도 이 때문이었다.192)

이제 군사력 운용의 자율성을 회복하여 즉각 응징할 수 있게 된 것이다. 미군의 통제를 받는 유약한 한국군을 북한군이 두려워할 것인가. 작전 통제권을 행사하여 맞받아치겠다는 결기와 권한을 행사하는 대한민국 군대를 두려워할 것인가는 분명하다. 제대로 응징 못하는 군대보다 과감하고 단호하게 응징보복하는 한국군을 더 두려워 할 것이다. 이는 국지도발을 억제하는 효과가 있을 것이고 만약 도발을 자행한다면 즉각적이고 과감하게 응징 보복할 수 있을 것이다.

여섯째, 전작권 행사는 전평시 통일전략 추진에도 기여 할 것이다. 한반도 평화체제 구축은 남북한 군축과 함께 평화협정이 체결되었을 때 가능하다. 그러나 전작권을 미 측이 행사하는 한 북한은 미국과 직거래할 수밖에 없을 것이다. 전작권을 행사해야 당당하게 남북한 군사적 신뢰구축과 단계적 군축이 가능하고 평화

---

192) Robert M. Gates, *Duty: Memoirs of a Secretary at War*(New York: Alfred A. Knopp, 2014), p.497: 2010. 11. 23일 연평도 포격 도발시 과도하게(Disproportionally) 전투기와 포병으로 응징하려는 한국에 대해 "일체 전투기로 보복, 폭격하지 못하도록 하였다"고 증언하고 있다. 전쟁으로 비화되는 것에 대한 우려 때문이라고 하나 백주에 대한민국 영토를 유린한 북한군에 대해 현장에 출격했던 아군 전투기가 회항하는 어처구니 없는 상황이 발생하였다.

협정을 체결했을 때 사실상의 통일을 이룰 수 있을 것이다.

한편 한반도 유사시 미군이 주도하는 전쟁은 중국 개입으로 또 다른 지역분쟁으로 비화될 수 있기 때문에 한국군이 주도해야 중국의 개입명분을 차단하여 전쟁에서 승리하여 통일의 성업을 달성할 수 있을 것이다.

일곱째, 외교의 지평을 확장하여 동북아 협력안보환경을 조성하는 데에도 기여할 것이다. 작전통제권을 회복하여 동북아의 지정학적으로 중심에 위치하고 있는 한국이 다자안보협력의 견인 역할을 통해 지역 내 국가 간 상호존중과 상생의 협력 질서로 전환할 수 있게 될 것이다. 한·중·일 3국 협력사무국을 모체로 동북아안보협의체를 구축하여 동북아 재난구조작전 등 초국가적 위협에 공동 대처해 나감으로써 역내 국가 간의 대립의 냉전질서를 협력의 안보질서로 전환하는 데 기여할 것이다.

여덟째, 전작권 전환은 군사력 건설의 자립화를 통한 전투군대 육성과 일자리 창출에도 기여할 것이다. 한반도 작전지역의 특징과 군사전략, 교리에 부합되는 무기체계를 개발하는 전력증강의 국산화가 이루어졌을 때 자주국방이 가능하다.

한국은 2006-2015년 10년간 미국산 무기를 사들이는 1등 국가로 무기도입에 무려 36조360억 원을 투자[193]했는데도 북한에 끌려가는 형국이다. 미국 무기체계에 예속되고 전력증강의 국산화가 이루어지지 않은 한 자주국방은 요원하다. 방위산업을 육

---

193) 김재우·백헌영·박성수·박정운·홍준석 외, 『2016 세계 방산시장 연감』(서울: 국방기술품질원, 2016).

성해서 우리 군에 부합된 무기로 장비해야 싸워 이길 수 있는 군대 육성이 가능하다. 또한 방위산업의 활성화는 일자리 창출은 물론 방산무기 수출을 통한 국익증진에도 기여할 것이다.

아홉째, 전작권 전환으로 싸워 이길 수 있는 부대구조와 정예 간부 인사관리가 가능하여 정상적인 군대가 된다는 의미가 있다. 또한 합참의장 단일지휘체제에 의해 육·해·공군 참모총장이 통제되는 상부구조 개편이 이루어질 수 있다.

제3야전군사령관은 3명의 상급지휘관 통제를 받는다. 평시 작전을 지휘하는 합참의장, 전시작전통제권을 행사하는 지상구성 군사령관, 인사권을 행사하는 육군참모총장을 보좌해야 한다. 합참에 근무하는 장교들은 인사권을 행사하는 해당군의 참모총장을 의식하지 않을 수 없는 인사풍토다. 전작권을 행사하는 합참이 정상적인 인사권을 행사해야 합동성을 구비한 정예화된 간부들을 상위직책에 진출시키는 인사풍토 혁신에도 기여할 것이다.

마지막으로 남북관계 진전에 기여할 수 있을 것이다. 군사력 운영의 실질적인 권한을 행사하는 한국군이 북한군과 남북 국방장관 회담을 포함하여 군사회담을 정례화하여 비무장지대의 평화지대화, 북방한계선의 평화수역화, 남북교류의 군사적 보장 등을 통해 남북관계 개선에 기여할 수 있을 것이다.

요컨대 전작권 전환은 전평시 지휘체제를 일원화하여 전쟁을 억제하고, 유사시 승리하여 통일한국을 완성하는 데 기여할 것이다.

제4절 전작권 전환 이후의 모습

한미연합사로부터 한국 합참으로의 전작권 전환이 이루어지면 어떠한 모습으로 변화될까. 지휘구조, 전력구조, 유엔사와의 관계, 동맹의 비전 차원에서 논의하고자 한다.

1. 지휘구조

전시 연합작전을 지휘하는 지휘구조는 한국군 4성 장군을 사령관, 미군 4성 장군을 부사령관으로 임명하는 현(現) 연합사와 유사한 지휘·참모체계를 편성하게 된다. 2018년 2월 14일 브룩스(Vincent K. Brooks) 주한 미군사령관도 미 하원 군사위 청문회 보고서에 "미군장군이 미래연합사의 부사령관으로서 역할을 변경하고, 유엔군사령과 주한미군사령관은 미 국가통수기구 통제를 계속 받게 된다"라고 증언194)하였듯이 한미 간 긴밀한 협의 하에 전작권 전환에 대비하고 있다.

미래연합군사령부 참모조직은 참모의 기능 및 형평성을 고려하여 참모장 미군, 부참모장에 한국군 장군으로 구성할 수 있을 것이다. 북한 위협을 지속적으로 평가해온 한국군 장군을 정보

---

194) General Vincent K. Brooks, "USFK Commander's Testimony before U.S. House Armed Forces Committee," Feb 14, 2018: "A U.S. general officer will change roles to serve as the Deputy Commander of the future combined command and remain as commander of the UNC and USFK. U.S. forces will continue to operate under U.S. national authorities."

참모부장으로, 한반도 지상작전의 중요성을 고려 시 작전참모부장에 한국군 장군을, 장차작전 계획발전과 미 증원전력 협조에 용이하도록 기획참모부장에 미군 장군을 편성하는 안을 검토할 수 있을 것이다.

한편 구성군사령부 편성은 작전의 특수성 및 연합지상군의 주력부대가 한국군임을 고려하여 지구사 사령관에 2018년 창설예정인 한국군 지작사 사령관을 보임하고, 미 해상 증원전력의 전력규모와 해상작전을 고려하여 해구사 사령관에 미 제7함대사령관을, 종심작전 자산을 포함한 연합 항공전력을 운용하게 되는 공구사 사령관에 미 제7공군사령관을, 특수전 전력규모와 특수작전을 고려하여 연특사 사령관에 한국 특전사령관을 그리고 상륙작전능력과 규모를 고려하여 연합해병대사 사령관에 제3해병원정군 사령관(3rd Marine Expeditionary Forces Commander)을 임명할 수 있을 것이다.

2. 전력구조

전력구조는 한국군이 연합방위를 주도할 수 있는 군사능력을 보유하기 위해 전작권 전환 시 3축 체계의 긴요전력을 조기에 전력화하고, 정보 및 대화력전 전력을 우선 확보하며, 부족한 전력은 연합자산을 보완전력(Bridging Capability)으로 보장한다. 전작권 전환 후 중장기 독자 전력구조 방향은 중기적으로 불특정 위협에 대비한 전력과 리드타임을 고려하여 장기적으로 통일 이후 전력을 확보해 나간다.

3. 유엔사의 역할과 미래연합군사령부와의 지휘관계

다음은 전작권 전환과 유엔사의 임무와 미래연합군사령부와의
지휘관계이다.

〈그림 4-2〉 미래연합군사령부

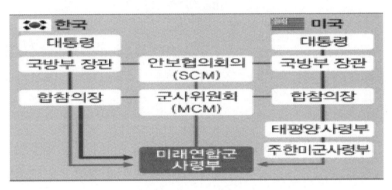

출처: "전작권 전환 논란, 퍼싱원칙·조건변화·용산잔류, 韓·美간 잠재적 갈등
부상," 『문화일보』, 2017년 10월 30일.

정전 시 유엔사의 역할은 정전협정의 이행 감독과 위반을 시
정하고, 정전 관리 사태 발생 시 유엔사가 병력을 요청할 경우
미래연합군사령부는 이에 응한다는 것을 전략지시에 명기한다.
공동경비구역(JSA, Joint Security Area)의 경비작전 임무수행
과 한국군 지원부대와의 협조된 작전수행을 위해서 한국군을 지
휘관, 미군을 부지휘관으로 지휘체제를 조정한다. 전면전 시 유
엔사는 유엔사 후방기지를 통해 전력 제공(Force Provider)의
임무를 수행한다.

〈그림 4-3〉 유엔사 후방기지

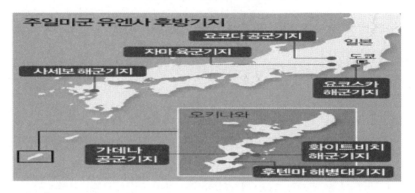

출처: "일본 주둔 美전함들, 당장이라도 한반도 출동할 태세." 『조선일보』,
2017년 12월 6일.

한반도 전구작전에서 유엔사와 미래연합군사의 이원화된 지휘
체제로 군사작전을 수행할 경우 심대한 혼란과 부작용을 고려하
여 미래연합군사령부 단일지휘체제에 의해 전쟁을 수행한다. 미
증원전력은 물론 유엔 파병국의 전투부대도 유엔사의 후방기지
를 이용하여 한반도에 전개될 때 미래연합군사령관에게 전술통제
를 전환한다.

급변사태로 인해 대량살상무기(WMD, Weapons of Mass
Destruction) 통제불능 사태가 발생할 경우 유엔안보리 상임이
사국인 미, 러, 중, 영, 불 5개국이 공히 비확산금지협정(NPT,
Non-Proliferation Treaty) 회원국이자 NPT체제에서 핵보유
국으로 WMD제거작전 결의안이 통과될 가능성을 고려할 수 있
을 것이다. 핵보유 참가국이 WMD제거작전을 수행하고 한국군
이 경계작전을 수행하는 WMD대응작전을 실시한다.

천재지변 또는 북핵 실험으로 백두산 화산 폭발 등 재난사태가 발생할 경우 재난구조작전 후 통일로 연결시키기 위해 미래연합군사령관 주도하에 인도적 지원 및 재난구조(HA & DR, Humanitarian Assistance & Disaster Relief)작전을 실시한다.

또한 반군, 민중봉기 사태 시 유엔안보리 결의 하에 미래연합군사령부 전술통제 하에 평화강제작전(PEO, Peace Enforcement Operations)을 실시한다.

4. 한미동맹의 비전

마지막으로 전작권 전환 이후 한반도, 지역, 글로벌 차원에서 한미동맹의 비전은 어떤 모습으로 변환되어야 할까. 한반도 차원 동맹의 비전은 한국 주도, 미국 지원의 신연합방위체제로 변환과 평화창출을 추진하는 것이다. 국지도발 시 한국군의 즉각적이고 과감한 자위권 행사를 통해 응징보복하면서 미 증원 전력을 신속히 전개하여 확전을 방지한다.

한반도 유사시 적용하게 될 신작전개념은 미군이 주도하는 연합작전체제를 한국군이 주도하는 방향으로 개편하고, 수도권 장사정포 공격과 핵, 미사일 공격을 포함한 전면적 도발 시 3축 체계를 기반으로 주요표적을 신속 제압하면서 조기에 공세적인 종심기동전으로 전환하여 최단시간 내 최소희생으로 전승을 달성하는 것이다.

공세적 종심기동전을 실시하기 위해 첨단 전력으로 적 지도부를 궤멸하고 신속한 작전 수행을 위해 공정·기동·상륙부대 등 공세기동부대를 창설한다.

한편 비핵화 협상을 통해 미래핵을 유예하고 현재핵을 동결시키며 과거핵을 폐기하는 비핵화와 4자회담에 의한 평화협정, 주한미군 규모와 역할을 포함하여 남북 군축 등 한미북한 3자가 참가하는 군축협상을 통해 한반도의 평화를 창출한다.

지역 차원에서 한미동맹은 괌을 포함한 미국 안보에 대한 북한위협 시 한미가 공동으로 대응하며, 지역 내 테러, 전염성 질병, 불법무기거래 등 초국가적 위협에 공동대처한다.

지역분쟁 시에 전략적 유연성 관련 한국은 동맹국으로서 미국의 세계 군사전략 변화의 논리를 이해하고 주한미군의 전략적 유연성의 필요성을 존중하며, 미국은 전략적 유연성 이행에 있어서 한국이 한국 국민의 의지와 관계없이 동북아 지역분쟁에 개입되는 일이 없을 것이라는 한국의 입장을 존중한다는 한미 간 합의를 준수한다.

또한 북핵미사일 위협에 한미일 안보협력을 강화하고, 동북아 지역 내 다자안보협력 구상을 구현하며, 아시아·태평양 지역에서의 규범에 기초한 질서를 유지하고, 재난시 인두적 지원 및 재난 구조 작전에 참가한다.

글로벌 차원에서 한미동맹은 대량살상무기 확산방지구상(PSI, Non-Proliferation Security Initiative)에 동참하고,

ISIS 등 대테러 및 아덴만 해적퇴치작전, 평화유지 및 안정화작전, 재건지원, 감염병의 위협을 예방하는 글로벌 파트너로서 적극 공조한다.

전작권 전환 이후 한미동맹은 호혜적 동맹으로 더욱 강화되어 경제 산업화, 정치 민주화에 이어, 안보 자립화를 이루어 낸 모델형 동맹으로 거듭날 것이다.

제5절 전작권 전환 추진과 로드맵

전작권 전환은 국가안보의 기본틀이 바뀌는 국가지대사로서 크라우제비츠의 전승(戰勝)의 3위 일체인 국민, 정부, 군이 혼연일체가 되어 추진되어야 한다.

1. 국민, 정부, 군 혼연일체 된 전작권 전환 추진

먼저 우리 국민은 조국의 안보를 우리 스스로 지켜나간다는 자주국방 의식을 고취시켜 나간다. 6·25전쟁으로 잿더미가 된 나라를 경제적으로 산업화시키고 정치적으로 민주화를 이룩한 대한민국이 조국 강토와 자유민주주의를 수호한다는 결기를 확산시킨다.

정부는 전쟁지도체제를 구축해 나간다. NSC의 기능을 강화하여 안보정세 평가와 유사시 대비할 수 있는 조직을 정비하고, 대통령, 국방장관, 합참의장에 이르는 국가통수 및 군사지휘기구를 체계화하며, 행정안전부 장관에 의한 인력동원체제 구축과 경제부총리에 의한 산업동원체제 구축 등 전쟁을 수행할 수 있는 나라를 건설한다.

통수권자인 대통령은 국방·외교·행정안전·기획재정부장관, 국회 국방위·외교통일위원장, 합참의장·각군총장, 재향군인회·성우회장, 안보전문가 등이 참석하는 반기별 전작권 전환 추진회의를 주관한다. 분야별 전작권 전환 추진 상황을 점검하고, 예산지원과 입법화 조치사항은 없는지를 점검해 나간다.

군차원에서 군사전략을 발전시키고, 국방사상을 정립하며, 전략정보판단 능력을 제고하고, 작전기획, 새로운 작계 발전, 연합 및 합동작전 지휘능력을 향상시킨다.

2. 전작권 전환 추진 로드맵

조직적이고 체계적인 로드맵을 발전시켜 차질 없는 전작권 전환을 추진할 필요가 있다.

한미 정부차원에서 국가안보실과 미 국가안보회의(NSC, National Security Council) 간에 조기 전환시기를 확정하고 양국 정부의 지침에 따라 한미 국방당국간 한미국방통합협의체(KIDD, Korea-U.S. Integrated Defense Dialogue)를 통해 추진방향을 합의한다. 합참 전략기획본부와 주한미군 기획참모부 간에 합참-주한 미군사령부 간 전환계획을 발전시켜 시행한다.

미래 지휘구조는 연합사본부를 국방부 역내 청사로 이전하여 한국군 4성 장군을 사령관, 미군 4성 장군을 부사령관으로 하는 미래연합사 창설을 준비토록 하고, 전략문서, 새로운 작전계획과 미래연합사령부 편성과 개편된 상부구조와 함께 UFG연습을 통해 검증 보완한다.

3축 체계에 의한 조기전력화와 함께 전략사령부 창설을 추진하고, 전작권 전환시 부족전력에 대해서는 연합자산에 의한 보완전력으로 보장토록하며 중장기 주변국 위협과 통일 대비 전력을 증강한다.

미래연합사령관은 유엔군사령관에게 유사시 DMZ작전을 수행하도록 한국군에 대한 작전통제권을 전환하고, JSA경비부대 지휘관에 한국군 장교, 부지휘관에 미군장교로 지휘구조를 조정한다.

한미동맹은 북한 침략 가능성을 억제하는 것뿐만 아니라, 한반도의 냉전을 극복하고 평화적 통일에 기여할 수 있도록 해야 한다. 지역 차원에서 다자안보체제 구축을 견인할 수 있도록 하고 재난, 해적, 평화재건 등 글로벌 파트너십을 확대할 수 있도록 한다.

국민 공감대를 확산하기 위해서는 국방부뿐만 아니라 정부 차원에서 나서야 가능하며, 우선 미국과 공감대 형성이 전제되어야 한다. 전작권 조기전환을 한미연합방위태세 약화로 인식되는 측면이 있음을 고려, 전작권을 조기에 전환하더라도 한미연합체제가 충분히 유지되고 한국군의 자체 군사력에 의한 전쟁 억제능력이 있다는 점과 관련한 명확한 논리와 근거를 제시할 필요가 있다.195)

우선 군 내에서 이러한 인식을 공유하고, 국방부를 비롯한 정부 차원에서 여론 주도층 등에 대한 공감대를 확대하는 노력이 요구된다. 한미 국방리더십이 긴밀한 공조 하에 전작권 전환이

---

195) 김민석, "전작권 조기 전환을 위한 국민적 공감대 확대 전략," 김병기 의원실 주최 국방안보포럼 주관 「전작권 전환 추진전략과 방향」 세미나, 2018. 5. 2, 의원회관.

추진되고 있음을 인식시키는 것이 긴요하며, 역대 연합사령관과 주한미국 대사는 물론 한반도 안보전문가의 공감과 지지를 확보할 수 있는 간담회, 세미나 개최 등을 추진한다.

한미 국방장관은 미래연합사의 지휘구조와 신 작계를 UFG 연습을 통해 검증, 보완하여 전작권 전환을 한미 양국 대통령에게 건의하여, 승인, 한미 양국 대통령은 2022년 1월 1일부로 연합사로부터 전시작전통제권이 미래연합사로 전환되었음을 선포한다. 동시에 한미동맹과 주한미군에는 하등의 변화가 없음을 천명한다.

대한민국은 대한제국군대가 해산된 1907년 8월 1일 이후 한 번도 제힘으로 나라를 지켜 본 적이 없는 나라였다. 2022년 1월 1일로 전작권을 회복하게 될 때, 안보를 동맹에 과도하게 의존하는 것으로 떨쳐 일어나, 우리 스스로의 의지와 전략, 능력으로 대한민국을 지키는 나라가 될 것이다. 대한민국은 당당한 나라로 거듭나 북한은 물론, 주변국이 감히 넘나볼 수 없게 될 것이다.

〈표 4-2〉 전작권 전환 추진 로드맵

구분	추진분야	문재인 정부						비고
		20 17	20 18	20 19	20 20	20 21	20 22	
통수권자 주관 전작권 전환 추진	·대통령 주관 반기 전작권 전환점검회의	-	----	----	----	-		국방·외교·행정안전·기획재정부 장관 국회 국방위외교통일위원장 합참의장각군총장 재향군인회성우회장 안보전문가 등 참석 하반기별 전작권 전환 분야별 추진실태 점검

구분	세부	내용						비고
협의 전략	한미 정부차원	·조기 전환 시기 확정	-	---				국가안보실-미 NSC
	한미 국방당국	·양국 정부 지침에 따라 한미국방 당국간 추진방향 합의		--				국방정책실 외교부 북미국, 한미 국방통합협의체(KIDD)
	한미 군사당국	·합참-주한미군 사간 전환계획 발전 및 시행	--	---	----	----	----	합참전략기획본부- J-5, USFK
미래 지휘 구조	연합사본부 국방부 역내로 이전	·연합사 본부 국방부 역내 청사로 이전	--					용산기지 주한미군사 등 평택 Camp Humphreys 재배치
	지휘 및 참모 조직 편성	·미래연합사 한국군 4성장군 사령관, 미군 4성장군 부사령관 임명			-	----	----	작전 특성, 전투력 고려 구성군 사령관 편성
	UFG 검증 및 보완	·미래 연합사, 구성군사령부의 기능 검증 ·신작계 검증			-	-	-	UFG연습 통해 한국군 상부구조와 병행 검증, 보완
전력 구조	3축 체계 조기 전력화	·킬체인-한국형 미사일방어-한국형 응징보복 전략 구현 전력화	----	----	----	—	—	3축 체계 운용 전략사령부 창설 추진
	보완전력	·전작권 전환 시 부족전력					—	부족전력 연합자산으로 보장
	불특정 위협 및 통일 대비전력	·중국 등 주변국 위협 리드타임 고려, 통일한국의 전력화	----	----	----	—	—	주변국, 통일대비 전력
유엔사와 미래연합사 지휘관계	정전 시	·DMZ 정전관리 JSA 경비대대 지휘관계 조정	----	----	----			미래연합사→유엔군사 병력 제공 한국군 지휘관, 미군 부지휘관
	전시	·미 증원군, 제3국 병력제공				----		미래연합사 전술통제
	급변사태 시	·WMD 통제불능 반군 및 민중봉기 백두산 화산폭발 등 재난				----	—	미래연합사 전술통제
동맹 비전	한반도 차원	·신연합방위체계 하 한반도 평화 유지 ·비핵화 북핵위협 대비 연합방위 태세 ·전략목표로					—	전쟁억제, 억제 실패 시 승리 비핵화, 자유민주주의, 시장경제 통일

		한반도 통일 설정 호혜적 군사 동맹 발전						
	지역 차원	·지역 내 공동의 가치 수호 ·미국주도-한국 참여틀의 동맹 역할 ·외부 변수에 공고한 동맹관계 유지 ·동맹 중심의 다자안보협력 증진					—	괌 등 미국 위협시 공동 대응 재난구조, 사이버안보
	글로벌 차원	·미국 주도 테러와의 전쟁 협력 ·유엔 주도 국제 평화활동 협력 ·대규모 재해재난 대응 협력 해양안보 협력					—	PSI, 대테러, 대해적, 평화유지, 재건지원
공감대 확대 전략	對군 SC	·내 생명 조국을 위해	----	----	----	----	----	전작권 전환이 굳건한 국방태세 확립에 기여
	對국내 SC	·조국, 우리가 지킨다	----	----	----	----	----	자주국방 역량 강화
	對동맹 SC	·한미동맹 주한미군에 하등의 변화가 없다	----	----	----	----	----	미 한반도 외교안보정책부서요원, 역대 연합사령관 및 미국대사, 안보전문가
건의 전환	전작권 전환 건의	·SCM 한미 대통령에게 건의				-		한미 국방장관
	승인	·한미 대통령 승인 공동성명 발표				-		주한미군 및 한미동맹 불변 천명
	전작권 전환	·연합사에서 합참으로 전작권 전환					-	2022년 1월 1일부

출처: 정경영, "전작권 전환 이후의 모습," 김병기 의원실 주최 국방안보포럼 주관 「전작권 전환 추진전략과 방향」 세미나, 2018. 5. 2, 의원회관.

제5장
통일비전과 평화체제 추진전략[196)]

앞에서 우리는 한반도 평화와 통일을 위해 전쟁을 미연에 방지하고, 자립안보를 어떻게 추구할 것인가에 대해 논의했다. 이는 반드시 이루어야 할 민족의 숙원이다.

전쟁은 한 집단의 목적을 이루는 수단으로, 집단관계를 결속시키는 방법의 하나로 정치권력에 의해 반복적으로 이용되어 왔다. 그리하여 평화상태는 끊임없이 전쟁의 위협에 시달리면서 전쟁을 준비해야만 하는 불안정한 상태가 된다. 따라서 전쟁이 없다고 해도 반드시 평화로운 상태라고 할 수는 없다.

물리적 힘으로 사람의 생명을 빼앗는 직접적 폭력이 해소된 상태를 소극적 평화라고 하는데 이것만으로 우리가 원하는 평화상태가 달성되었다고 할 수는 없다. 소극적 평화를 통해 적극적인 평화로 이행되어야만 한다.

적극적 평화에서는 갈등 해결뿐 아니라 빈곤이나 자연재해, 기후변화까지도 평화 담론의 대상이 된다.[197)] 안정된 평화를 뜻하는 적극적 평화는 전쟁을 억제하고 나아가 안전을 보장할 뿐만 아니라 군비를 축소하거나 항구적 평화를 획득하는 것까지를 포함한다.

---

196) 이 글은 정지웅·장영권, 『21세기 통일한국과 동북아 평화』(서울: 국회사무처, 2006)를 바탕으로 하여 많은 부분을 보완하였다.

197) 여기서 더 나아가, 법이나 제도처럼 사회 시스템에 내재된 억압인 구조적 폭력과 사상·종교·전통·담론 등의 형태로 가해지는 문화적 폭력까지 모두 제거된 상태가 적극적 평화다.

같은 맥락에서 통일은 남북한의 구조적 갈등을 해결하는 적극적 평화가 된다. 물론 소극적 평화가 바탕이 되지 않는다면 적극적 평화를 이룰 수 없지만 적극적 평화 없는 소극적 평화는 그 한계가 분명한 것이다.

이 장에서는 적극적 평화의 핵심인 한반도 통일을 이루기 위한 비전과 평화체제 추진 전략을 다룰 것이다. 북한은 우리의 적임과 동시에 통일을 함께 이루어야 할 대상이기도 하다. 앞 장들에서는 북한을 적으로 보면서 소극적 평화인 안보개념에 충실하여 논지를 전개했다면 이 장에서는 적극적 평화에 의한 통일을 달성하기 위해 북한을 함께 가야할 대상으로 보고 논지를 전개할 것이다.

2018년 들어 평창올림픽을 계기로 꽁꽁 얼어붙었던 남북관계와 한반도 정세가 풀리기 시작하였다. 그 결과 제3·4차 남북정상회담과 역사적인 북미정상회담이 열리면서 한반도 비핵화와 평화체제를 위한 여정을 시작하였다. 그 과정이 순탄하지 만은 않겠지만 우리는 이러한 정세변화를 적극 활용하면서 통일로 힘차게 나가야 할 것이다.

제1절 통일비전

한반도 통일은 단순하게 남북한이 하나가 되는 것을 넘어 보다 아름답고 멋진 사회를 만들어야 한다. 비전이 있을 때 추진력이 생기며, 힘을 결집시킬 수 있다. 우리가 희구하는 통일은 다음과 같은 비전을 추구한다.

1. 다원적 민주주의 확립

2. 효율적 시장경제

3. 복지국가 달성

4. 창조적 지식정보국가

5. 동북아시아 비즈니스 중심국가 등이다.

1. 다원적 민주주의 확립

정치적 영역에서는 다양한 민주주의적 제도들을 도입하고, 민주주의 가치들이 최대한 발현되는 사회를 만들어야 한다. 즉 우리는 통일한국의 모습을 상정할 때 반드시 개인적 자율성이 존중받고, 인간적 존엄성과 경제적 복지의 요건이 갖추어진 자유민주주의적 사회로 만들어야만 한다.

존 듀이(John Dewey)는 민주주의란 "정치의 한 양식만은 아니다. 그것은 주로 사회생활의 한 양상이며 공동경험의 한 양식이다"198)라고 했다.

파도버(Saul Padover)는 민주주의에는 정치제도적인 면과 행동적인 면이 있는데 정치제도적인 면에서 그것이 자유민주주의가 되려면, 법 아래의 평등, 투표권의 평등, 정기적인 대표자 선거, 다수결에 의한 입법, 정책 활동과 정책 입안의 자유 등의 특성을 가져야 하며, 행동적인 면은 듀이가 강조하고 있는 사회생활의 한 양상으로 개인의 존엄성을 인식하는 생활의 태도[199]라고 했다. 그러므로 통일 이후의 이념체계로서 민주는 그 중요성을 여전히 함유하고 있다고 할 수 있다.

21세기 한국 민주주의가 지향하는 목표는 시민권이 확장되고, 신뢰, 관용, 화해가 어우러진 사회다. 동시에 절차적 민주주의가 완성된 바탕 위에 국민을 분열시키고 있는 지역, 계층, 성, 세대, 민족 차원의 배타주의를 극복한 사회이어야 한다. 관용은 새천년의 시대정신이며, 차이를 인정할 뿐 아니라 수용하고, 경쟁하는 가운데 협력을 도모하는 것이 중요하다.

즉 다원적 민주주의의 확립으로, 공존하면서 경쟁하고, 다양성속에서 통일을 추구하며, 다수결의 지배원리 속에서 소수의 권리가 존중받는 민주주의 사회를 만들어 가야 한다. 또한 통일한국의 민주주의는 정치공동체의 형성과 운영에 적극적 시민의 주도적 참여가 이루어지는 풀뿌리 민주주의이어야 한다.

통일한국의 행정은 관료들의 전유물이 아니라 시민단체들에 의한 행정관료의 감시 기능, 정부의 정책 결정 및 집행에 대한

---

198) John Dewey, *Democracy and Education*(New York: The Macmillan Co., 1986), p.87.
199) Saul K. Padover, *The Meaning of Democracy*, 양호민 역(서울: 탐구당, 1972), pp.18-19.

시민의 영향력이 확대된 시민참여적 행정이 가능해야 한다. 또한 국가기구간의 견제와 균형이 이루어진 책임 민주주의가 이루어져야 한다.

통일초기에는 강력한 중앙정부가 필요하겠지만 중·장기적으로는 중앙정부의 권한과 책임이 지방정부로의 이전된 분권형 민주주의가 추진되어야 한다. 뿐만 아니라 환경보호, 핵 위협의 제거, 국가 간의 빈부격차 등 세계적 현안의 해결에 적극적으로 동참하는 글로벌 민주주의도 지향해야 한다.[200]

통일한국의 민주주의를 고려할 때 가장 시급한 문제는 정당정치의 편협함과 미숙함을 극복하는 것이다. 무엇보다도 정당정치가 지역주의가 아니라 보편적 가치에 기반한 것으로 바뀌어야 한다.[201] 이러한 문제들은 현재 남한 정치의 문제이기에 앞으로의 정치개혁은 남한 정치뿐만 아니라 통일한국의 민주주의까지 고려한 장기적이고 거시적인 것이어야 한다.[202]

한편 북한 주민들은 평등과 공동체 의식이 강조되는 사회주의적 가치에 익숙하고 중앙집권적 통제 정치·경제체제 속에서 살아왔기 때문에 남한체제에 쉽게 동화되지 않을 수도 있다. 그러나 자유주의는 근대 이후 스스로의 논리를 발전시켜 다른 어떠한 이데올로기보다 경쟁력이 있다는 평가를 받는다. 학문적으로는 이미 페미니즘, 공동체주의, 포스트모더니즘 등으로부터 끊임

---

200) 정지웅·장영권, 『21세기 통일한국과 동북아 평화』 (서울: 국회사무처, 2006), pp.46-53.

201) 강원택, 『통일이후의 한국 민주주의』 (서울: 나남, 2011), p.173.

202) 강원택, 『통일이후의 한국 민주주의』 (서울: 나남, 2011), p.179.

없는 도전을 받으며 자유주의는 그 이론적 지평을 넓히고 있다.

하지만 자유주의는 자칫 물질만능주의로 흐르고 지나친 개인주의 내지 이기주의로 변질될 수도 있다. 따라서 자유주의는 그 한계를 극복하기 위해 앞으로도 그 내용의 깊이와 넓이를 확장해야만 할 것이다.

또한 민주주의 체제 속에서 남북 간의 통합을 추구할 때 개인 자율성의 토대가 되는 기회균등이 제대로 이루어지고, 약자를 보호하기 위한 기본 요건들이 제대로 적용되는 사회가 형성되지 않으면 진정한 통합은 기대하기 힘들 것이다.203) 그러므로 자신들이 지니고 왔던 것과는 다른 이념적 가치와 체제 속에서 남한 사람들과 부딪혀야 하는 북한 동포들을 적극적으로 배려하는 자세가 필요하다고 하겠다.

정치체제로는 통일이 된 초기에는 난제한 문제들을 해결하기 위해 강력한 대통령제가 필요하겠지만 이를 보완하기 위해 부통령제를 신설하는 것도 제안한다. 국회는 남북한 간 차별 극복을 위해 단원제보다는 양원제가 보다 바람직할 것으로 보인다.

2. 효율적 시장경제

21세기에 늘어와 후쿠야마는 이데올로기의 종언이 이루어졌다고 이야기한다. 자본주의의 승리다. 국가와 시장의 대결에서 시장이 승리한 것이다. 이는 이미 증명된 사안으로 우리의 통일

---

203) 통일부 통일교육원, 『통일문제이해』 (서울: 통일교육원, 2010), p.176.

경제도 당연히 효율적인 시장에 바탕을 두어야 할 것이다.

한편 통일한국의 경제체제는 자본주의 시장경제의 핵심인 주주의 이해관계뿐만 아니라, 채권자, 종업원 및 소비자의 이해까지도 아우르는 이른바 경제 민주주의가 이루어져야 한다. 그때에는 관이 주도하는 경제, 정치와 경제의 유착을 제거하고, 재벌개혁이 성공하여 지나친 부의 불평등을 청산한 바탕 위에서 국민이 신바람이 나는 시장경제체제를 추진해야 한다.

시장의 공정한 경쟁을 위한 제도적 장치가 마련되고, 국가가 시장에 함부로 개입하지 못하게 하여 원칙에 입각한 정책의 수립과 집행이 이루어지는 경제가 되어야 한다.

이와 함께 경제주체의 불확실성을 제거하기 위해 정책을 일관성 있게 집행하고 나아가 투명성이 보장된 경제체제를 만들어가야 한다. 또한 시장에서 게임의 규칙이 잘 지켜지고, 역동성 발현의 필수조건인 시장문화가 정착되어야 한다. 이를 위해 중장기적 차원의 제도권 교육과 시민교육이 활성화되어야 한다. 즉 정보산업을 중심으로 하는 첨단 부문의 기초교육과 응용교육 및 사내직업교육을 유기적으로 연계시켜야 한다. 뿐만 아니라 투자효율성이 높으며, 혁신에 따라 보상받을 수 있는 시장 인센티브 시스템이 제대로 작동하는 시장경제를 추진해야 한다.[204]

요컨대 통일한국의 경제를 위해 자본주의적 제도 운영을 통한 개인의 경제적 자율성과 복리를 동시에 담보하도록 노력해야만 할 것이다.

---

204) 정지웅·장영권, 『21세기 통일한국과 동북아 평화』 (서울: 국회사무처, 2006), pp.47.

3. 복지국가 달성

통일국가는 복지국가를 달성해야 한다. 복지국가는 20세기를 지나면서 자본주의의 한계를 느끼고, 이를 극복하는 과정에서 만들어진 일종의 대안체제다. 따라서 국가와 시대적 상황에 따라 다르게 응용되어 왔다.

스웨덴 등 북유럽국가들은 사회 구성원 각각의 인간다운 삶을 책임지는 사회의 공동선을 인정하고, 이를 위해 사회 구성원 각각이 사회연대와 참여의 정신으로 충만하며, 민주국가가 이들을 대변하여 적극적 역할을 수행한다는 정의에 가장 잘 부합하는 나라들이다.

스웨덴에서는 적극적·보편적 복지를 추구하는데 이것은 사회복지정책을 넘어, 그 자체로 경제정책이 된다. 스웨덴에서는 보편적 복지를 통해 모든 국민을 다 건강하게 만들고 제대로 된 보육과 교육의 기회를 제공해 주면 인적 자본이 강화되어 결과적으로 공정한 경제성장과 혁신이 이루어진다는 이른바 생산적 복지를 추구하고 있다.[205] 통일한국도 통일한국의 여건에 맞는 독창적인 복지시스템을 마련해야 한다.

통일한국의 정치 공동체 목표는 분단의 비극을 극복하고 굴절된 한민족의 역사를 바로 잡으며, 한편으로는 민족의 동질성을 회복하는 것이다. 이러한 정치 공동체의 목표는 당연히 모든 구성원의 존엄성과 자유뿐만 아니라 복지가 최대한 보장되는 사회를 만드는 것이다.

---

205) 안은별, "'진보' 경쟁, 박근혜가 한발 앞섰다?," 『프레시안』, 2012년 1월 13일.

자원의 공정한 배분이 이루어지고 모두가 인정받는 정의로운 사회가 구축되지 않는다면 조화로운 정치 공동체가 출현할 수 없다. 사회구성원의 기본적 복지가 보장받는 더불어 사는 공동체적 사회를 위해 지금부터 노력하고 준비해야한다.

4. 창조적 지식정보국가

통일한국은 세계화, 민주화, 지식정보화에 대응하는 창조적 지식기반이 구축된 국가를 추진해야 한다. 다양성과 창의성이 존중되는 교육제도를 통해 물적 자본과 육체노동에 치중했던 경제구조를 지적 자본과 정신노동 중심으로 재편된 국가 체제를 만들어 가야 한다.

개방성 및 관용의 정신의 바탕위에 우리 사회의 매력과 유인체계를 마련하고, 규제완화, 정보인프라와 사회간접자본(SOC, Social Overhead Capital)의 구축 및 쾌적한 생활여건이 마련될 수 있도록 사회체제를 변화시켜 나가야 한다. 뿐만 아니라 정부와 시민들이 보유하고 있는 지식정보자원을 자유롭게 활용하고 공유하는 개방적 정보사회를 만들되 정보의 남용 및 사생활 침해가 근절되고 정보에의 평등한 접근권이 보장된 성숙한 정보사회를 만들어 가야 한다.[206]

우리의 통일국가는 단순히 남북한의 결합이 아닌 보다 창의적이면서도 효율적인, 그러면서도 인간적인 지식정보국가가 되어

---

206) 정지웅·장영권, 『21세기 통일한국과 동북아 평화』 (서울: 국회사무처, 2006), pp.47-48.

야 한다. 우리의 독자적인 정보자원을 합하여 생산력을 폭발적으로 증가시킬 수 있는 국가가 되어야 할 것이다. 특히 우리의 강점인 IT 기술을 살려 세계적으로 확고한 지식정보사회를 만들어 이 분야를 선도할 수 있는 국가로 거듭나야 할 것이다.

5. 동북아시아 비즈니스 중심국가

통일한국의 위대한 한반도 시대 비전을 위한 사업으로 동북아 비즈니스 중심국가 전략은 여전히 추진해볼 만한 중요사업이다.

급변하는 세계경제환경과 경제대국 일본, 중국 사이에서 동북아 경제활동과 국제 물류중심지로서의 위상 확보를 위한 한반도의 동북아 거점화 계획을 추진하는 것이다. 남북한 철도·도로 연결은 남북 간 인적·물적 교류의 인프라 구축에 기여하고, 민족경제 공동체 형성에 기여한다. 한반도종단철도(TKR, Trans Korean Railway)와 시베리아횡단철도(TSR, Trans Siberian Railway)의 연계는 한반도가 동북아 물류 중심지로 부상하는 기본 조건의 형성을 의미한다.

러시아는 1990년대 후반부터 유라시아 대륙을 하나의 물류망으로 연결하는 TSR 개선사업에 주력해 왔다. TKR·TSR 철도를 이용할 국가는 한국, 일본, 북한, 러시아, 중국 중북부 지역, 몽골, 카자흐스탄, 유럽지역이 된다. 철의 실크로드가 연결되면, 태평양의 전략적 관문에 위치한 한반도가 동아시아 경제권 부상과 함께 동북아 비즈니스 중심국으로 부상할 수 있다.

〈그림 5-1〉 유라시아 신 물류루트 확대에 따른 전략

출처: ⓒ해양수산부.

4강의 교차로 한반도는 철의 실크로드가 연결되면서 그동안의 고립과 대결의 폐쇄체제에서 탈피, 냉전의 인공섬을 면하게 되는 완전 개방체제로 전환되어 남북한, 중국, 러시아의 유라시아 대륙세력과 미국과 일본 등 해양세력을 연결, 세계 경제와 정치 거점을 연결하는 천혜의 조건을 갖추게 된다.[207]

이러한 장점을 이용하여 통일한국은 제조업에 IT 기술을 접목하여 산업을 고도화하고, 제품과 서비스를 수출하면 국가경쟁력을 높일 수 있다. 전략으로는 가격경쟁력과 지리적 인프라 여건을 확충한다면 동북아 중심허브에서 태평양 중심허브로 부상할 수도 있다.

207) 정지웅·장영권, 『21세기 통일한국과 동북아 평화』 (서울: 국회사무처, 2006), p.44.

지정학적으로 전략적 요충지인 한반도의 서울은 동북아 5대 도시인 서울, 도쿄, 베이징, 상하이, 블라디보스톡 중 최단거리, 최단시간에 접근할 수 있는 중심적 위치에 있다. 경의선이 연결되면 개성공단 개발이 촉진되고, 인천공항의 허브기능을 강화할 경우 만주, 중국, 중앙아시아의 교역로가 열린다. 동해선은 금강산 관광 활성화는 물론 동해권의 물류가 TSR를 따라 유럽까지 뻗어감으로써 한반도가 물류 중심지로 부상할 수 있다.

철도·도로가 연결되면 남북 간 물류비는 지금의 해운에 비해 최대 5분의 1 수준으로 절감된다. 러시아, 중국, 몽골은 물론 중앙아시아, 유럽과 물류비용도 절감된다. 세계의 교통, 통신, 물류, 정보, 산업, 금융, 문화, 교육, 정치의 중심이 되는 위대한 한반도 시대의 꿈은 통일한국이 세계의 중심지가 될 동북아 신시대를 여는 주도적 비전과 전략이 된다. 그리고 경의선과 동해선 철도·도로 연결은 TSR와 이어져 동북아 지역의 획기적인 물적, 인적 교류혁명이 현실화된다.

러시아와 유럽으로 나가는 한국 상품은 물류비용이 줄어 수출산업은 탄력을 받게 되고, 일본의 상품도 이 수송로를 이용하게 되며, 북한지역도 경제발전의 동력을 얻게 된다. 경의선이 개통되면 개성공단이 활성화되고, 교류협력이 활성화되며 민족경제공동체는 그 열매를 맺게 된다. 물론 문화적 이질성도 교류와 협력이 축적되면서 동질성으로 이행, 통합도 더욱 촉진될 것이다.

동북아 지역의 평화와 안정을 유지 강화하는 데에도 기여하는 이 사업은 결국 한반도를 중심축으로 하는 동북아 지역 경제활성화에 크게 기여할 것이다. 다시 말해 이 모든 것이 계획대로 추진된다면 통일한국은 중추항만(hub port), 중추공항(hub airport), 대륙연계철도망, 대륙연계도로망을 갖춘 아시아의 물류 중심이 될 것이며 금융, 통신, 컨벤션센터 등의 인프라와 국제비즈니스를 지원할 수 있는 법, 제도, 인력이 마련된 아시아의 금융 중심이 될 것이다. 또한 문화적 개방성과 함께 고유문화를 창달하고 아름다운 자연환경을 활용하여 아시아의 관광 중심까지도 기대해 볼 수 있다. 나아가 세계 강대국의 이익과 협력, 평화의 조정자로서 국제적 위상을 차지하게 될 것이다.208)

통일한반도가 물류산업을 바탕으로 동북아의 경제중심지가 되는 비전은 우리가 하기에 달렸다고 해도 과언이 아니다. 바닷길을 이용하지 않고 대륙철도를 이용하여 수출입이 가능하다면 일본은 당연히 우리 철도를 이용할 것이고 유럽, 서아시아 등 수많은 국가들도 이를 이용할 것이다. 명실공히 우리 한반도는 동북아뿐만 아니라 세계적으로 중요한 물류와 무역, 그리고 교통의 중심지가 될 것이다.

---

208) 정지웅·장영권, 『21세기 통일한국과 동북아 평화』 (서울: 국회사무처, 2006), pp.45.

제2절 국내정치

통일을 이루기 위해서는 먼저 남한이 준비되어 있어야 한다. 통일은 결코 쉽지 않을 뿐만 아니라 그 과정에서 우리가 예상하지 못한 방향으로 바뀔 수도 있기 때문이다. 따라서 탈 이데올로기적 남남대화와 협력이 먼저 이루어져야 하고, 초당적 평화통일정책이 수립되어야 하며, 이를 가능하게 하는 통일교육이 강화되어야 할 것이다.

1. 탈 이데올로기적 남남대화와 협력

여야 간의 대화와 협력체제의 구축과 더불어 대북정책을 둘러싼 보수와 진보 진영 간의 소모적 이념논쟁을 종식시켜야 할 것이다. 국제적 냉전체제 해체 이후 수면 아래로 잠수해 있었던 진보와 보수 간의 이데올로기적 갈등이 더 심각해지고 있다. 지역갈등에 못지않게 이데올로기적 갈등이 우리 사회를 갈라놓고 탈냉전시대의 개막을 막고 있다.[209]

남한에서 극우 반공주의가 맹위를 떨치면 이는 북한의 극좌 공산주의자들에게 힘을 실어주는 결과를 빚을 것이다. 극우 반공주의와 극좌 공산주의는 적대적 상호의존관계에 있기 때문이

209) 임혁백, "평화통일정책과 남남갈등의 극복," 『남남갈등 진단 및 해소방안』 (서울: 경남대학교 극동문제연구소, 2004), pp.325-327.

다. 이러한 극단적 이데올로기가 발흥한다면 남북한 내의 대화 세력 또는 남북협상파의 입지를 약화시킬 것이다. 통일은 튼튼한 안보를 바탕으로 한 상태에서 남북한 간의 대화에서 교류로 나아가야 가능한 것이기에 극단 세력들의 발호는 결코 통일준비에 도움이 되지 못한다. 이데올로기적 갈등의 해소는 민족을 매개로 한 화해로부터 출발해야 한다.

남북화해와 협력이 이루어지기 위해서는 이데올로기 보다 민족을 우선시하는 탈 이데올로기적 접근이 필요하다. 양극화된 이데올로기 간의 대결은 냉전시대의 특징적 양상이었다. 그러나 현재의 정책결정자들은 역사적 경험과 문화를 공유했던 동일한 민족이라는 공통점을 바탕으로 남과 북이 상대방의 체제를 배제하고 소멸시켜야 할 대상으로 간주하지 말고 남과 북에 현실적으로 존재하는 체제를 인정하는 바탕 위에서 상호공존을 모색하여야 한다.210) 그리고 자연스런 교류를 보다 발달시켜 중국과 타이완의 관계처럼 사실상의 통일 상태로 나가야 한다. 결국 보다 우월한 체제가 자연스럽게 주도권을 잡을 것이다.

2. 초당적 평화통일정책의 수립

남북문제를 둘러싼 여야갈등을 해소하기 위해 먼저 요구되는 것은 남북화해와 협력은 어떤 특정한 정파가 독점할 수 있는 의제가 아니며 초당적으로 접근하지 않으면 해결의 실마리를 찾기 어려운 과제라는 인식을 공유하는 것이다.

210) 정지웅·장영권, 『21세기 통일한국과 동북아 평화』(서울: 국회사무처, 2006), pp.48.

먼저 남북 간의 냉전을 해체하기 이전에 우리 내부의 냉전부터 해체하려는 노력을 기울여야 한다. 정부와 여당은 야당의 지지 없이 남북대화가 성공할 수 없다는 것을 인식하고 남북문제에 관해 야당과 대화합의 정치를 펼쳐나가야 한다.211) 다시 말해 남북문제는 당파적 이익이 걸린 문제가 아니라 민족의 문제이기 때문에 남북문제를 당파적 이해가 걸린 일반 정치로부터 따로 떼어내어 초당적 협의와 결정이 이루어지는 영역으로 만들 필요가 있다.212)

즉 어느 쪽이 정권을 잡든지 정부와 여당은 대북정책의 성과를 독식하려 하지 말고 대북정책에 비판적인 정치인을 반통일세력이나 적대세력으로 몰아붙이지 말아야 한다. 통일노정에 있어서 함께 대화하면서 지혜와 의견을 모아야 하며, 야당은 통일에 기여하는 정부와 여당의 대북정책에 대해 격려하는 초당적 모습을 보여야 할 것이다.

3. 통일교육의 강화

통일교육을 강화하기 위해 먼저 시민교육의 일환으로 전환시킬 필요가 있다. 그리하여 시민들이 일상 속에서 통일문제를 자연스럽게 일상생활과 연관지을 수 있도록 이끄는 실용주의적 방식을 추구할 필요가 있다. 또한 통일교육원의 기능을 확대하여

---

211) 정지웅·장영권, 『21세기 통일한국과 동북아 평화』 (서울: 국회사무처, 2006), pp.48.

212) 임혁백, "평화통일정책과 남남갈등의 극복," 『남남갈등 진단 및 해소방안』 (서울: 경남대학교 극동문제연구소, 2004), pp.323-325.

통일여론 주도집단을 양성할 뿐만 아니라 통일교육 종합지원센터로 전환할 필요가 있다. 즉 통일교육원을 통일교육 지원 및 통일교육 종합시스템의 중심으로 개편하자는 것이다.

또한 각 지역의 통일교육 관련 단체들에 대한 지원을 확대하여 공급자 위주가 아닌 수요자 중심으로 바꿀 필요가 있다. 그리하여 공급자의 홍보가 아닌 수요자의 적극적 참여를 유도하여 통일교육을 활성화시켜야 한다.[213]

통일교육이 단순한 안보교육 차원에서 머물러서는 안 되고, 반편견교육, 상호이해교육을 포함하는 민주시민교육을 통해 시민들의 통일인식을 제고시키며, 탈북자에 대한 수용성을 높이고, 통일에 대한 긍정적 마인드를 확산시키는 교육을 실시해 장차 통일한국에 대비할 수 있다.

---

213) 허문영·정상돈·정지웅, "대북정책에 대한 국민적 합의형성 방안," 『대북통일정책의 국민합의 형성 방안』, 2006. 8.29, 동북아시대위원회 주최 학술발표회, p.34.

제3절 한반도 비핵화

유엔 등 국제사회는 모든 비핵 국가들의 핵무장에 반대한다. 특히 폐쇄적인 북한의 핵개발에 대해서는 전 세계가 반대한다고 해도 과언이 아니다. 유엔은 많은 안보리 결의안을 통과시켜, 북한의 핵무장을 저지하기 위해 노력했고, 비핵화를 촉구했다. 그러나 북한은 핵무장 정책을 포기하지 않았고 마침내 핵무기를 보유하고 있을 뿐만 아니라 대륙간 탄도미사일도 완성단계에 이르렀다.

미국의 대북제재에 중국까지 동참하면서 핵무력을 완성한 북한은 마침내 비핵화의지를 천명하면서 미국에 체제안전보장을 요구하고 있다. 한편 미국의 남한에 대한 핵우산과 핵 선제 타격을 의식하여 북한과 중국은 북한의 비핵화가 아니라 한반도 비핵화를 주장해 왔다. 지금까지 이 문제가 어떠한 과정을 거쳐 왔는지 살펴보도록 하자.

북한이 1993년 3월 12일, NPT 탈퇴 선언을 하면서 제1차 북핵 위기가 발생했다. 제1차 위기는 1994년 제네바합의[214]로 극복했다. 그러나 제네바합의는 2003년 전격적으로 파기되었나.[215]

---

214) '북한과 미국 간 핵무기 개발에 관한 기본합의서', 영어 명칭은 'Agreed Framework between the United States of America and the Democratic People's Republic of Korea'다. 북한의 핵개발 포기의 대가로 북미수교, 북미 간 평화협정, 북한에 대한 경수로 발전소 건설과 대체 에너지인 중유 공급을 주 내용으로 한다.

215) 미국 의회는 경수로 발전소 건설자금을 비승인하여, 협약은 이후 파기 되었고, 이후

중국은 한반도 비핵화에 대한 수단으로 6자회담을 제안했다. 6자회담은 2003년 8월 27일 처음 개최되었다. 그 성과로 2005년 9·19공동성명이 발표되었고, 2007년 2·13합의가 이루어졌다.

CVID(Complete Verifiable Irreversible Dismantlement)는 2002년 10월 3일 2차 북핵 위기가 발생한 이후, 조지 W. 부시 행정부에서 정의한 비핵화 개념으로 완전하고 검증가능하며 돌이킬 수 없는 핵폐기를 말한다.[216]

2018년 4월 하순부터 1주일 동안 CIA 당국자와 미국 핵전문가 등 3명이 북한을 방문해 북미정상회담을 조율했을 때 김정은 위원장은 CVID 원칙을 준수할 것임을 밝혔다. 대신 체제보장, 미국과 국교정상화, 경제제재 해제 등을 요구했고 이를 관철시키기 위해 미국과 협상하고 있다.[217]

1. 9·19공동 성명

미국은 조지부시 대통령 2기 출범 해인 2005년부터 미 국무부 자문관 젤리코의 포괄적 새로운 대북 접근법에 따라 새로운 대북 전략을 모색하였다. 미 국무부는 북한 핵 문제를 북핵문제

2005년 클린턴 행정부 관료는 북한이 국제 협약 후 몇 년 안에 붕괴될 것을 예상하여 협약을 한 것이었다고 증언하고 있다. Kessler, Glenn, July 13, 2005. "South Korea Offers To Supply Energy if North Gives Up Arms," Washingtonpost.com.

216) 이 개념은 2004년 2월 25일 부터 28일까지 베이징 조어대 국빈관에서 개최된 제2차 6자 회담에서, 북한을 제외한 다섯 나라에 의해 공식적으로 수용되었다.

217) "김정은, 美협상팀에 'CVID 방법 비핵화' 밝혀…ICBM도 폐기," 『데일리한국』, 2018년 5월 3일.

그 자체로 보지 않고 북한 문제로 보면서, 대북 평화협정 체결을 통해 동북아 국제정치 구도를 변환시키고자 하였는데 이는 젤리코 보고서의 핵심으로 이해된다.[218] 이에 따라 2005년 9월 19일 열린 제4차 6자회담에서 북핵 문제를 평화적으로 해결하기 위한 9·19공동성명이 채택되었다.

이 성명은 한반도 비핵화를 위한 기본원칙을 제시하고 있다. 북한이 핵을 포기한다면 그에 대한 대가로 이루어질 다양한 안전보장조치는 평화체제 구축에 꼭 필요한 내용들이다. 즉 1항에서는 북한은 모든 핵무기와 현재의 핵 프로그램을 포기하고 조속한 시일 내 핵확산금지조약(NPT, Non-Proliferation Treaty) 및 국제원자력기구(IAEA, International Atomic Energy Agency) 안전조치로 복귀하며, 동시에 미국의 남한 내 핵무기 부재를 확인한다.

비핵화에 대한 상응조치로 북한은 평화적 핵이용권을 가지는데 이는 미래의 평화적 핵이용권을 존중하고 적절한 시기에 북한에 경수로가 제공된다는 것이었고 미국은 핵무기나 재래식 무기로 북한을 공격하거나 침공하지 않는다는 의사를 확인하는 것이었다.

9·19공동성명 2항에서 6항까지의 합의된 내용은 단순히 한반도 비핵화만 다루지 않고, 한반도 평화체제와 동북아의 항구적인 안정과 평화도 담고 있다.[219]

---

218) Philip Zelikow, "The Plan That Moved Pyongyang," *Washington Post*, February 20, 2007, p.A13; 조민, 『한반도 평화체제와 통일전망』 (서울: 도서출판 해남, 2007), pp.32-33 재인용.

2. 2·13합의

2007년 2월 제5차 3단계 6자회담에서 2·13합의가 채택되었다. 이 합의의 원제목이 '9·19공동성명 이행을 위한 초기조치'라는 것에서 알 수 있듯이 2·13합의는 처음부터 초기단계의 이행조치를 규정한 것이었다.

북한이 이행해야 할 조치는 영변 핵시설의 폐쇄, 봉인과 IAEA 사찰단의 입북 및 감시활동 재개, 나아가 모든 핵 프로그램 목록에 대한 협의 등이었다. 미국은 북한과의 관계정상화를 위한 대화를 재개하고 북한에 대한 테러지원국 지정을 해제하며, 적성국 교역법 적용의 종료과정을 진행시키기로 하였다. 뿐만 아니라 북일관계도 정상화를 위한 대화를 개시하기로 하였다.[220)

이 합의는 초기조치의 이행에 60일이라는 기한을 설정하였고, 철저한 행동 대 행동 원칙에 따라 북한이 동결→ 폐쇄→ 불능화 조치를 취하는 단계에 맞춰 약속한 에너지를 차등 지급하기로 하였다.[221)

2·13합의는 초기단계의 이행조치뿐만 아니라 중간단계의 임무도 정해 놓았는데 제4항의 모든 핵 프로그램 완전신고, 모든 현존 핵시설의 불능화가 그것이다. 3항에서는 초기단계에서 중간단계로 넘어가기 위한 장치로 5개의 실무그룹도 설치토록 하였

---

219) 조성렬, 『한반도 평화체제』 (서울: 푸른나무, 2007), pp.342-343.

220) 『중앙일보』, 2007년 2월 14일. http://news.joins.com/article/2635741,

221) 초기 단계에서는 중유 5만 톤을 긴급지원하고 중간단계의 이행조치를 북한이 시행하면 중유 100만톤 상당의 지원을 제공하기로 하였다. 이때 남한도 중유 100만 톤의 1/n을 부담하기로 하였다.

다. 제6항에서는 관련당사국들이 적절한 별도 포럼에서 한반도의 항구적 평화체제에 관해 협상하기로 하여 한반도 평화체제 협상에도 착수하기로 하였다.

2·13합의는 관련국 모두를 일정수준 만족시킨 윈윈(win-win) 협상이었다. 그렇지만 이 모든 합의가 진전되지 못하고 교착상태에 빠지게 되었다.[222]

3. 4·27판문점선언과 북미 6·12공동성명

촛불혁명 결과 박근혜 대통령의 탄핵으로 집권한 문재인 정부는 트럼프 대통령의 대북 압박정책에 공조하면서도 북한과 대화를 위한 문을 활짝 열어 두었다. 마침내 2018년 2월 평창 동계올림픽을 계기로 남북관계가 풀리면서 2018년 3월 5일, 문재인 대통령의 특사단이 방북했다.

특사단장인 정의용 청와대 국가안보실장은 북한의 핵실험과 미사일 실험의 모라토리엄(잠정 중단) 의사를 전하면서 "북측은 핵무기는 물론 재래식 무기를 남측을 향해 사용하지 않을 것임을 확약했다"라고 밝혔다.[223] 김정은 위원장은 4월말 3차 남북정상회담 개최에 동의하면서, 북한에 대한 군사적 위협이 해소

---

222) 북한에 대한 미국의 중유 공급도 계속 미루어지면서 북한의 에너지와 경제난은 가중되었고, 북미 간 국제협약의 실행은 어려움이 지속되었다.
http://www.globalsecurity.org/wmd/library/report/gao/rc00020t.pdf#page=5.

223) 남북한은 이미 1991년 채택한 남북기본합의서에서 남북 불가침에 합의하여 재래식 무기 공격 금지를 하기로 했지만, 사문화 되어왔다. "북 재래식 무기 대남 도발 않겠다 의미는?…사문화된 불가침 합의 부활 출발점," 『경향신문』, 2018년 3월 8일.

되고, 북한의 체제 안전이 보장되면, 이렇게 두 가지를 조건부로 비핵화를 하겠다고 천명했다.[224]

이후 4월 27일 남북한 정상은 판문점의 남측 평화의 집에서 역사적인 제3차 남북정상회담을 가졌고, 완전한 비핵화를 통해 핵 없는 한반도를 실현한다는 내용의 판문점선언을 채택하였다. 또 올해 안에 종전선언과 정전협정을 평화협정을 위한 협상을 추진하고, 군사분계선 일대에서 확성기 방송과 전단살포를 비롯한 모든 적대행위를 중지한다는 데도 합의해 전 세계를 흥분시켰다.

한편 트럼프 미국 대통령은 북한을 방문하고 돌아온 정의용 안보실장과 면담하는 자리에서 북한과 정상회담을 수락하였다. 북한은 북미정상회담에 대한 성의를 보이기 위해 내외신 기자를 초청하여 2018년 5월 24일, 풍계리 핵실험장을 폭파했다. 그러나 북미간의 기 싸움과 트럼프의 취소서한으로 회담이 무산될 위기를 맞았다. 이어 남북한 정상은 5월 27일 판문점 북측 통일각에서 긴급히 4차 정상회담을 가졌다. 6월 1일 김영철이 방미하여 트럼프에게 김정은의 친서를 전달하면서 북미정상회담이 예정대로 싱가포르에서 열리게 되었다.

북미 정상회담에서 미국은 북한에 대해 안전보장을 제공하기로 약속했고, 북한은 한반도의 완전한 비핵화라는 약속을 재확인했다. 두 정상은 새로운 미북 관계 수립이 한반도와 세계의 평화와 번영에 기여하고 상호신뢰 구축은 한반도 비핵화를 촉진할

---

224) "4월 말 남북 정상회담...김정은, 비핵화 의지 표명," YTN, 2018년 3월 6일.

수 있다는 점을 확신하면서 다음과 같이 합의하였다.

① 미국과 북한은 평화와 번영을 위한 양국 국민의 희망에 따라 새로운 미북 관계를 수립한다.
② 미국과 북한은 한반도에서 지속적이고 안정적인 평화체제를 구축하기 위한 노력에 동참할 것이다.
③ 북한은 2018년 4월 27일 판문점선언을 재확인하면서 한반도의 완전한 비핵화를 위해 노력한다.
④ 미국과 북한은 이미 확인된 사람들의 즉각적 송환을 포함해 전쟁포로와 전장실종자 송환을 약속한다.[225]

도널드 트럼프 미국 대통령은 회담 직후 기자회견을 통해 "정직하고 직접적·생산적인 회담이었다"며 김정은에 대해 "안보와 번영을 위해 노력한 역사적 인물로 기록될 것이다"라고 평가했다. 이후 문재인 대통령과 통화에서는 "미사일 엔진 실험장을 폐기하기로 약속한 것은 김 위원장이 뭔가 하고자 하는 굳은 의지를 보여준 것"이라고 밝혔다.

일부 언론의 문제 제기 즉 공동성명에 CVID(완전하고 검증 가능하며 불가역적인 비핵화)가 빠졌다는 지적에 대해서는 "공동성명을 보라, 완전한 비핵화에 대한 흔들림 없는 의지"라고 명시돼 있으며, 100% 완진한 비핵화를 위해 사찰난이 검승할 것이다"라며 이번 회담이 성공했다고 자평하고 있다.[226]

---

225) 『한국일보』, 2018년 6월 12일.

226) "트럼프 'CVID 표현 없어도 100% 완벽한 비핵화 검증 가능'," 『한국경제』, 2018년 6월 12일.

트럼프 대통령은 북한이 체제에 대한 위협으로 느낀다는 한미 연합훈련을 중단하고, 장기적으로 주한미군 철수까지도 고려할 수 있다고 하였다.[227] 그렇지만 북한에 대한 경제 제재는 당분간 지속된다고 밝혔다.[228]

그렇지만 무엇보다도 중요한 비핵화의 본질은 검증에 있다. 북한이 핵 시설을 폐기하거나 평화적 용도로 전환하도록 하고, 만들어 놓은 핵무기를 북한 바깥으로 내보내면 된다. 이미 우크라이나부터 남아공, 리비아 등의 비핵화 사례가 많다. 국제원자력기구(IAEA)도 관련 노하우를 잘 축적해 놓았다.

문제는 이를 어떻게 확인하느냐다. 만약 핵무기 일부를 어딘가에 숨겨놓는다면 어떻게 할 수 있을까? 여기서부터 검증의 문제가 발생한다. 비핵화의 검증 과정은 냉각탑이나 풍계리 핵실험장 폭파와 같은 것이 아니라 지루한 회계감사에 더 가깝다.

리비아의 경우에는 우라늄을 모두 수입했고 수입량에 대한 자료를 확인하는 것이 가능했기 때문에 상대적으로 검증이 쉬웠다. 그러나 북한은 자체적으로 우라늄을 생산하고 있기 때문에 검증 작업이 더 복잡할 수 있다. 게다가 북한은 과거 검증방법에 대해 매우 완고한 입장을 보인 바 있다.[229]

북한은 비핵화 검증 방법에 대해 전문가들의 현장 방문과 핵

---

227) 이러한 논의에 대해 국내 보수주의자들은 우려를 표하고 있다.

228) 그러나 제재의 목적이 제재 그 자체에 있지 않다고 주장하는 중국이 지속적인 제재에 동의할 가능성이 높지 않은 것으로 보인다.

229) 김수진, "북한의 비핵화는 얼마나 쉬울까?," 『BBC 코리아』, 2018년 4월 27일.

시설 관련 문건 확인, 그리고 기술자들의 인터뷰만 가능하다고 하면서 핵물질 샘플 채취는 거부했다. 결국 검증방법에 대한 합의는 결렬됐고 협상 중에 한국과 미국에서 정권이 교체되면서 회담은 앞으로 나아가지 못했던 것이다.[230] 앞으로도 검증을 두고 북미 간 신경전은 치열하게 계속될 것으로 예상된다.

---

230) 김수진, "북한의 비핵화는 얼마나 쉬울까?" 『BBC 코리아』, 2018년 4월 27일.

제4절 한반도 평화체제

한반도 평화체제는 남북한의 적대시 정책을 종결시키는 제도적 장치이며, 동북아에서 협력적 안보협의체 구축을 가능하게 하는 시초며 나아가 한반도 통일에도 반드시 필요한 과정이라 할 수 있다. 이를 위해서는 다음과 같은 사안들이 진행되어야 한다.

1. 남북 관계 개선

가. 남북 상호간의 화해와 협력

통일을 위해서는 우선 당사자들인 한반도 거주민들이 노력해야만 한다. 남북한은 이제 먹고 먹히는 관계가 아니라 공존공영의 차원에서 우선 평화를 증진하고 구현하는 체제를 구축하여 상대에 대한 불신 없이 대화와 교류협력에 임해야 한다.

남북관계 개선이 무엇보다 선행되어야 한다. 교류로부터 화해와 협력의 단계로 가기 위한 노력을 함께 기울여야 하지만 남북은 각각의 논리, 기존의 관성에 따라 서로 대치해 오고 있다. 이런 관계를 먼저 풀어야 한다. 남북한은 성실성과 진실성에 기초하여 한반도의 정전상태를 평화상태로 전환하기 위한 협의, 불가침보장 장치로 제시된 신뢰구축 및 군비감축을 위한 제반 추가적 조치를 위한 협의 등 제반 교류협력을 위한 협의 등에 조속히 임해야 한다.

국내적으로는 상호비방과 중상을 중지함은 물론 남북 각 측의 국민들에게 상대방의 사회와 제도를 보다 잘 이해시킬 수 있는 방향으로 정보교류관계를 구축하는 한편, 대외적으로는 소모적 경쟁외교를 중지하고 공존공영을 위한 협조외교를 전개하여야 한다.231)

나. 경제협력을 통한 접촉

대남관계에서 정치적 문제에 매우 민감한 반응을 보이는 북한도 경제적 문제에서만큼은 관심을 보이고 있는 것이 과거 수년간의 경험을 통하여 확인되었다. 따라서 북한과 관계를 발전시켜 가는데 있어서 경협만큼 효과적인 방법은 없을 것이다. 나진-선봉지역에 대한 투자, 개성공단 사업 등이 그 예가 될 것이다. 그러나 이보다 더 체계적인 전략의 대북경협이 추진되어야 할 필요가 있다.

경협을 통해 점차 북한경제를 남한과 연계시키는 방향으로 발전시켜야 한다.232) 흔히 이야기하듯 경제협력과 교류가 깊어져서 생겨난 파급효과(spill-over) 현상에 의해 남과 북이 서로 엉

---

231) 정지웅·장영권, 『21세기 통일한국과 동북아 평화』 (서울: 국회사무처, 2006), pp.52-53.

232) 정지웅·장영권, 『21세기 통일한국과 동북아 평화』 (서울: 국회사무처, 2006), p.49.

키어 분리될 수 없는 상황이 만들어져야 한다. 다시 말하면 기능주의적 교류가 보다 활성화되어야 한다는 것이다.

남북은 경제협력을 토대로 점차 정치적 관계 개선으로 발전할 수 있을 것이다. 북한은 지금 외부의 자유화 바람이 유입되는 것을 막기 위한 방어에 주력하고 있지만 통제가 용이하지 않은 형편이다. 북한은 지금 시장을 어느 정도 인정하고 있는데 완전 통제에 어려움을 겪었기 때문이다. 체제유지를 위해 어느 정도의 시장을 묵인하고 있다. 이렇듯 일단 경제가 남북 간에 구조적으로 형성되면 북한이 이를 막을 수 있는 수단이 많지 않다.[233]

남북한 간의 교류가 없다면 이미 그러하듯 중국 경제에 북한 경제가 예속되는 상황이 지속될 것이다. 이는 우리 민족 모두에게 바람직한 일은 아니다. 경제교류를 통한 접촉은 평화체제 구축을 위해 꼭 필요한 과정이라고 할 수 있다.

2. 종전선언

지난 2006년 11월 8일 하노이 한미정상회담에서 부시 대통령은 "북한이 핵을 포기하면, 종전선언과 평화조약을 체결할 용의가 있다"라고 제안했다. 이후 6자회담이 재개되었을 때 미국은 종전선언과 평화조약을 구분하여, 북한이 초기단계 및 중간단계의 비핵화 조치를 이행할 경우 남북미 정상회담을 통해 종전선

---

233) 김장권 외, "통일을 향한 정치체제의 개혁과 재편: 분권주의 통일 모델의 모색," 한국진흥재단 대학부설중점연구소 지원과제-통일 한국의 사회·정치적 기반조성을 위한 기초연구, 제4세부과제 결과보고서, 1999, pp.92-93.

언을 할 수 있다는 입장을 북측에 전달하였다.[234]

2007년 초기단계 이행조치를 담은 2·13합의가 이루어지고 제1차 북미관계 정상화 실무 그룹의 회의결과가 나오자 부시 대통령의 종전선언 제안은 더욱 주목을 받았다.[235]

종전선언은 평화협정의 전단계로 그 내용은 1996년 2월 28일 북한외교부 대변인의 담화에서 제기한 잠정평화협정 제안으로부터 유추할 수 있다. 이 담화에서 북한은 평화협정에 앞서 잠정평화협정 체결이 필요하다고 주장하였는데 완전한 평화협정이 체결될 때까지 정전협정을 대신한다면서 다음과 같이 제시했다.

첫째, 군사분계선과 비무장지대의 관리, 무장충돌과 돌발사건 발생시 해결방도, 군사공동기구의 구성과 임무 및 권한, 잠정평화협정의 수정보충 등 안전유지와 관련된 문제들이다. 둘째, 잠정평화협정을 감독하기 위해 판문점에 군사정정위원회를 대신하는 북·미 공동군사기구가 운영되어야 한다. 셋째, 이 기구를 만드는 문제를 토의하기 위하여 협상이 진행되어야 한다.[236]

당시 북한은 남북한 간에 이미 불가침 합의서가 체결되었기 때문에 잠정평화협정의 당사자를 북미양자로 제한하였다. 그러나 1998년 유엔군사령부-북한군 장성급회담 비공식 접촉 때 한국의 당사자 자격을 인정해 남·북·미의 3자공동안보위원회를 설치하자고 제안하였다.

---

234) 이는 2018년 6월 2일 김영철과 만난 트럼프가 언급한 종전선언과도 맥락이 같다.

235) 조성렬, 『한반도 평화체제』 (서울: 푸른나무, 2007), p.362

236) 북한 외무성, "조미잠정평화협정 체결에 관한 조선외교부 대변인 담화," 1996. 2. 22.

그 뒤 북한이 당사자를 한반도에 군대를 주둔한 나라로 여러 차례 규정했고, 미국도 한국이 배제된 어떤 협정도 반대한다는 입장이므로 종전선언의 주체는 남북미 3자가 될 수밖에 없다.

중국은 이미 1958년 북한에서 병력을 철수하였고, 1992년에는 군사정정위원회 대표단에서도 빠졌기 때문에 굳이 중국을 종전선언의 서명자로 참가시킬 이유는 없다.[237]

그러나 차오신(曹辛) 중국 차하얼(察哈爾)학회 연구원은 "중국이 유일하게 합법, 합리적으로 한반도 문제에 개입할 수 있는 접점으로 종전선언에 참여하지 못하면 중국은 미래 한반도 체제에서 정치적 상징성만을 갖고 주변화되는 길로 가게 될 것"이라고 주장했다. 그는 6·25전쟁 당시 중국군 18만 명이 사망했으며, 압록강 전선을 38선까지 밀어내고 정전협정을 체결한 주체였던 만큼 종전선언에서 빠진다면 중국 지도부의 신임 위기로 이어질 수 있다고 전망하면서 종전선언에 중국이 참여해야 한다고 주장한다.[238] 하여튼 종전선언에 중국이 참여해야 하는가에 대한 의견은 전문가들 사이에서도 갈리지만 평화협정체결에는 남·북·미·중의 4자가 참여해야 한다는 것에는 이견이 없다.

반면 종전선언은 정치적 선언으로 법적 구속력이 없다. 그러나 이것이 가지는 정치적, 도덕적 영향력은 아주 크다. 그래서 서명을 거쳐 효력을 발생한다면 조약에 준하는 성격을 가질 수 있다. 물론 이를 위해서는 비핵화도 진전이 있어야 하고, 이 속에는 평

---

237) 조성렬, 『한반도 평화체제』 (서울: 푸른나무, 2007), pp.363-364.
238) 정주호, "종전 참여가 향후 중국의 한반도 개입 보장," 『연합뉴스』, 2018년 5월 1일.

화관리기구, 평화지대 등에 대한 내용도 있어야 할 것이다. 또한 북한핵의 불능화 착수단계에서도 종전선언 선언식을 가질 수도 있다.[239)]

문재인 대통령은 통일각에서 있었던 4차 남북정상회담 이후 가진 담화문 발표 시 기자들의 질문에 답하면서 싱가포르에서 열리는 북미정상회담이 성공적으로 개최된다면 남북미가 함께 모여 종전선언을 할 수도 있을 것이라고 밝힌바 있다. 트럼프 미국 대통령은 6월 1일 김영철이 김정은의 친서를 전달하는 자리에서 6월 12일 정상회담과 연계한 종전선언에 대해 언급하였다.

그러나 2018년 6월 12일 북미정상회담에서 종전선언은 이루어지지 않았다. 미국은 포괄적인 합의만 하고 앞으로 북한의 비핵화 과정을 지켜보면서 종전선언을 고려할 것으로 보인다.

한편 종전선언을 뒷받침하기 위해서 정전체제의 법적 종식을 의미하는 종전협정이 필요하다. 이 종전협정이 체결되기 위해서는 먼저 군사분계선의 획정과 관련된 문제가 해결되어야 분쟁의 소지를 제거할 수 있어야 한다. 또한 유엔사령부의 기능전환이 따라야 할 것인데 이는 1950년 7월 7일 유엔안보리 결의로 창설된 유엔사령부는 북한에 대해 적대적 성격을 가지고 있기 때문이다.

뿐만 아니라 남한의 국가보안법이나 북한의 노동당 규약 등 쌍방의 적대적인 법률이나 규정의 폐지문제도 협의될 수 있다. 종전선언을 했는데도 상대를 명시적으로 적대시하는 법률을 갖

---

239) 조성렬, 『한반도 평화체제』 (서울: 푸른나무, 2007), p.365.

는 것은 모순이기 때문이다.[240] 이러한 상황을 볼 때 종전협정이 이루어진다면 남남갈등 문제가 대두될 수 있기 때문에 사전에 홍보와 설득이 이루어져야 할 것으로 보인다. 남북관계의 발전과 진전이 이념대결로 인해 쉽지 않다는 것을 알 수 있지만 이를 지혜롭고 유연하게 극복해 나가야 할 것이다.

3. 평화협정 체결

지금까지 북한은 평화체제가 되면 비핵화로 이어질 것이라고 주장했다. 미국은 북한이 먼저 비핵화를 하면 평화체제뿐만 아니라 경제적 번영까지도 약속한다고 했다. 지난 2007년의 2·13 합의에서는 '행동 대 행동' 원칙에 따라 비핵화와 북미수교, 평화체제를 병행하기로 하여 쌍방의 견해가 많이 접근했다.

결국 한반도 평화협정의 당사자는 남북한과 미·중이 될 것이다. 남·북·미 3자가 종전선언에 서명할 수 있으나 한반도의 평화를 보장하기 위해서는 실제 전쟁을 치렀던 중국이 참가하는 것이 현실적이기 때문이다.[241]

이 협정의 내용은 다음의 것을 다룰 가능성이 높다. 종전선언에 따르는 판문점 군사통제위는 유엔사에서 남북한이 중심이 되는 남북군사통제위원회로 변할 것이다. 이 협정을 감시하기 위해 미국과 중국이 중심이 되는 한반도 평화보장위원회 등이 설

240) 조성렬, 『한반도 평화체제』 (서울: 푸른나무, 2007), pp.368-369

241) The Atlantic Council, *A Framework for Peace and Security in Korea and Northeast Asia*(Washington D.C.,: The Atlantic Council, April 2007), pp.15-29.

치될 것이고 비무장지대는 종전선언문에 따라 평화지대로 명칭이 바뀔 것이다.

북한에 대한 국가승인은 우리 헌법의 영토조항과 배치되기 때문에 긁어 부스럼을 만들 필요 없이 '평화협정의 체결이 기존의 남북 간 특수관계와 남북기본합의서에 배치되지 않는다' 정도로 국가승인 의사를 명시적으로 밝히는 것을 유보하는 것이 좋을 것이다. 또한 이 평화협정의 내용 속에는 한반도 비핵화뿐만 아니라 북일관계 정상화 등도 함께 다루고 남북한 상주대표부 설치문제도 언급해야 한다.

그 외에 남북정상회담의 정례화, 4·27판문점선언에 따르는 후속조치들을 명시해야 할 것이다. 이후 이 협정에 대한 국회비준과 유엔 사무처 등록, 평화보장관리기구의 구성 및 운영 등 후속조치를 이행하여 분쟁요인을 제거하여 실질적인 평화를 만들어가야 한다.[242] 이때 평화관리기구에는 시민사회의 역량을 대변하여 일정 수의 민간인 참여도 고려할 필요가 있고 여성의 대표성도 반영할 필요가 있다.[243]

주한미군은 한미 상호방위조약에 따른 것으로 평화협정의 체결과는 상관이 없다. 그렇지만 유엔군사령부는 존립근거가 사라지게 된다. 따라서 "유엔군사령부가 해체되어도 한반도 평화와 안정에 관한 유엔의 특별한 관심은 지속된다"라는 내용을 담은 결의안을 채택할 필요가 있다는 주장도 있다.[244]

---

242) 조성렬, 『한반도 평화체제』 (서울: 푸른나무, 2007), pp.373-375.

243) 조민, 『한반도 평화체제와 통일전망』 (서울: 해남, 2007), p.232.

이것이 근본적 방안은 아니지만 향후 이 지역의 평화를 위해 유엔이 개입할 수 있는 여지를 남기자는 의도로 보이는데 남한 내 보수주의자들의 걱정을 의식하여 남남갈등을 줄인다는 차원에서 고려할 필요는 있다.

평화협정은 군사분계선 획정문제도 내용으로 당연히 다루게 될 것이다. 북방한계선(NLL, Northern Limit Line) 문제를 해결해야 한다. 그렇지 않을 경우 분쟁의 소지를 계속 지니게 된다. 현실적으로 남한이 관할하는 서해 NLL이 그 동안 해상경계선 역할을 해왔다는 점에서 공동어로를 보장하고 일정한 경제적 보상을 통해 이 문제를 근본적으로 해결할 필요가 있다.

또한 남북한 군과 주한미군은 서로 대량살상무기와 재래식 무기의 통제를 실시하는 내용을 담아야 한다. 무엇보다 휴전선 일대의 병력과 무기를 후방 배치할 필요가 있고, 생화학 무기의 통제를 위해 국제무기통제 레짐에 남북한이 가입할 필요가 있을 것이다.[245]

평화협정에는 전쟁 반대, 남북불가침, 통일추구 등을 원칙으로 삼아 다양한 내용을 담아야 한다. 또한 남북기본합의서와 남북공동선언은 남북한 평화협정의 기본 방향과 내용을 잘 담보하고 있기 때문에 이 두 문건의 정신을 재확인하면서 그 동안의 남북한 현실과 국제사회의 변화를 반영해야 할 것이다.

---

244) 윤덕민, "한반도 평화협정에 관한 연구: 평화협정의 쟁점 사항을 중심으로", 『주요국제문제분석』, 외교안보연구원, 2000년 6월.

245) 조성렬, 『한반도 평화체제』 (서울: 푸른나무, 2007), p.376.

제5절 통일로드맵

　통일을 위해서는 무엇보다도 남북한이 주체가 되어야 한다. 냉전의 와중에 타의에 의해 분단됐지만 이젠 우리 한민족이 통일을 이루어야 한다. 우리가 통일하려고 노력하지 않는데 주변국들이 먼저 통일을 추진할리 없다. 주변국들은 자국의 이익을

〈표 5-1〉 통일로드맵

1. 남북 간 신뢰관계 형성
↓
2. 한반도 평화의 제도화
↓
3. 동북아 지역 경제협력
↓
4. 다자간 협의체제 발전
↓
5. 사실상의 통일 추진

위해 오히려 분단 현상을 유지하려 한다. 그러므로 우리 남북이 서로 화해와 협력을 이루고, 경제협력을 통해 접촉을 확대하는 과정을 통해 통일을 추진해야만 한다.

　통일은 남한의 준비, 남북관계, 주변정세 등 다양한 변수에 의해 영향을 받는다. 통일로 가는 길은 이 변수들의 요구조건을 만족시켜 가는 길이라고도 할 수 있다. 그 변수들은 ① 남북 간 신뢰관계 형성, ② 한반도 평화의 제도화, ③ 동북아지역 경제협력, ④ 다자간 협의체제 발전, ⑤ 사실상의 통일 추진 등이라 할 수 있는데 이를 좀 더 구체적으로 설명하면 다음과 같다.

1. 남북 간 신뢰관계 형성

남북 간 신뢰 구축을 위해 남과 북은 적대와 갈등관계가 아니라 화해와 협력의 신뢰관계로 전환되어야 한다. 부분적인 알력이나 갈등에도 불구하고 곧바로 오해를 풀고 관계 개선에 나서는 정치적 신뢰가 만들어져야 한다.

다시 말하면 정치군사적 상황 혹은 대외적 환경 변화에 영향받는 남북관계가 아니라 제 발로 걸어가는 안정적 지속적 남북관계가 마련되어야 한다. 북한도 실리 사회주의가 전면적으로 확대되고 실용과 개혁의 정책 노선이 자리 잡으면서 적화통일이 아닌 평화공존으로 대남전략을 근본적으로 수정해야 한다.

평화·화해·협력을 통한 남북관계 개선이라는 기본 목표 하에 당장의 통일을 추구하기보다 상호위협을 해소하고 화해·협력을 통한 공존·공영 추구를 지향한다.

이를 위해 첫째, 정치적 화해를 지속적으로 추진하여 당국자 회담을 제도화하도록 한다. 둘째, 이산가족 문제 해결을 위해 서로 시급히 노력해야 한다.

고령 이산가족들이 살아서 만날 수 있도록 최대한의 노력을 서로 경주해야 한다. 사회문화 교류는 다방면에서 이루어질 수 있도록 박차를 가할 필요가 있다. 서로 한민족임을 확인하면서도 한편으로는 이질성에 대한 포용력을 서로 키울 수 있도록 하기 위함이다. 한반도 냉전구조 해체를 지속적으로 추진한다.

2. 한반도 평화의 제도화

한반도의 평화정착은 동북아시아 평화의 가장 중요한 전제조건이다. 우리가 지금 당장 추구해야 될 가장 중요한 사안이며, 분단과 전쟁의 좌절을 딛고 굳세게 일어서서 세계화합의 지평을 열 수 있는 향도적 역할을 하는 과업에 속한다.

김대중-노무현정부 시절 남북 간 규범적 역할을 담당했던 6·15공동선언을 바탕으로 북핵 폐기와 남북 평화실현을 이루기 위하여 노력해 왔다. 우리는 진전된 교류협력을 바탕으로 평화정착과 교류협력을 제도화하는 방법으로, 정전체제를 평화체제로 전환하고 군비통제 및 군축을 실현해야 하는 과제를 안고 있었다.

김대중 대통령이 추진하고 참여 정부가 이어 받은 대북 포용정책은 일관된 철학과 비전, 실천전략에도 불구하고 남한사회 내부로부터의 전폭적인 지지를 얻는 데 어려움을 겪었다. 더욱이 북한에 의한 수차례의 미사일 발사와 핵실험으로 그 근본적인 변화까지도 수정하길 요청받았다. 하지만 통일로 가는 과정에서 나타나는 수많은 시행착오를 생각할 때 한반도의 평화와 민족의 공존은 포기할 수 없는 명제다.246) 이 문제를 어떻게 잘 해결해 나갈 것인가 하는 것이 우리의 핵심과제다.

문재인정부 들어서서 모처럼 조성된 남북화해와 평화정착의 기회를 살려 나가야만 한다. 우리가 이 기회를 놓치지 않기 위해 우리는 국론을 하나로 모을 필요가 있다. 이 중차대한 문제를 풀

---

246) 정지웅·장영권, 『21세기 통일한국과 동북아 평화』 (서울: 국회사무처, 2006), pp.45-46.

기 위해 국회에서 초당적인 합의를 이루고 국력을 결집하여, 남
북관계를 풀고 평화를 정착시켜서 장차 통일로 향한 여건을 만
들어 나가야만 하는 것이다.

정부의 일관성 있는 정책의 설정이 얼마나 중요한가를 우리는
경험으로부터 알 수 있다. 한반도의 평화정착은 동북아시아의
평화, 번영의 조건, 나아가 한반도 통일의 전제조건이 된다는 인
식 아래 북한의 변화와 평화의 정착화가 가능한 국내적, 국제적
환경조성을 위하여 정부와 온 국민은 하나가 되어 노력해야만
한다.

3. 동북아 지역 경제협력

통일을 이룩하기 위해서는 역내의 환경이 가능해야 한다. 이를
위해 동북아 지역의 경제협력을 활성화하는 것은 통일로 가는
아주 좋은 환경을 조성하는 역할을 하게 된다. 이를 위해 한반도
에 평화를 정착시켜 남북한, 나아가 동북아 경제공동체를 건설
하는 것이 필요하다. 물론 이 과정에서 많은 어려움이 있겠지만
이를 극복하고 장기적으로 반드시 추진해 나가야 한다.

그렇게 함으로써 동북아 비즈니스 중심국가를 건설하여, 동아
시아의 십자로이자 전략적 관문이고 요충지인 지정학적 이점을
살려 한반도의 발전 잠재력을 극대화하고, 남북의 공존공영을
거쳐 동북아의 평화와 번영의 중심축이 되어 평화통일을 달성할
수 있는 여건을 마련해 나가야 한다.247)

냉전 종식 이후 동북아의 경제관계를 잠시 살펴보자. 1980년 대 말 세계적 냉전이 종식되었을 때 노태우정부는 구소련 및 중국과 외교관계를 수립하여 비로소 동북아 경제협력의 여건이 조성되기 시작하였다. 그러나 지역 내 국가들 간 정치·경제체제의 차이와 과거사 문제 등 동북아지역의 특수성으로 인해, 초기 동북아 경제협력에 관한 논의는 지지부진하였다. 그래서 국가 간 협력보다는 특정 지역에서의 국지적 협력과 낙후지역에서의 자원개발, 그리고 인프라 구축 및 인근 지방 혹은 도시 간의 협력 등을 중심으로 경제협력이 이루어졌으나 대부분의 사업이 큰 성과를 달성하지는 못하였다.[248]

반면 지난 20년간 시장주도의 동북아지역의 기능적 경제통합은 한·중·일 3국을 중심으로 비교적 빠르게 진전되었다. 한·중·일 3국의 역내교역 비중은 1990년 12.3%에서 2010년에는 22.5%로 증가하였으며, 여기에 홍콩, 마카오 및 타이완을 포함시킬 경우 동북아(한·중·일+HMT) 역내교역의 비중은 2010년에 37.3%에 달했다. 또한 동북아 경제협력을 증진시키기 위한 제도적 노력도 한·중·일 3국을 중심으로 진행되어 왔다.

1999년 11월 마닐라에서 열린 아세안+3(한·중·일) 정상회의 시 한·중·일 3국 정상간 역사적 회동이 이루어진 이래 이 정상회 담이 정례화되었으며, 2008년 12월 후쿠오카에서 개최된 한·중·

---

247) 정지웅·장영권, 『21세기 통일한국과 동북아 평화』 (서울: 국회사무처, 2006), p.45.

248) 이창재, 방호경, "동북아 경제협력에서 동아시아 경제통합까지: 동아시아 시대를 향하여, From Northeast Asian Economic Cooperation to East Asian Economic Integration: Toward an Era of East Asia," https://econpapers.repec.org/paper/riskieppa/2011_5f002.htm,

일 3국 정상간 회의 이후에는 아세안+3 정상회의 틀에서 벗어난 3국간 정상회의의 정례화도 이루어졌다.[249] 이어 한중 FTA가 체결되었으며 한중간 경제적 교류는 그야말로 엄청나다. 이러한 경제적 교류는 이 지역의 통합에 긍정적으로 기여할 것이고 이는 당연히 통일환경 조성에 긍정적으로 기여하게 될 것이다

아세안+3의 제도적 경제통합

제도적 경제통합은 동아시아 차원에서 먼저 시작되었다. 1997-98년 아시아 금융위기 이후 동아시아 차원에서 경제협력 강화를 위한 제도적 통합의 움직임이 지속되어 왔다. 1997년 12월 제1차 아세안+3 정상회의가 개최된 이래 이 정상회의가 정례화 되었으며, 그 후 아세안 10개국과 한·중·일 3국간 주요 장관회의 및 고위당국자 회의도 정례화 됨에 따라 동아시아 13개국 간 경제협력을 협의할 장이 조성되었다. 또한 2005년에는 아세안+6개국(한·중·일, 인도, 호주, 뉴질랜드)이 참여하는 동아시아 정상회의가 출범하였다. 아울러 동아시아 차원에서의 기능적 경제통합도 순조로이 진행되었다.

지난 20년간 아세안+3국의 역내교역 비중은 28.6%에서 39.7%로 상승하였으며, 2010년 아세안+3+HMT, 아세안+6국 및 아세안+6+HMT의 역내교역 비중은 각각 51.9%, 45.1% 및 56.2%를 기록해 NAFTA(40.5%)에 비해 높았고 EU(56.3%)에 비견될 수준에 이르렀다. 동아시아 경제협력의 제도화와 관련하여 보다 괄목할 만한 진전은 역내 국가 간 FTA 체결 및 확산으로 나타났다. 이미 1992년에 AFTA 협정이 아세안 여섯 국가 간에 체결되었지만, 동아시아 국가간 본격적인 FTA는 싱가포르가 2000년 11월 뉴질랜드와의 FTA에 이어 2002년 1월 일본과 FTA를 체결하면서 시작되었다. 그 후 동아시아 국가 간 다수의 양자간 FTA가 체결되었으며, 특히 아세안과 중국, 한국 및 일본과 FTA가 각각 이루어졌다.

　한편 통일에 기여할 동북아 지역의 경제협력을 활성화시킬 수 있는 구체적 방안으로 이 지역의 철도 교류를 적극적으로 추진하는 것이 필요하다. 남·북·러 합작 철도는 부산에서 출발해 시

---

249) 이창재, 『동북아 경제협력에서 동아시아 경제통합까지: 동아시아 시대를 향하여』 (서울: 대외경제정책연구원 연구보고서, 2012), pp.5-7.

베리아횡단철도 구간으로 이어지는데, 이는 한반도 종단 철도를 넘어 대륙으로 진출할 수 있는 통로로 통일시대를 여는 교두보가 될 것으로 기대된다.

통일을 위해 교통을 통한 인적 물적 교류가 있어야 하기 때문에 남북통일 역시 철도에서 시작될 것이다. 또한 남북 철도를 통해 중국과 직결되는 철도 운영방안도 모색해야 한다. '철도를 이용'*하면 운송 시간과 비용을 획기적으로 낮출 수 있기 때문이다. 이 철도는 대륙 간 교류의 물꼬가 트이게 되고 통일 경제의 새로운 활력소가 될 것이다.

> **고속철도이용 시 이점**
>
> 시속 400km의 고속철도의 경우 서울에서 북경까지 약 1600km에 이르는 구간을 5시간 내로 주파해 1일 경제권을 형성할 수 있다.

한편 중국과 연결되는 철도가 놓이기 전에라도 서해안과 중국 동부의 항구를 열차페리로 연결해 한반도와 중국을 잇는 황해-실크로드 익스프레스를 통해 대한민국의 새로운 비단길을 열어가자는 주장도 있다. 분단으로 대륙과 단절됐음에도 남한이 중국과의 협력을 확대 발전시킬 수 있었던 것은 서해를 통해서였다. 마찬가지로 이제 해양과 대륙을 연결하는 지정학적 관점에서 동해를 시야에 넣는 환동해 네트워크를 통한 협력의 전략이 필요하다.

중·러의 대륙세력과 미·일의 해양세력은 동해를 사이에 두고 분리돼 있었다. 그러나 이제 동해는 소통하고 협력하는 열린 공간의 가능성을 보여주고 있다. 물론 그 힘은 중국의 동북진흥계획에서 나오는 것이다. 1억 명의 인구를 거느린 동북3성의 동해

출구 전략이라 할 수 있는 동진전략이 러시아의 극동 연해주 개발 전략인 남진전략과 나진 선봉에서 충돌하고 융합하면서 그 힘을 한편으로는 동해로, 다른 한편으로는 청진, 훈춘, 블라디보스톡의 내륙으로 확산시키고 있다.250)

또한 동해는 또한 기후변화로 열리는 북극해 항로의 관문이 될 수 있는 지리적 위치에 있다.251) 이는 동해도 닫힌 바다에서 열린 바다로 바뀔 수 있다는 것을 의미하며, 동해에 역동성을 부여하는 것이 필요하다. 이로써 통일로 가는 동북아 경제 공동체 건설은 보다 탄력을 받을 수 있을 것이다.

4. 다자간 협의체제 발전

한반도 안정이 동북아 평화와 안정의 관건이기 때문에 한반도 주변 강대국의 이해를 조정하고, 한반도의 평화를 위한 미·일·중·러·남북한의 다자간 안보협력체제 형성을 위한 한국 주도의 다자외교가 요청된다.

그것은 동북아의 갈등구조를 문명화하는 전략이고, 통일비용을 절감하는 조건이기도 하다. 그 속에서 남북한은 한반도 문제 해결의 당사자가 되어 한반도 안정의 협력과 지지를 얻어내야 한다. 일본의 군사대국화 길도 다자간 안보협력체제의 틀 속에서 해결해야 한다.

---

250) "'극동의 바다' 동해가 세계경제의 새 허브로," http://www.hani.co.kr/arti/poli_tics/diplomacy/637109.html,

251) 강태호, "유라시아 이니셔티브와 환동해 네트워크," http://2korea.hani.co.kr/321689

동북아에서 향후의 평화정책은 군사 안보적 차원을 넘어 경제, 사회, 문화적 차원의 교류협력을 뒷받침할 수 있는 다자 안보 및 협력체제를 구축해 가야 한다. 그래야 한국은 세계질서의 한 축으로서 동북아 중심국가의 역할을 확보할 수 있게 될 것이다.

결국 한반도에서 평화 진전은 동북아는 물론 세계의 평화와 번영 안정에 크게 기여하게 되므로, 다자간 협의체제를 통한 한반도 평화의 제도화는 그야말로 지구공동체가 성공의 역사로 발전하게 되는 데 기여하게 되는 것이다.

이 모든 계획이 차질 없이 추진된다면 통일한국은 대륙과 해양을 잇는 반도라는 지정학적 특성을 살려 아시아 주요지역을 연결하는 중심축으로 부상하게 될 것이며 동북아 다자 안보공동체(남·북·미·일·중·러)를 주도하는 동아시아 평화질서의 수립자이자 중재자가 될 것이다. 또한 동북아 환경공동체 수립을 주도하는 환경친화적 국가로의 부상까지도 기대할 수 있다. 즉 한국은 작지만 아름답고, 매력 있는 국가, 국제평화를 주도하는 나라를 지향할 수 있게 될 것이다.252)

5. 사실상의 통일 추진

통일한국은 무엇보나 민수수의가 되어야 한다. 설차적 민주주의뿐만 아니라 실질적인 민주주의도 작동하는 사회가 되어야 한다. 또한 개인의 자유도 존중받고, 시장경제와 평화가 만개한 통

---

252) "21세기 통일한국과 동북아 평화," http://ourkipf.org/ver2/data/view.htm?num=18&page_no=1&f_num=&multi=dt2&PHPSESSID=1e5e7d77a9ea126dcf4a08f4fccd4569

일사회가 되어야 한다. 이를 위해 북한도 이를 수용할 수 있는 환경이 조성되어야 하는데, 이는 결국 장기간의 남북 간 교류협력을 통해서만 가능하다.

동시에 다양한 정책의 뒷받침이 필요하다. 이를 위해 통일부가 오랫동안 견지해 온 사실상의 통일(de facto unification)정책을 현실화시킬 필요가 있다. 사실상의 통일정책이 되면 우리가 원하는 방향으로 북한의 변화를 유도할 수 있기 때문이다. 급격한 정치적 통일이 많은 부작용을 초래할 수 있기 때문에 이에 앞서 남과 북이 평화적으로 공존하며, 서로 자유롭게 오고 가고 돕고 나누는, 그래서 정치적으로는 아니지만 경제·사회·문화적으로는 통일된 것과 비슷한 상황을 만드는 것이 중요하다. 즉 사실상 통일된 것과 같은 상태부터 만들고 점차 정치적으로 완전통일을 지향하는 것이 부작용이 적고, 충격도 덜한 통일이 될 것이다.

이를 위해 앞에서도 강조하였지만 먼저 남북관계부터 개선하고 정상화해 나가야 한다. 군사정전체제를 평화체제로 전환해야 하고 다양한 평화프로세스를 동시다발적으로 추진해야 한다. 정치적 통일이 현실적으로 어려운 상황에서 분단국가가 우선 택할 수 있는 방법은 경제·사회적으로 통일된 것과 비슷한 사실상의 통일 상황부터 만들어가는 것이다. 사실상의 통일 정책을 실현시키기 위해서는 다음과 같은 과제 실천이 중요하다.

첫째, 남북한 교류협력 정책을 보다 강화하고 이를 현실화하는 것이 필요하다. 이런 정책은 우리에게 결코 손해가 아니다. 오히려 장기적으로 상당한 이익을 가져다 줄 수 있다. 현재 당면한 경제의 어려움을 탈피하는 데에도 큰 힘을 발휘할 수 있다.

이런 점에서 정치·군사문제 때문에 모든 것이 막혀 아무 것도 할 수 없었던 상황을 벗어나는 것이 무엇보다 급하다. 이번 남북정상회담 이어 북미정상회담이 사실상의 통일상태를 만들어 갈 수 있는 중요한 교두보가 될 수 있도록 해야 한다. 이는 남북한 정부의 의지에 달려있다.

둘째로 우리 정부의 대북정책이 북한의 붕괴에 따른 흡수통일* 정책을 추진하지 않는 지혜가 필요하다. 우리가 그러한 의도로 북한에 접근한다면 북한은 당연히 반발할 것이고 자발적인 동참은 더욱 회피할 것이다.

> ### 흡수통일 시도
>
> 물론 북한이 자체적으로 붕괴되는 시나리오를 예상하고 철저한 준비를 할 필요는 있다. 그러나 북한붕괴를 목표로 하는 대북정책을 추진한다면 이는 실패할 가능성이 높다.

셋째로 민간차원의 대북 교류협력이나 지방자치단체 차원의 대북 사업을 중앙정부가 적극 지지할 필요가 있다. 즉 중앙정부가 일일이 간섭하지 않고, 민간단체와 지방자치단체가 재정적 능력 범위 내에서 추진 가능한 대북 프로젝트를 발굴하여 적극적으로 실천해 나갈 수 있도록 지원해야 할 것이다.[253]

마지막으로 지금 전 세계가 노력하고 있듯이 북한 핵문제 해결을 위해 한국 정부가 운전대를 잡고 적극적으로 추동하여 한반도 비핵화를 통한 평화가 한반도에 넘칠 수 있도록 적극 노력해야 할 것이다.

---

253) 김영윤, "사실상의 통일정책에 바탕한 실천적 과제가 바탕," http://2korea.hani.co.kr/348571

평화통일은 현안문제에 만
집착하지 않고 한반도문제를
장기적인 안목으로 보고 포괄
적으로 그리며 근본적으로 접
근해야 열어나갈 수 있다. 과
거 서독이 동독을 고립시키는
정책을 버리고 민간주도 접촉

구동존이(求同存異)

차이점을 인정하면서 공동의 것을 추구
한다. 구동(求同)은 상대방과 같은 점
을 찾으려고 노력하는 것을 뜻하며, 존
이(存異)는 지금 당장 생각과 입장이
다른 것이 있어도 잠시 내버려두자는
말이다. 서경(書經)의 구대동존소이(求
大同存小異)라는 말에서 나왔다.

을 통해 변화정책을 추구함으로써 동독 시민들의 민심을 얻었으
며, 장기간 정치·군사적 적대관계를 유지해온 중국과 타이완 정
부도 공동의 경제적 이익을 추구하는 '구동존이'* 정신으로 양안
관계를 발전시키고 있다는 점에 주목할 필요가 있다.

결론적으로 평화통일의 출발점이 남북관계 개선이라는 사실을
잊어서는 안 된다. 다시 강조하건대 적대관계의 뿌리인 정전체
제를 평화체제로 전환해 북핵문제의 해결과 북미정상화를 통해
한반도 평화와 번영, 나아가 동북아 평화와 번영, 한반도 통일까
지 나가야 한다. 우리는 한반도에 최근 일어나고 있는 역사적인
기회를 살려나가야 한다. 이를 위해 우리는 미국과 북한을 설득
할 수 있는 지혜로운 외교와 우리의 뜻을 관철시킬 수 있는 주도
적 역할을 감당해야만 할 것이다.

결론: 자립안보 · 평화체제 추진전략

자립안보와 평화체제 추진전략은 국민, 정부, 군의 삼위일체 안보체제와 한국군 주도-미군 지원의 신동맹체제를 총체적으로 통합하여 북한의 도발과 전쟁을 억제하면서 평화통일을 힘으로 뒷받침하여 통일의 성업을 달성할 수 있도록 해야 한다.

한반도 통일을 위해서는 민족사와 베트남의 전쟁과 통일의 교훈을 되새기면서, 스스로 지킬 자립안보태세를 구축해야 한다. 국민의 신뢰 속에 국민통합과 국제협력 하에 통일을 위한 군의 소명과 역할을 다할 수 있도록 정부, 국민과 함께하는 국방태세가 요구된다.

한반도 평화체제 구축은 북핵·미사일 폐기, 평화협정, 남북 화해 협력, 국민통합 및 전작권 전환, 동북아안보협력 레짐이 상호 연동되게 추진되었을 때 가능하다.

I. 자립안보 추진전략

1. 스스로 지킬 자립안보의 힘

우리의 역사 속에서 국가의 위기가 있을 때 마다 외세에 의존하여 해결을 하려 했으나 진정한 의미에서 위기를 극복할 수도, 통일을 이룰 수도 없었다. 삼국통일을 주도했던 신라는 당(唐)과 연합해 백제와 고구려를 물리친 후 당을 한반도에서 축출하였으나 고구려가 웅혼을 떨쳤던 광활한 고토의 대부분을 상실하고 청천강 남쪽의 축소된 통일에 그쳤다.

조선 말 집권층의 권력다툼으로 국내정치가 도탄에 빠지면서 민생이 한계에 처하자 고통을 당하던 농민들이 동학란을 일으켰다. 관군이 난을 진압하지 못하자 고종은 청나라에 원군을 요청하였고, 이를 빌미로 일본도 한반도에 진군하게 되면서 결국 청일전쟁이 발발하게 되었다.

일본은 청일전쟁과 러일전쟁에서 잇달아 승리한 후 미국 및 영국과 동맹을 맺어 한반도의 패권을 장악했다. 일본은 미국과 카츠라 태프트 밀약을 체결해 미국의 필리핀 통치에 간섭하지 않은 대신 미국으로부터는 한반도에서 일본의 배타적 권리를 인정받았다. 위기 시 조선을 지원한다는 1882년 5월 22일 조미수호통상조약은 휴지 조각이 되었고, 미국은 일본의 을사늑약 이후 조선에서 가장 먼저 영사관을 철수시켰다.

민족의 의지와 무관하게 한반도는 얄타회담에서 미소 강대국의 담합에 의해 다시 분단되는 비운을 겪게 된다. 스탈린의 동방으로부터 우회에 의한 세계적화전략과 마오쩌둥의 중국 대륙 공산화 통일에 고무된 김일성은 한반도를 적화통일하겠다는 야심하에 소련과 중국의 지원을 받아 무력 남침을 감행하였다.

북한의 남침 이후 불과 3일 만에 수도 서울이 함락되고 파죽지세로 남하하는 북한군을 막을 수 없게 된 이승만정부는 미국의 도움을 요청하게 되었고, 한국군의 작전권을 유엔군에게 넘겨주게 되었다. 이승만정부는 낙동강까지 후퇴했으나 인천상륙작전으로 기사회생하여 북진하여 서울을 탈환하고 38선을 넘어 북진하게 되었다. 위기에 몰린 김일성은 마오쩌둥에게 원군을 요청하니 중국이 개입하여 결국 한반도는 세계전쟁으로 비화되었다.

6·25전쟁에서 온 국민과 함께 국군과 유엔군이 의기투합되어 조국 산하와 민주주의를 수호함으로써 공산주의 확산을 차단하는 데 성공할 수 있었으나 통일이 아닌 6·25전쟁 이전 상태로 되돌아가면서 한반도의 분단상태는 오늘날까지 지속되고 있다.

역사적 교훈은 분명하다. 우리 스스로 힘이 없으면 민족의 운명이 타율적으로 결정되며 스스로 지킬 의지도 권한도 없게 되면 통일은커녕 강대국의 담합에 의해 한반도의 분단은 고착화될 수밖에 없다는 것이다.

우리의 사례와 유사한 베트남 통일이 주는 교훈은 냉혹하다. 베트남공화국을 위해 최첨단무기로 무장한 55만 명의 미군과 325,517명의 정예 한국군이 파병되어 미군은 5만8천220 명[254]

한국군 5,099명[255]) 등의 전사자가 발생했음에도 스스로 지킬 의지도 전략도 없었던 남베트남은 파리평화협정에 의해 외국군이 철수하자 북베트남의 무력점령에 속수무책이었다. 결국 공산베트남에 의해 통일되면서 남베트남은 건국 20년 만에 지도상에서 사라지고 말았다. 외세에 의존하는 안보가 얼마나 허무하게 무너져 내리는가에 대한 엄중한 교훈이다.

2. 통일을 위한 국민통합

통일은 국민통합, 남북관계, 국제협력이 어우러질 때 가능하다. 그 중에서 국민통합이 남북관계 진전이나 국제협력을 떠받쳐주는 대들보 역할을 담당한다.

한반도의 통일은 국민의 신뢰와 국민 통합이 절대적으로 필요하다. 국민의 공감대를 확보하고 내부의 결집된 힘이 뒷받침 될 때 대외적으로 확산시킬 수 있다. 통일한국을 위한 로드맵과 계획을 구체화하고 세미나, 학술대회, 포럼 등으로 통일공감대 확산 노력을 기울여야 한다.

국민통합에 부정적 영향을 미치는 요소로 경제적 불안정과 양극화, 남남갈등, 역사인식의 분열 등을 들 수 있다. 먼저 경제적 불안정과 경제적 양극화는 사회계층간 갈등을 심화시켜 국민통합과 국가안보를 저해한다.

---

254) "미국의 전사자 수 통계," <metahttp-equiv="refresh"content="0;URL=/notes

255) 최용호, 『한 권으로 읽는 베트남전쟁과 한국군』 (서울: 군사편찬연구소, 2004), p.429.

북한의 증대된 핵미사일의 직접적인 위협 하에서 핵문제 해결 없이 남북교류협력은 있을 수 없다는 보수층과 그럼에도 교류협력을 활성화하는 선순환을 통해 북한의 변화를 유도해야 한다는 진보층 간의 논쟁도 확대되고 있다. 천안함 사태로 남북 경협을 중단한 5·24조치에 대한 해제 여부를 둘러싸고 보수와 진보간의 남남갈등은 국가안보 차원에서 장애물이 아닐 수 없다.

대한민국이 자랑스러운 나라인 이유에 대해 확신을 갖게 될 때 국가가 위기가 닥치면 나라를 위해 목숨을 바쳐 싸울 수 있고 한국이 주도하는 통일을 달성할 수 있다. 올바른 역사관 정립의 필요성이 제기되는 이유다. 대한민국의 정체성을 훼손하고, 한국의 성취를 폄하하거나 부정하는 역사인식보다는 대한민국을 긍정적 시각으로 보는 역사인식이 필요하다.

우리 모두는 "사회주의 강성국가를 건설하고 전국적 범위에서 민족해방민주주의 혁명과업을 수행"하고 궁극적으로 "온 사회 김일성·김정일주의화하여 인민대중의 자주성을 실현"한다는 북한의 통일전략을 직시할 필요가 있다. 자유민주주의와 시장경제에 의해 북한 대비 압도적 우위의 국력과 문명생활을 영위하는 대한민국이 주도하는 통일을 달성해야 한다.

국민, 군, 정부가 3위 일체가 되었을 때 통합된 힘을 발휘하여 평화통일을 주도할 있고, 한반도 유사시 승리하여 자유민주통일 한국을 성취할 수 있을 것이다.

3. 통일을 향한 국제협력

한반도 통일은 남북한 민족 내부의 문제이자 분단을 유발한 국가들의 협력이 요구된다는 차원에서 국제문제이다. 한반도 통일의 국제적 여건을 조성하기 위해서는 통일한국의 비전을 제시하여 공감과 지지를 확보하는 것이 우선시되어야 한다.

통일을 이루기 위해서는 정치, 안보, 경제, 사회·문화, 인류평화 측면에서 통일한국의 비전을 제시하고, 주변국을 포함한 국제사회의 지지와 공감대 형성이 긴요하다.

이를 위해 다음과 같은 통일한국의 목표와 비전을 제시한다.

첫째, 주권과 영토를 수호하고 평화를 지향한다.

둘째, 자유민주주의, 시장경제, 인간의 존엄성, 법치주의 등 인류의 보편적 가치를 지향한다.

셋째, 통일 한국은 핵을 보유하지 않을 것이며, 다자안보협력을 안보정책 기조로 한다.

넷째, 통일 한국은 시장경제의 국제규범을 준수하며, 지역경제공동체를 지향하고, 물류와 통상, 금융의 허브로서의 기능을 수행한다.

다섯째, 통일 한국은 지식정보네트워그, 얼린 문화공동세를 시향한다.

마지막으로 통일 한국은 개발지원, 평화증진, 인권개선 등에 적극 참여함으로써 국제사회의 책임있는 일원으로서 역할을 다

한다.

한편, 통일한국에 대한 주변국의 우려를 불식시키는 것과 함께 통일에 유리한 안보환경 조성을 동시에 추진해야 한다.

미국은 통일한국이 중국으로 경사되는 것을 가장 우려할 것이다. 이를 해소하기 위해 통일한국이 책임있는 비핵국가로 중국에 대한 견제에 긍정적 영향을 미칠 수 있다고 설득할 필요가 있다. 한미 양국이 공유할 수 있는 보편적 가치가 북한지역까지 확대되는 데서 오는 편익에 대한 이해를 증진시킬 필요가 있다.

중국은 통일한국이 미국은 물론 일본과 연대하여 중국을 포위하는 상황을 우려할 것이다. 통일한국은 중국을 포위하기 위한 해양세력의 전위대로서 역할을 담당하지 않을 것임을 분명하게 인식시킬 필요가 있다. 주한미군이 평택 Camp Humphreys로 재배치됨에 따라 더 이상 이북지역으로 진출을 허용하지 않을 것임을 밝힐 필요가 있다.

주한미군이 철수 시에 일본은 더욱 군사대국화의 길로 갈 것이고 이는 일중 간 무력 충돌 가능성을 배제할 수 없을 것이다. 또한 한반도에 힘의 공백이 발생할 때, 한반도에 대한 영향력을 행사하기 위한 주변국간의 지역분쟁이 예상되며, 이를 예방하고 지역안정의 균형자로서의 역할을 고려할 때 주한미군의 지속 주둔이 필요하다는 것을 설득할 수 있을 것이다.

일본은 통일한국이 핵을 보유하고 더욱 배타적인 민족주의로 일본의 안보를 위협할 것을 우려할 것인 바, 통일한국은 비핵평화국가의 정책방침이 통일이후에도 지속될 것이고, 한미동맹을 존속시킨 상황에서 일본과의 안보협력을 중시할 것임을 인식시 킬 필요가 있다.

마지막으로, 러시아가 배제된 상태에서 통일과정이 진행되거 나, 최악의 경우 통일한국이 핵무장을 하고 반(反) 러시아동맹에 참여하는 것에 대한 우려에 대해서는 이는 한미동맹이 북한의 침략에서 기인했다는 역사적 경과에 대한 양해와 비핵평화정책 은 통일한국에도 지속됨을 강조할 필요가 있다. 한반도 통일은 시베리아횡단철도(TSR, Trans Siberia Railway)-한반도종단철 도(TKR, Trans Korea Railway) 연결 및 가스관 건설과 같은 대규모 사업의 추진이 가능하여 새로운 시장으로서 러시아의 국 익에도 크게 기여하게 될 것이다.

한반도 평화체제를 구축하기 위해서는 미국과 중국의 협조가 대단히 중요하며, 가치 동맹인 한미동맹을 기본으로 하면서 한 중관계를 전략적 협력 동반자 관계에 걸맞게 발전시켜 나간다. 중국은 북한의 위협이 소멸되지 않는 한 한미동맹을 약화시키는 책동을 삼가야 하며, 미국 역시 중국을 포위하기 위해 해양세력 과 연대하여 한국을 최전선에 나서지 않도록 해야 할 것이다. 한 미일군사공조체제, 한미중 전략대화 등을 통해 중층적 협력관계 를 강화시켜 나간다.

동북아 지역 내 갈등과 대립의 질서를 상호존중과 공동안보를 통한 통일의 유리한 여건조성을 위해 동북아 평화협력의 제도화 를 추진해야 할 것이다. 이를 위해서는 동북아의 초국가적 위협인 자연재해, 환경오염, 테러, 원자력 안전 등에 공동 대처할 수 있도록 신속 대응체제 구축이 요구된다. 한중일 3국협력사무국을 모체로 동북아다자안보협력기구를 제도화하고, 동두천 미2사단의 주력부대가 주둔해온 Camp Casey의 훈련장, 지휘통제시설, 후생복지시설 등을 활용하여 동북아 재난구조, 대테러, 평화유지훈련센터로 운용하는 방안을 전향적으로 검토할 수 있을 것이다.

4. 통일을 향한 군의 역할

한반도 평화체제와 평화통일을 뒷받침하는 군의 역할은 첫째, 북한 군사위협과 전쟁도발의 억제를 통해 평화를 유지하는 것이다. 북한의 핵위협, 국지도발, 전면전을 억제하고, 평화체제와 통일 추진과정에서의 무력충돌을 예방하며, 주변국 군사개입 차단 등을 통해 정부의 대북 및 통일정책을 힘으로 뒷받침해야 한다.

둘째, 한반도 평화체제와 평화통일 추진과정에서 대북 개입을 통해 군사적 긴장을 완화하고, 군사위협 및 전쟁위험성 제거 등 평화조성(Peace-making)의 역할을 적극 수행해야 한다. 우선, 남북교류협력의 군사적 지원 등 남북경협과 연계한 초보적 신뢰구축을 추진하고, 향후 북핵문제-평화체제 전환 -군사적 신뢰구축을 단계적, 복합적으로 연계 하여 추진하는 포괄적 접근으로 실질적인 군사적 안정화와 평화상태를 창출한다.

셋째, 통일한국군의 위상을 고려해 남북 군비통제 및 군사통합을 준비하고 추진할 필요가 있다. 국방목표와 전략, 군사력 구조와 규모 및 배치, 핵, 화생무기 불 보유, 한미동맹 유지 등 통일한국의 군사위상을 검토하고, 남북군비통제를 추진하며, 남북한 군사통합 실현방략이 요구된다.

한편, 남북한 간에는 90년대부터 현재까지 60여회의 남북군사회담을 개최하였지만 회담이 정례화·제도화되지 못하고 있다. 군사적 신뢰구축 관련 남북한은 남북기본합의서 불가침분야에서 군사 당국자 간 직통전화를 설치하고 군 인사를 교류하며, 군사정보를 교환하는 등 5대 군사적 신뢰구축을 조치하기로 합의한 바 있다. 남북철도·도로 연결의 군사적 보장, 서해충돌방지를 위한 합의 등이 있었으나 일부를 제외하고 제대로 이행되지 않는 실태다.

남북한은 정전협정체제를 존중, 유지하면서 남북 간 기 합의사항을 존중하고 이행하는 것이 중요하다. 남북 간 신뢰란 이미 합의하고 약속한 것을 한 가지씩 지켜 나갈 때 쌓여지게 진다. 기 합의한 기본합의서와 제반 합의를 존중하고 이행하는 것으로부터 신뢰구축이 출발되어야 한다.

남북군사회담의 정례화, 제도화로서 군사분야 신뢰구축을 위해서는 의사소통 채널을 확보하는 것이 우선시되어야 한다. 이를 위해 무엇보다 의사소통을 위한 대화와 핫라인을 구축하고, 남북국방장관회담을 정점으로 군사공동위원회와 분야별 분과위원회 회담을 제도화하고 이를 정례화할 필요가 있다.

나아가 향후 평화체제 전환과 통일추진상황에 대비하여 관련 정책을 수립함은 물론, 국방부 본부에 남북 간 군사적 신뢰구축 및 군사회담 등을 전담하는 국 단위 전담부서를 설치해야 한다. 군사협상이 진행되는 과정에서 협상의 주도권을 확보하기 위해 최고의 협상 전문가를 양성할 필요가 있다. 대북군사협상 전문 인력은 단기간에 양성되는 것이 아니므로 지금부터 장기적 안목으로 체계적으로 양성하고 관리할 필요가 있다.

5. 국민과 함께 하는 국방

튼튼한 안보는 국민과 정부와 군이 함께 해야 가능하다. 강군 육성을 통한 튼튼한 안보체제 구축을 통해 국민으로부터 신뢰받는 군으로 거듭나야 한다. 또한 국민도 정부도 함께 더불어 가는 국가안보이어야 한다. 이를 위한 방향을 제시하면 아래와 같다.

1. 강력한 국방태세로 북한의 도발을 억제하고 도발 시 단호하게 응징한다. 강력한 국방태세는 북한의 도발에 빈틈없이 대비하고 즉각 응징할 수 있는 태세를 확고히 하는 데서 이루어진다. 북한 도발 시 자위권을 과감하고 단호하게 행사한다. 동시에 연합정보감시태세를 격상시키고 한반도 이외의 미군의 전략무기 등을 즉각 전개하여 전면전으로 비화되는 것을 차단한다.

2. 의존에서 자립으로 전환하는 국민과 함께하는 국방을 지향한다. 자립안보태세로 조국을 스스로 지키는 자립적 안보태세를 확립한다. 또한 전시작전통제권 전환에 대비해 취약 전력 우

선보강과 작전수행능력을 제고한다. 특히 국민의 신뢰를 얻기 위해 방산비리 및 군대 내 폭력 근절, 간부 윤리의식 구현으로 신뢰받는 군이 된다.

3. 한반도 평화체제와 평화통일을 힘으로 뒷받침한다. 평화유지를 위해 북한의 핵위협, 국지도발, 전면전을 억제하며, 평화체제 추진과정에서 무력충돌을 예방하고, 주변국 군사개입 차단을 통해 대북정책과 통일정책을 힘으로 뒷받침한다. 평화통일 추진과정에서 군사적 신뢰구축 등 군사적 긴장완화, 군 위협과 전쟁위험성 제거를 통해 평화를 조성한다. 또한 통일한국군의 위상을 고려한 남북 군비통제와 군사통합을 추진한다.

4. 미래지향적 한미동맹체제를 발전시켜나간다. 한국 주도 미국 지원의 신연합방위체제를 제도화한다. 평화통일을 위한 한미 간 전략협의체를 운용하며, 한미가 공동의 리더십을 발휘하여 지역 내 테러, 재해, 원자력 안전, 해적, 해킹에 공동 대처한다.

5. 국방외교를 강화하고 해외파병을 증가시킨다. 안정적 전략환경 조성을 위해 주변국과 군사교류협력을 강화한다. 평화유지군과 UAE군사훈련협력형 파병을 증가시킨다. 국방·외교부 간 협업체제를 구축한다.

6. 시민안전분야에 대한 군의 역할을 정립한다. 자연 재해 및 인재, 테러 등 각종 위기상황에 군 인력과 장비를 투입 활용할 수 있는 체제를 구축한다. 통합방위법과 재난관리법의 통합적 운용을 추진한다. 민방위협의회의 민방위기본법, 방위협의회의

향토방위군설치법, 통합방위협의회의 통합방위법 등으로 난립, 중복되어 있는 관련법을 보완하여 유사 협의회와 대책기구를 정비한다.

7. 방위산업을 육성하여 자주국방력을 강화하고, 방위산업체를 적극 지원하여 일자리 창출에 기여한다. 첨단 정보과학기술을 국방과학기술로 전환, 무기체계의 자주화를 추진한다. 북한의 비대칭전력에 맞설 수 있는 역비대칭전력을 개발한다.

8. 국방개혁 추진을 위한 국방예산의 안정적 지원을 한다. 북한 핵·미사일의 고도화, 비대칭전력 위협 증대로 군사력 건설이 절실한 바, 정부 재정 증가율 수준을 상회하는 국방예산을 보장한다. 대규모 전력건설사업 추진을 위한 민간투자를 유치한다.

9. 선발, 전문교육 강화, 역할확대, 처우개선 등 군 인재를 육성하여 군의 기반전력을 강화한다.

10. 빈틈없는 작전태세를 유지한 가운데 자율성 고취를 통한 병영문화를 혁신한다. 강인한 체력단련과 독서생활화, 복학·수능·취직 등 사회복귀 프로그램 추진, 군·산·학 인재교육을 위해 군부대 인근 대학 및 기업과 연대하여 인재육성컨소시엄을 구축, 시험적용 후 단계적으로 확대 시행한다.

대한민국은 국권 상실, 해방, 분단, 전쟁, 가난으로부터 떨쳐 일어나 수출 세계 6위의 산업화와 역동적 자유민주주의를 성취해 낸 자랑스러운 조국이다. 신장된 국력, 격상된 위상과 자존감을 바탕으로 정부와 국민과 군은 삼위일체 자립안보태세로 대한민국을 스스로 지키고, 평화창출을 통한 평화통일을 이룩하는 데 기여하며, 유사시 승리하여 자유민주 통일한국을 우리세대에 성취하여 인류문명사에 우뚝 서는 영광과 축복을 누리게 될 것을 확신한다.

II. 평화체제 추진전략

1. 북핵 폐기

북한 핵미사일 폐기를 위해서는 비핵화 관련 국가들의 국가이익을 고려한 전략이 요구된다. 북한은 국제사회에 비핵화 의지를 표명하고 있고, 트럼프 정부의 비핵화 의지는 분명하다. 따라서 트럼프 재임기간을 고려해 2020년 이내 핵미사일 폐기를 종결할 수 있도록 시한을 정해 추진할 필요가 있다.

1단계는 북한 비핵화 및 보상에 대한 일괄 합의가 요구되며, 핵미사일의 완전한 폐기를 신속히 종결하고 북한의 비핵화시 경제지원과 북미수교를 통해 체제안전을 보장한다는 데 합의 한다.

북한은 2018년 4월 20일 노동당 전원회의에서 풍계리 핵실험장을 폐기(5.23-25일)하고 핵실험·대륙간탄도미사일(ICBM) 시험발사를 중단하는 한편 경제건설에 총력을 집중한다는 새로운 전략적 노선을 채택했다.[256]

---

[256] "北, 자발적 핵실험장 폐기에 韓·美 환영…'한반도의 봄' 성큼," 『연합뉴스』, 2018년 4월 21일

〈표 결-1〉 북한의 비핵화 관련국의 국가이익

중국	북한	러시아
1. 단계적 동시적 조치 비핵화	1. 단계적 동시적 비핵화	1. 일괄적 비핵화
2. 종전선언·평화협정 체결 참여	2. 비핵화 조건: 체제안전 보장 군사위협 해소, 경제지원	2. 북한체제 보장
3. 북한체제 보장	3. 제재 해소	3. 한미동맹 해체
4. 한미연합훈련 중단	4. 종전선언 및 평화협정 체결	4. 관계국 간 평화협정 체결
5. 한미동맹 폐기	5. 북미 수교	5. 시베리아 가스관 연결
6. 주한미군 철수	6. 남북 군사적 신뢰구축· 군축	6. 남북한-시베리아 철도 연결
7. 남북한-중국 철도 연결	7. 중국 및 러시아와 국경지역 공동개발	7. 중국 및 북한과 국경지역 공동개발
8. 북한 및 러시아와 국경지역 공동개발		

미국	한국	일본
1. 새로운 미북관계 수립	1. 포괄적 단계적 비핵화	1. 일괄 비핵화
2. 항구적 한반도 평화체제 구축	2. 종전선언 및 평화협정 체결	2. WMD 및 탄도미사일 폐기
3. 일괄타결 압축 단계이행 합의: 핵 탄도미사일 폐기/체제보장	3. 남북 군사적 신뢰구축 및 단계적 군비축소	3. 납북 일본인 송환
4. 전쟁포로 및 유해발굴 송환	4. 주한미군 및 한미동맹 유지	4. 일북 수교
5. 종전선언 및 평화협정	5. 인도적 지원	5. 북한 개발 참여
6. 북한 인권문제 해결	6. 한반도 신경제지도 구현	6. 대북 청구권 100여억 달러 지원 용의
7. 주한미군 및 한미동맹 유지	7. 신북방정책	
8. 인도-태평양전략	8. 동북아플러스책임공동체	

이어 북한은 핵무기, 핵미사일프로그램을 신고하며, IAEA 요원이 핵사찰을 위해 입북한다. 양측은 비핵화 후 포괄적 보상방안에 대해 합의한다.

2단계는 현재핵 동결로 IAEA 핵사찰을 실시하고 영변 원자로 가동을 중단하는 것이다. 핵연료 제조시설, 우라늄 농축시설, 5MWe급 원자로, 방사화학실험실을 포함한 재처리 시설, 핵무기와 핵물질 등이 될 것이다.

3단계 과거 핵폐기에서는 핵물질, 핵무기, ICBM과 중거리 미사일을 해외에 반출하고, 핵미사일 과학자 기술자를 경제발전에 전환 운용한다.

2. 평화협정

2018년 4월 27일 남북정상은 '평화와 번영, 통일을 향한 판문점선언'에서 전쟁이 발생하지 않도록 하는 정치·군사적 조치를 통해 한반도에 항구적인 평화체제를 구축하기로 합의하였다.

남북은 6·15선언을 통해 통일과 관련해 1국가 2체제의 통일방안을 협의한 바 있으나 통일에 대한 합의는 없었다. 주변국 어느 국가도 핵이 있는 통일은 반대할 것이다. 미국은 자유민주주의와 시장경제 원칙에 의한 평화통일을 바라며, 중국은 외세가 배제된 남북 간 통일을 원한다. 일본은 비핵국이자 보편적 가치 공유국인 한국 주도의 통일을 희망한다. 러시아는 WMD를 보유한 반려동맹에 가담하는 통일을 원치 않으며, 러시아가 참여하는 통일을 바란다.

추진전략으로 평화체제 구축에 대한 합의를 하고, 1단계 항구적 한반도 평화체제 구축을 위해 정전협정 체결 65주년이 되는 2018년 남·북·미·중 간 종선선언을 추진하고 평화협정 체결을 위한 남·북·미·중 4자회담을 추진한다. 2단계 남북한 체제 상호 불간섭 보장 협정을 하면서 적화통일·흡수통일정책을 폐기한다. 3단계 비핵화 이후 남·북·미·중이 서명하는 평화협정을 체결

하고 평화지대, 평화보장관리기구, 남북군사공동위, 남북교류
공동위 등 평화보장관리시스템을 구축함으로써 사실상의 통일
을 이룩한다.

3. 군사적 신뢰구축과 단계적 군축

4·27판문점선언을 통해 남북 정상 간에 합의한 남북 상호간
긴장완화 조치사항으로 적대행위 전면중지, 비무장지대의 평화
지대화, 북방한계선의 평화수역 설정, 남북교류의 군사적 보장,
단계적 군축을 추진한다.

추진전략으로 1단계 ① 적대행위 전면중지를 위해 지상과 해
상, 공중 등 모든 공간에서 군사적 긴장과 충돌의 근원이 되는
상대방에 대한 일체의 적대행위를 전면 중지하며, 남북 간 확성
기 방송 그 수단 및 전단 살포는 5월 1일부로 중단 및 철폐되었
다. ② 비무장지대의 평화지대화를 위해 감시초소와 중화기 철
수를 추진한다. 먼저 판문점선언에 명기한 '남과 북은 쌍방 사이
에 제기되는 군사적 문제를 협의 해결하기 위하여 6월 14일 장
성급 군사회담을 개최하였다.

2단계 군사적 신뢰구축을 위해 ① 군 수뇌부 간 직통전화를 설
치하고, 상호 훈련을 참관하며, ② 북방한계선을 따라 평화수역
화를 설정하고, ③ 남북교류의 군사적 보장을 위해 철도·도로 연계
및 현대화사업 지원, DMZ내 산불진화, 홍수 예방, 전염병 공동
방제 등 접경지역 공동협력 사업을 추진한다.

3단계는 단계적 군축 협상을 위해 운용적 군비통제인 장사정 포병의 후방 재배치 등 공격용 무기 재배치와 구조적 군비통제인 병력과 무기를 단계적으로 감축한다. 한반도 군축문제는 주한미군을 포함, 남북한군이 포함된 것이어야 한다.

군축문제는 남북관계에 국한되지 않고 북핵, 한반도 평화체제 구축, 주한미군까지 연동된 복잡한 문제이기 때문에 짧은 기간에 실현을 기대하기 어려울 것이다. 단계적 군축은 통일한국의 남북군사통합 차원에서 추진하는 것이 바람직하다.

4. 남북 교류협력

천안함 피격, 연평도 포격 도발, 거듭된 핵 탄도미사일 실험으로 남북관계가 냉각된 상태에서 평창올림픽을 계기로 고위급 대화와 예술단 상호방문 등 화해 협력이 제한적으로 재개되고 있으나 온전한 화해 협력으로 가기 위해서는 정치적 교류, 경제협력, 사회 문화교류가 활성화되어야 한다.

판문점선언에서 남북관계의 전면적이고 획기적인 관계개선을 위해 1단계로 정상회담과 함께 분야별 회담의 정례화와 남북관계 제도화, 남북이산가족 상봉 등 인도적 문제해결, 남북경제·교류협력에 합의하였다. 이를 주진하기 위해 남북한 주요 현안 시 두 정상이 형식을 떠나 만나기로 합의하였고 트럼프 대통령의 미북 6·12정상회담 미 개최 서한에 따라 김정은 위원장의 요청에 의거 5월 26일 4차 남북정상회담을 전격 개최하였다.

문 대통령의 가을 평양 방문, 남북당국 및 국회, 정당, 민간단체 등이 참여하는 민족공동 행사를 추진하며, 개성 남북공동연락사무소 개설과 자카르타 아시안게임에 남북한이 공동 출전한다. 판문점선언에 대해 국회의 비준을 받아 남북정상 간 합의사항에 대한 이행에 추동력을 갖도록 한다. 대북경제제재 범위 밖의 분야, 예를 들어 보건의료, 환경, 예술 공연, 우리말 사전 공동 편찬, 서울과 평양을 오가는 경평축구경기 등 문화체육 분야의 협력을 적극적으로 추진하는 것이다.

2단계로 비핵화 진전에 따라 국제제재가 완화될 때 남북경제공동체 구축을 위해 개성공단·금강산 관광을 재개할 수 있을 것이다. 판문점선언에서 합의한 경의선 동해선 철도·도로 연결·현대화 사업을 추진한다.

3단계는 남북기본협약에 합의하여 이를 국회비준을 받는다. 또한 북한의 27개 경제특구에 대한 공동 개발과 자원의 공동 개발, DMZ 및 NLL 공동개발 등 남북경제공동체를 구현할 수 있을 것이다. 남북중 및 남북러 철도 연결 프로젝트와 시베리아 가스관 연결프로젝트 착수, 극동 러시아 자원 개발에 대한 남북러 공동개발 등을 시행할 수 있을 것이다. 이른 바 한반도 신경제지도를 구현할 수 있도록 첨단산업과 물류의 환황해권, 에너지, 관광의 환동해권, 생태관광과 수력협력의 접경지역 평화벨트에 대한 경제협력을 가시화할 수 있을 것이다.

<그림 결-1> 한반도 신경제지도

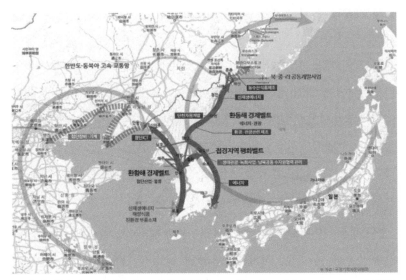

출처: "한반도 신경제지도 구상이란? http://unikorea21. com/? p=14203.

5. 국민통합 및 전작권 전환

한반도 평화체제 구축과 관련하여 중요한 또 다른 이슈는 국내적으로 남남갈등을 해소하고 국민적 의견을 통합시켜 나가는 일이다. 한반도 안보의 틀을 바꾸는 중대한 과정에서 제기되는 수많은 이슈들을 놓고 국민들 간에 갈등이 야기되고 심화된다면 우리가 원하는 방향으로 평화체제를 구축하는 일은 대단히 힘들어지고, 한반도의 미래는 주변 강대국에 의해 좌지우지될 것이다. 따라서 이러한 내부 갈등을 어떻게 해소하고 국민적 합의를 이루어낼 것이냐가 대단히 중요한 문제다.257)

---

257) 윤영관, "한반도 평화체제 구축과 국제협력," 한백통일재단 및 日本 東アジア總合硏究所

보수와 진보를 아우르는 메카니즘 구축을 위한 활동이 요구된다. 대통령 주관 여야 당대표, 청, 정 반기별 국민통합회의. 진보와 보수가 참여하는 토론회를 통해 국민적 지지를 확산시켜 나가고, 진보학자와 보수학자가 공동 참여하는 정책개발을 해 나갈 수 있도록 하며, 핫이슈에 대해서는 광장정치를 통해 공감대를 확산시켜 나가는 노력이 요구된다. 비상한 전략과 협치의 정책추진, 국민적 결기와 참여민주주의를 구현해야 할 것이다. 이를 위해 4·27판문점선언의 국회비준과 통일국민협약을 추진한다.

또한 자주국방을 완수하는 것이 중요하다. 평화를 지키기 위해 전쟁에 대비하라는 역설적인 메시지는 한반도 평화체제 구축을 위해 절실히 요구된다. 평화체제를 구축하기 위해 무장을 해제해야 평화가 온다는 착시현상에 빠질 수 있다. 무장을 통한 평화, 힘으로 뒷받침하는 평화관리가 요구된다.

우리 군은 스스로 지키는 책임국방의 기치하에 튼튼한 안보태세를 유지하고 있다. 힘이 있는 국방을 위해 현 정부가 보수정부보다 국방비 증액을 통해 군사력 증강을 추진하고 있는가를 보면 알 수 있다. 문재인 정부는 2018년도 정부 예산 428조8626억 원 중 국방예산은 43조1581억 원으로 전년 대비 6.9%를 증액하였으며, 이는 이명박정부 5.8 %, 박근혜정부 4.2%보다 훨씬 높다.258)

공동주최 「남북·북미 정상회담 성공 기원, 2018 동아시아 국제심포지엄 프로그램: 한반도 평화체제 구축과 주변국 국제협력」, 2018. 4. 17, 국회 도서관 소회의실.

258) 이성희, "역대 정부의 국방비 비교," 민주연구원 국방안보센터, 2018. 4. 30.

현 정부는 유사시 전쟁할 수 있는 나라를 건설하기 위해 전작권 조기 전환을 국정과제로 추진 중이다. 국민적 지지와 공감대 확대하에 전작권 전환을 추진한다. 3축 체계 조기전력화를 위해서 23조원에 달하는 정보감시자산, 전략무기 구매를 추진 중이며, 미 측과 미사일 개발 중량 해제에 합의하였다. 전작권 전환을 구체적으로 어떻게 추진할 것인가는 제4절에서 논의한 바와 같다.

비핵화 협상이 결렬되어 북한이 핵탄두 및 탄도미사일의 대량 생산과 전력화를 시도하거나, 핵미사일로 한국·미국을 향하여 공격할 징후가 있을 경우 선제타격 등 북핵·미사일을 무력화시키는 전략을 추진해야 할 것이다.

6. 동북아 협력안보레짐

한반도 평화체제 구축과 통일을 위한 안정된 안보환경 조성을 위해 동북아 지역 내 갈등과 적대의 대립적 냉전구조를 상호존중과 공동번영의 협력체제로 전환하는 것이 요구된다. 북한은 대북 적대시 정책 해소를 위해 미국 포함 역내국가 공동체 형성에 반대하지 않을 것이다.

미국은 지역안정자로서의 주한·주일미군의 지속 수눈 자원에서 동북아 협력안보레짐 구축이 요구된다. 중국은 미국의 한반도에 대한 배타적 영향력 차단을 위해서 동북아 협력안보레짐을 지지하고 있다. 일본도 동북아 협력안보레짐 구축에 우호적이다. 러시아는 지역 내 영향력 회복을 위해서 동북아 협력안보 레짐 구축에 보다 적극적이다.

추진전략으로 1단계는 한중일 3국협력사무국을 모체로 미국, 러시아, 북한, 몽고까지 포함하는 동북아 협력안보레짐 구축에 지역 내 국가들이 합의한다. 2단계는 지진, 쓰나미, 화산 폭발, 태풍, 해양에서 여객선 침몰 등 재해 재난에 공동 대처를 위한 지역 차원의 군, 경찰, NGO로 편성된 신속대응TF의 창설을 추진한다.259)

3단계 북한이 핵을 완전히 폐기하면 남북일이 국제조약을 체결하고 3개국이 동북아 비핵지대화를 선언하는 것이다. 중국, 러시아, 미국이 이를 지지하고 3개국을 공격하지 않겠다는 구상이며, 이러한 동북아시아의 장래구상은 북한에 안심을 주고 핵을 포기할 수 있도록 이끌어 가는 데도 기여할 것이다.260) 제주도에 동북아 국제안보·경제대학원 설립을 추진한다.

7. 조치사항

단계별 조치사항으로 1단계 시 비핵화 후 포괄적 보상에 합의하고, 남북정상 간 핫라인을 구축하여 수시로 남북한 현안에 대해

---

259) Chung Kyung-young, "Building a Military Security Cooperation Regime in Northeast Asia: Feasibility and Design," PhD Dissertation, University of Maryland, 2005.

260) 고미요우지(五味洋治), "한반도의 비핵화와 일본의 과제," 한백통일재단 및 日本 東アジア總合硏究所 공동주최 「남북·북미 정상회담 성공 기원, 2018 동아시아 국제심포지엄 프로그램: 한반도 평화체제 구축과 주변국 국제협력」, 2018. 4. 17, 국회 도서관 소회의실.

협의하고, 인도주의적 지원을 재개한다. 개성에 남북 공동연락사무소를 개소한다.

북한은 4월 20일 7차 당대회 전원회의를 통해 핵실험과 ICBM발사 중단을 발표한데 이어, 5월 10일 한국계 미국인 납북자 송환과 5월 18일 풍계리 핵실험장을 폐기하였다. 북한의 핵심제재 3종인 광물수입 금지, 해외 북한근로자 복귀, 합작투자 금지를 비핵화 진전에 따라 완화시키되 비핵화 이탈시 바로 모든 제재를 원상 복귀하는 스냅백(snapback)에 합의한다.[261]

2단계 핵폐기 검증 후에 유엔 제재와 미국 대북 최대 압박정책을 해제하는 것으로 유엔 안보리 경제, 외교 제재를 해제하며, 미국의 적성국가교역법 적용을 종료하고 재지정한 북한에 대해 테러지원국 지위를 해제시킨다. 북미 연락대표부를 상호 교환한다. low-key로서 한미훈련을 정상수준으로 실시하며, 개성공단·금강산 관광 재개와 대북투자보장·3통협정과 일본인 납북자 송환 조치를 한다. 또한 북한의 인권 개선 협정을 체결한다.

3단계 북한의 핵무기와 미사일 폐기와 핵물질을 반출하면 미북-북일 국교정상화를 실시하며, 남·북·미·중간 평화협정을 체결한다. 북한판 마샬플랜을 시행한다. 대대적으로 대북 경제개발 지원과 북한 인프라 개발에 투자하고, 남북-중국/시베리아 철도 연결 프로젝트와 시베리아 가스관 연결프로젝트를 착수한다.

---

261) 김병연, "북핵 빅딜," 『중앙일보』, 2018년 4월 18일.

8. 협상 결렬 시 북핵 무력화 전략

만에 하나 협상이 결렬되고 시간을 질질 끌다가 핵미사일 능력만 고도화될 때에 대비책을 강구해 놓지 않으면 안 될 것이다. 북핵미사일은 적화통일의 전략적 수단일 수 있음을 직시해야 한다. 어떠한 경우도 북핵미사일 양산과 전력화를 차단하지 못하면 핵전쟁이라는 재앙을 막을 수 없다는 절박감이 요구된다.

재앙적 핵전쟁을 예방하기 위해 북한 핵을 무력화시키는 전략적 선택을 할 수밖에 없는 상황이 예상된다. 북한 전쟁지도부 등 전략적 중심과 지휘통제통신망을 무력화하고 상징적 핵·미사일 시설을 초토화시키는 전략이 요구된다.

이를 위해 국가안보실에 컨트롤타워로서 북핵대응TF를 운용하고, 3축 체계의 조기 전력화가 시급하다. 전략사령부를 창설하여 북핵·미사일 위협 대응전략을 수립하고 WMD제거작전을 수행할 수 있도록 해야 한다.[262]

북한핵미사일 위협을 무력화시키기 위해서는 위협인식, 전략커뮤니케이션, 군사작전체제의 3대 선제타격 요건이 구비되어야 한다. 위협인식으로서 핵탄두 및 탄도미사일 대량생산, 전력화 시 통제불능 사태가 발생할 수 있다는 점이다. 또한 전략커뮤니케이션으로써 한반도는 물론 글로벌 평화를 위협한다는 공감대 형성이 요구된다. 그리고 군사작전체제 구축으로서 대규모 전력 전개를 통한 무력화 훈련이 필요하다.

---

262) 정경영, "북한 핵·미사일 무력화 전략," 『한국 군사』, 창간호, 2017. 6.

한국은 이미 3축 체계의 능력을 입증했다. 2017년 11월 29일 03:17 화성15호 발사 6분 후 동해의 가상표적에 현무미사일, 혜성미사일, Spice-5000미사일 등 육해공 합동 동시타격(TOT, Time On Target)을 실시한 바, 북한이 한국을 지향하는 미사일 공격 시 이를 발사단계에서 무력화시키는 능력을 과시한 것이다.

군사행동에 따른 가정은 협상이 결렬되어 추가적인 핵실험과 ICBM개발을 재개할 경우나 핵미사일 대량생산과 전력화시 통제 불능사태가 발생시, 그리고 핵전쟁 통한 무력통일을 기도할 때이다. 북한이 한국이나 괌을 포함 미국에 공세적 핵미사일 발사를 감행하거나 전면전 징후가 식별되는 경우이다.

군사행동 절차는 영변 핵시설 타격계획263)에서 보는 바와 같이, B-1B, B-2, B-52 전략폭격기, 2-3척의 항공모함, 핵추진 잠수함, 특수작전임무부대 등을 전개하여 확전방지책을 강구한 상태에서 군사행동 조건 식별시 한미 대통령 합의 하에 대규모로 신속하게 북한의 핵미사일 시설과 진지, 지휘체제를 무력화시켜 핵 재앙으로부터 국민을 보호하기 위해 선제타격을 실시한다.

9. 북핵 폐기·평화체제 추진 로드맵

상기 논의한 북핵 폐기. 평화협정, 남북화해·협력, 국민통합과

---

263) Don Overdorfer, *The Two Koreas: Contemporary History*(Reading Massachusetts, 1997), pp. 311-336: 1994년 Surgical Strike 계획은 1단계: 추가 작계요원과 사전 선발대 2,000명, 대화력전 전력 등 전개, 2단계: 장거리 항공편대, 포병부대, 항모 추가 전개, 10,000명, 3단계: 미해병원정기동군과 육군증원군단의 추가전력 전개 40만 명이었다.

전작권 전환, 동북아안보협력레짐이 상호 연동되게 추진될 때 한반도 평화체제 구축은 가능할 것이다. 이를 로드맵으로 제시하면 〈표 결-2〉와 같다.

판문점선언은 국제질서를 변화시킬 수 있는 중대한 합의였다. 남북-미북 연쇄정상회담, 이어질 비핵화 협상은 한반도의 운명과 역사를 바꿀 세기사적 사건이 될 것이다. 핵과 평화는 공존할 수 없다는 것을 직시하여, 비상한 전략으로 정상회담-비핵화 회담을 통한 북핵·미사일 폐기를 관철시켜야 할 것이다.

한반도 평화체제 구축은 비핵화와 평화협정, 군축, 국민통합 및 전작권 전환과 동북아 협력안보레짐이 병행 추진되어야 한다. 특히 군축문제는 남북관계에만 국한되지 않고 북핵, 평화체제 구축, 주한미군까지 연동된 복잡한 문제로 짧은 기간에 실현을 기대하기 어려울 것이다.

따라서 한반도 평화체제 구축은 항구적 평화체제 구축이 가능하도록 군사적으로 보장되어야 한다. 만약 비핵화 협상 결렬 시는 북핵미사일 위협에 결연히 대응하여 군사행동을 통한 핵미사일 위협을 제거하고, 전쟁을 각오하는 결기가 요구된다.

평화체제 구축과정에서 전작권 전환은 한국이 한반도 중심을 잡아주는 지렛대 역할을 하고 나라안보의 기본틀이 바뀌는 국가 지대사다. 핵과 평화는 결코 공존할 수 없다. 1907년 8월 1일 대한제국 군대가 강제로 해산된 이후 제대로 나라를 지켜 본 적이 없는 나라가 당당한 군으로 환생하여 조국의 안보를 책임지고 지켜 나갈 때 북한은 물론 주변국도 감히 범접하지 못할 것이다.

<표 결-2> 비핵화-평화체제 추진 로드맵

구분	1 단계(2018)	2 단계(2019)	3 단계(2020~)
북핵·미사일 폐기	· 일괄 타결 압축 이행 - 핵시설들과 핵무기 폐기 - 대북 군사위협 해소 및 체제안전 보장 방안 - 대북 제재 해제와 경제협력 방안 - 핵미사일 폐기 시한일정표 ·북한측 유예 및 동결 - 유예: 핵·탄도미사일 실험 중단 - 동결 풍계리 핵실험장폐기 ·핵미사일프로그램 신고 ·IAEA 핵사찰 요원 입북	·IAEA 핵미사일 사찰 ·현재핵동결및일부 반출: 영변원자로 가동 중단, 일부 핵 무기 해외반출 핵ICBM 개발 중단 *핵연료 제조시설, 우라늄농축시설, 5MWe급 원자로, 재처리시설(방사화학실험실), 핵무기와 핵물질 폐기	·과거 핵미사일 폐기 및 핵물질 핵가미사일 반출, 핵미사일 과학·기술자 평화적 관리
평화협정 체결	·정전협정 체결 65주년 종전선언 ·평화협정 위한 남북미중 평화협상 추진	·남북한 체제 상호 불간섭 보장 협정 *적화통일/흡수통일정책 폐기	·남북 주체 미중 추인 평화조약 체결 ·평화보장관리시스템 구축 *평화지대, 평화보장관리기구, 남북군사공동위, 남북교류공동위 등
군사적 신뢰 구축 및 단계적 군축	·판문점선언 군사분야 합의 - 적대행위 전면중지 - 비무장지대의 평화 지대화 - 북방한계선 평화수역 설정 - 남북교류의 군사적 보장 * 군사 긴장완화 협의 장성급 군사회담	·군사적 신뢰구축 - 군 수뇌부 간 직통전화 설치 - 훈련 참관 ·북방한계선 평화수역화 합의 ·남북교류의 군사적 보장: DMZ 내 산불진화, 홍수 예방, 전염병 공동 방제 등 접경지역 공동협력	·단계적 군축 협상 - 운용적 군비통제: 장비병력 후방으로 재배치 - 구조적 군비통제: 병력 단계적 감축 * 비핵화, 평화협정 주한미군과 연동하 추진
남북화해·협력	·남북관계의 전면적이고 획기적인 관계개선 - 정상 분야별 회담 정례화와 남북관계 제도화 - 인도적 문제해결 - 남북경제·교류협력 ·문 대통령 가을 평양 방문 ·민족공동 행사 추진 ·개성남북공동연락사무소개설 ·남북이산가족 상봉 ·사회다양사업내림 공동출전	·남북분야별 회담 정례화 ·사회문화적 교류 예술단 스포츠 보건의료, 환경, 문화체육 분야 협력 추진 ·한반도 신경제지도 구상 실현 ·경의선동해선 철도도로 연결 현대화	·남북기본협약 합의 ·남북경제공동체 구현
국민통합 및 전작권 전환	·남남갈등 해소·국민적 의견 통합: 보수-진보 아우르는 메카니즘 구축 ·스스로 지키는 책임국방 ·전작권 전환 목표 연도 미래 연합사령부 지휘구조 합의	·판문점선언 국회비준 ·비상한 전략 협치의 정책추진 국민적 결기 진작 ·미래연합사령부 편성 및 작계 UFG 연습통해 검증	·통일국민협약 체결 ·2023년 1월 1일부로 전작권 전환 * 한반도 비핵화와 평화체제 구축 등 정세 변화에 따라 임기 내 전작권 전환도 가능 ·비핵화 협상 결렬 시 북핵 무력화 전략 실행

동북아 협력안보 레짐	·한중일 3국협력사무국 모체 역내 국가 참여 동북아 평화 레짐 창설 합의	·재해 재난 공동 대처를 위한 지역 신속대응 TF(군·경찰·NGO) 창설	· 동북아 비핵지대화 추진 합의 · 동북아 국제안보·경제대학원 창설 추진
조치 사항	·비핵화 후 포괄적 보상 합의 ·남북정상 간 핫라인 구축 ·인도주의적 지원 ※핵심제재3종(광물수입금 지, 해외 북한근로자 복귀, 합작 투자 금지) 비핵화 이탈시 바로 모든 제재 원 상복귀 스냅백(snapback) ·미국인,한국인,일본인, 납북자 송환	·핵폐기 검증 후 유엔 제재 및 미국 대북 최대 압박정책 해제 - 유엔 안보리 제재 해제 - 미국의 적성국가교역법 적용종료 - 테러지원국 해제 ·서울-평양 연락대표부 설치 ·북미 연락대표부 상호 교환 ·low key로 한미훈련 정상 실시 ·개성공단·금강산 관광 재개 ·대북투자보장·3통협정 ·일본인 납북자 송환 ·북한의 인권 개선 협정	·미북·북일 국교정상화 ·북한판 마샬플랜 시행 ·대북 경제개발 지원 및 북한 인프라 개발 투자 ·남북-중국/시베리아 철도 연결 프로젝트 착수 ·시베리아 가스관 연결프로젝트 착수, 극동 러시아 투자

참고 문헌

서장

국방부 군사편찬연구소, 『한미동맹 60년사』(서울: 군사편찬연구소, 2013).

백재옥 외, 『한미동맹의 경제적 역할평가와 정책방향』(서울: 한국국방연구원, 2005).

정경영, 「한미동맹 60년사: 동맹정신(Alliance Spirit)」, 국방부 군사편찬연구소 연구보고서, 2013. 2.

조동근, "주한 미군의 경제적 가치 추정: 국방비 증액의 경제성장에의 영향 분석," 바른사회를 위한 시민회의 주관 「주한 미군의 역할과 필요성 재조명, 그리고 주한미군의 경제적 가치」 정책토론회, 2003. 11. 12, 프란치스코 회관.

Clausewitz, Carl von, edited and translated by Michael Howard and Peter Paret, *On War* (Princeton, New Jersey: Princeton University Press, 1976).

Snyder, Glenn H., *Alliance Politics*(Ithaca and London: Cornell University Press, 2007).

Morrow, J. D., "Alliances and Asymmetry: An Alternative to the Capability Aggregation Model of Alliances," *American Journal of Political Science*, Vol. 35, No. 4(1991).

제1장 자주국방과 한미동맹

1. 단행본

국가안전보장회의, 『평화번영과 국가안보』(서울: 국가안전보장회의, 2004).

국방부, 『국방개혁 기본계획 2014-2030』(서울: 국방부, 2014).

_____, 『국방개혁 2020과 국방비』(서울: 국방부, 2006).

_____, 『국방백서 1994-1995』(서울: 국방부, 1994).

_____, 『2004 국방백서』(서울: 국방부, 2004).

_____, 『2014국방백서』(서울: 국방부, 2014).

_____, 『2016국방백서』(서울: 국방부, 2016).

_____, 『2012 한미동맹자료집』(서울: 국방부, 2012).

_____, 『방위비분담금』(서울: 국방부, 2014).

_____, 『율곡사업의 어제와 오늘 그리고 내일』(서울: 국방부, 1994).

군사편찬연구소, 『한미동맹 60년사』(서울: 군사편찬연구소, 2013).

_____, 『통계로 본 6·25전쟁』(서울: 군사편찬연구소, 2014).

김계동 외, 『한미관계론』(서울: 명인문화사, 2012).

김열수, 『국가안보』(서울: 법문사, 2011).

김재엽, 『자주국방론』(서울: 선학사, 2007).

방위사업청, 『방위사업개론』(서울: 방위사업청, 2008).

백재옥 외, 『한미동맹의 경제적 역할 평가 및 정책방향』(서울: 한국국방
연구원, 2005).

백종천, 『한반도 평화안보론』(성남: 세종연구소, 2006).

서우덕·신인호·장삼열, 『방위산업 40년 끝없는 도전의 역사』(서울: 한국
방위산업학회, 2015).

서울신문사, 『주한미군 30년』(서울: 행림출판사, 1979).

유재갑, "주한미군에 대한 한국의 입장," 『한미동맹 50년』(서울: 세종연구
소, 2003).

외교통상부, 『한국외교 60년』(서울: 외교통상부, 2009).

_____, 『한미 방위비 분담 쉽게 알기』(서울: 외교통상부, 2008).

이상철, 『안보와 자주성의 딜레마』(서울: 연경문화사, 2004).

이상현, 『한미동맹 로드맵』(성남: 세종연구소, 2008).

정재호, 『중국의 부상과 한반도의 미래』(서울: 서울대학교출판문화원, 2011).

최진섭, 『한국언론의 미국관』(서울: 살림터, 2000).

태영호, 『3층 서기실의 암호』(서울: 도서출판 기파랑, 2018).

한국전략문제연구소, 『주변국 정세와 우리의 대응전략』(서울: 한국전략문제
연구소, 2015).

한용섭, 『국방정책론』(서울: 박영사, 2012).

홍영주·정순주 옮김, 『딘 러스크의 증언: 냉전의 비망록』(서울: 시공사,
1991).

Gates, Robert M., *Duty: Memoirs of Secretary at War*(New York:
Bans & Noble, 2014).

Macdonald, Donanld S., *U.S.-Korean Relations from Liberation
to Self-Reliance: The Twenty Year Record*(San Francisco:
Westview Press, 1992).

Papp, Daniel S. ed., *As I saw It: by Dean Lusk as Told to*

Richard Lusk(New York: W.W. Norton and Company, 1990).

Pollack, Jonathan D. and Cha, Young Koo, *A New Alliance for the Next Century*(Santa Monica: RAND, 1995).

Schnabel, James F., *US Army in the Korean War, Policy and Direction: The First Year*(Washington D.C.: Center of Military History, 1971).

Snyder, Glenn H., *Alliance Politics*(New York: Cornell University, 1997).

The White House, *National Security Strategy of the United States of America*(Washington, D.C.: NSC, 2017).

US Department of Defense, *Quadrennial Defense Review Report*(Washington D.C.: Department of Defense, 2001).

_____, *United States Security Strategy for East Asia-Pacific Region* (Washington D.C.: USGPO, February 1995).

2. 논문

엄정식, "푸에블로호 사건을 둘러싼 북한과 미국의 접근," 『군사』, 제86호(2013).

온창일, "미국의 대한 안보개입의 기본태세, 1945-1963," 『국제정치논총』, 제25집(1985).

이수형, "한미동맹 60년의 성찰: 포괄적 전략동맹으로의 변화와 과제," 『군사연구』, 제139집(2013).

이승희, "국가안보개념과 군사적 수단," 『국방연구』 제42권 1호(1999).

이정훈, "햇볕정책과 작계 5027 개정: 제2한반도 전쟁, 그날 이후," 『신동아』, 1999년 5월호.

이춘근, "한미동맹의 문제점 진단과 한미동맹 강화의 논리," 『국가전략』, 제3권 3호(2003).

Morrow, James D., "Alliances and Asymmetry: An Alternative to the Capability Aggregation Model of Alliances," *American Journal of Political Science*, Vol. 35, No. 4(November 1991).

Ward, Orlando, MG, USA, Chief, Military History, "Memo for Lt. G. Maxwell D. Taylor: Establishment of the 38th Parallel in Korea," Sep.1952, 5/319, NARA.

3. 신문 및 인터넷

「미국 트럼프 대통령 국회연설문」 (2017. 11. 7).
「한미정상회담 공동발표문」 (2003. 5. 14).
「제46차 한미안보협의회의 공동성명」 (2014. 10. 23).
「제47차 한미안보협의회의 공동성명」 (2015. 11. 2).
「제49차 한미안보협의회의(SCM) 공동성명」 (국방부, 2017. 10. 28).
「제13차 한미 통합국방협의체(KIDD) 회의 결과」 (국방부, 2018. 3. 21).
「판문점선언」 (2018. 4. 27).
『동아일보』, 2018년 5월 19일.
『중앙일보』, 2018년 5월 28일.
『조선일보』, 2015년 10월 9일.
"Despite Complaints, U.S. Gets a Key Benefit in South Korea:
　Free Rent," *Wall Street Journal,* May 13, 2018.
이창재, 방호경, "동북아 경제협력에서 동아시아 경제통합까지: 동아시아 시
　대를 향하여 (From Northeast Asian Economic Cooperation to
　East Asian Economic Integration: Toward an Era of East Asia),"
　https://econpapers.repec.org/paper/ riskieppa/2011_ 5f002.htm,
『연합뉴스』, http://www.yonhapnews.co.kr/bulletin/2018/ 05/31/0
　200000000AKR20180531137100083.HTML?input=1179m.
CNN, "Trump says Singapore summit with Kim is back on",
　https://edition.cnn.com/2018/06/01/politics/trump-north-ko
　rea-letter/index.html.

제2장 북베트남 화전양면 전략과 통일 교훈

1. 단행본

김종수, "호찌민과 보응웬지압의 전략전술,"『베트남전쟁 연구총서 제2
　권』(서울: 국방부 군사편찬연구소, 2004).
마이클 매클리어, 유경찬 역,『베트남 10,000일의 전쟁』(서울: 을유문화
　사, 2002).
베트남 국립정치출판사, 김종욱 역,『승리의 교훈, 베트남전쟁』(서울: 국
　방부 군사편찬연구소, 2013).
보응웬지압, 안경환 역,『잊을 수 없는 나날들』(서울: 지식을 만드는 지
　식, 2012).

이요한, 『메콩강의 진주, 라오스』(서울: 한울, 2013).

이한우, "베트남전쟁 시 중국의 북베트남 지원과 양국관계, 1950-1975," 『베트남전쟁 연구총서, 제3권』 (서울: 군사편찬연구소, 2004).

최용호, 『한 권으로 읽는 베트남전쟁과 한국군』(서울: 국방부 군사편찬연구소, 2004).

후루타 모토오, 박홍영 역, 『역사 속의 베트남전쟁』(서울: 일조각, 2007),

Clausewitz,, Carl von, edited and translated by Michael Howard and Peter Paret, *On War*(Princeton, New Jersey: Princeton University Press, 1976).

Goodman, Allan E. *The Search for a Negotiated Settlement of the Vietnam War*(Berkeley, CA: California University. 1978).

Herring, George C., *America's Longest War*(New York, Kentucky University, 2002).

McMachon, Robert J., *Major Problem in the History of the Vietnam War*(Boston, NY: Ohio Univ. Press, 2008).

Van Tien Dung, *Our Great Spring Victory*(Hanoi: The Gioi Publishers, 2005).

2. 논문

김도태, "분단국 통합과 평화협정," 『제42차 국내학술회의 논문집』, 통일연구원, 2001,

고성윤·백승주, "베트남 평화협정과 월남공산화 과정의 연계성 분석," 한국국방연구원, 1994

베트남전쟁 사료, "HB02222(주월 무관 신정균의 자료)," 라오스편, 1973

홍규덕, "베트남 평화협정 및 중동 평화협정," 『전략연구』, 제18호 (2003).

3. 신문 및 인터넷

"파리협정(1973년)," http://ko.wikipedia.org/wiki/.

제3장 베트남전쟁 승패요인

1. 단행본

김기태, 『호찌민평전』(서울: 자인출판사, 2001).

김종수, "호찌민과 보응웬지압의 전략전술,"『베트남전쟁 연구총서, 제2 권』(서울: 국방부 군사편찬연구소, 2004).

마이클 매클리어, 유경찬 역,『베트남 10,000일의 전쟁』(서울: 을유문화 사, 2009).

배기현 역,『호찌민: 식민주의를 타도하라』(서울: 프레시안북, 2009).

보응웬지압, 안경환 역,『잊을 수 없는 나날들』(서울: 지식을 만드는 지 식, 2012).

유인선,『새로 쓴 베트남의 역사』(서울: 이산, 2013).

이미선 역,『베트남전쟁 항미전쟁의 종결』(서울: 국방부 군사편찬연구소, 2009).

채명신, "베트남전쟁의 특성과 연합작전,"『베트남전쟁연구총서(1)』(서울: 국방부 군사편찬연구소, 2002).

최용호, "제1·2차 베트남전쟁시 베트남 여성의 지위와 한·베 다문화가 족,"『베트남연구 제10집』, 한국베트남학회, 2010.

_____,『한 권으로 읽는 베트남전쟁과 한국군』(서울: 국방부 군사편찬연 구소, 2004).

후루타 모토오, 박홍영 역,『역사 속의 베트남전쟁』(서울: 일조각, 2007),

Duiker, William J., *Ho Chi Minh* (New York: Hyperion. 2000).

Goodman, Allan E., *The search for a Negotiated Settlement of the Vietnam War*(Berkeley, CA: California University Press, 1978).

Herring, George C., *America's Longest War*(New York: Kentucky University Press, 2002).

Pham Van Dong, *Ho Chi Minh A Man, A Nation, An Age, and A Cause*(Ha Noi: Foreign Languages Publishing House, 1990).

Robert J. McMachon, *Major Problem in the History of the Vietnam War*(Boston, NY: Ohio University Press, 2008).

Tái bản lần thứ 3, *Hồ Chí Minh toàn tập, T.4*(Ha Noi: Chính trị Quốc gia 2009.『호찌민 선집 제4권』(하노이: 국가정치출판사, 2009).

_____, *Hồ Chí Minh toàn tập T.4.*(Ha Noi: Chính trị Quốc gia. 2009.『호찌민 선집 제4권』(하노이: 국가정치출판사, 2009).

_____, *Hồ Chí Minh toàn tập. T.5.*(Ha Noi: Chính trị

Quốc gia. 2009. 『호찌민 선집 제5권』(하노이: 국가정치출판사, 2009).

――――――――――, *Hồ Chí Minh toàn tập. T.6.*(Ha Noi: Chính trị Quốc gia. 2009. 『호찌민 선집 제6권』(하노이: 국가정치출판사, 2009).

Truman, Harry S., *Memoir, Year of Decisions*(Garden City: Doubleday & Co. Inc., 1955).

Van Tien Dung, *Our Great Spring Victory*(Ha Noi: The Gioi Publishers, 2005).

Võ Nguyên Giáp, *Chiến tranh nhân dân và quân đội nhân dân*(Ha Noi: Sự thật, 1959). 보응웬지압, 『남쪽에서 항미전쟁』(하노이: 스텃출판사, 1959).

Võ Nguyên Giáp, *Hồ Chủ Tịch nhà chiến lược thiên tài, người cha thân yêu của các lực lượng vũ trang nhân dân Việt Nam*(Ha Noi: Sự thật, 1974). 보응웬지압, 『위대한 전략가 호찌민』(하노이: 스텃출판사: 1974).

Westmoreland, William C., *A Soldier Reports*(Garden City: Doubleday & Co. Inc., 1976).

2. 논문

김도태, "분단국 통합과 평화협정," 제42차 국내학술회의, 통일연구원, 2001,

고성윤·백승주, "베트남 평화협정과 월남공산화 과정의 연계성 분석," 한국국방연구원, 1994

심상준, "베트남여성의 지위와 한·베 다문화가족," 『베트남연구 제9집』, 한국베트남학회, 2009.

3. 신문·인터넷·기타 자료

『조신일보』, 2011년 6월 16일.

『조선일보』, 2012년 3월 10일.

『중앙일보』, 2011년 6월 21일.

The New York Times, October 31, 2005.

http://www.mofat.go.kr/countries/southasia/countries/20110809/1_22976.jsp?.

http://vnm-hanoi.mofat.go.kr/korean/as/vnm-hanoi/policy/overview/index.jsp.

제4장 자립안보와 전작권 전환

1. 단행본

김재우·백헌영·박성수·박정운·홍준석 외, 『2016 세계 방산시장 연감』(서울: 국방기술품질원, 2016).

정경영, 『통일을 향한 안보의 도전과 결기』 (서울: 지성과 감성. 2017).

鄭之虎, 『南漢日記』(서울: 푸른길, 2008).

NEAR 재단 편저, 『한일관계, 이렇게 풀어라』(서울: 김영사, 2015).

Central Intelligence Agency, *The CIA Worldfact 2017*(New York: Skyhorse Publishing, 2016).

Gates, Robert M., *Duty: Memoirs of a Secretary at War*(New York: Alfred A. Knopp, 2014).

Mahan, Alfred Thayer, *The Influence of Sea Power Upon History, 1660-1783*(Washington D.C.: Pelican Publishing, 1918).

Overdorfer, Don, *The Two Koreas: Contemporary History* (Reading Massachusetts: Addison-Wesley, 1997).

The White House, *National Security Strategy of the United States of America*(Washington, D.C.: The White House, Dec 2017).

2. 논문

고미요우지(五味洋治), "한반도의 비핵화와 일본의 과제," 한백통일재단 및 日本 東アジア總合硏究所 공동주최 「남북·북미 정상회담 성공 기원, 2018 동아시아 국제심포지엄 프로그램: 한반도 평화체제 구축과 주변국 국제협력」, 2018. 4. 17, 국회 도서관 소회의실.

김동엽, "북한의 전략적 선택 배경과 의도," 한반도 미래전략연구원 주최 제22차 한반도 미래비전과 동북아 평화구축 전문가 정책포럼, 2018. 5. 19.

김민석, "전작권 조기 전환을 위한 국민적 공감대 확대 전략," 김병기 의원실 주최 국방안보포럼 주관 「전작권 전환 추진전략과 방향」세미나,

2018. 5. 2, 의원회관.

윤영관, "한반도 평화체제 구축과 국제협력," 한백통일재단 및 日本 東アジア總合硏究所 공동주최 「남북·북미 정상회담 성공 기원, 2018 동아시아 국제심포지엄 프로그램: 한반도 평화체제 구축과 주변국 국제협력」, 2018. 4. 17, 국회 도서관 소회의실.
이성희, "역대 정부의 국방비 비교," 민주연구원 국방안보센터, 2018. 4. 30.
정경영, "북한 핵·미사일 무력화 전략,"『한국 군사』, 창간호, 2017. 6.
_____, "전작권 전환 이후의 모습," 김병기 의원실 주최 국방안보포럼 주관 「전작권 전환 추진전략과 방향」세미나, 2018. 5. 2, 의원회관.
"중국 군사개혁," 한국전략문제연구소 정책토론회 결과보고서 18-02(242호).
Chung Kyung-young, "Building a Military Security Cooperation Regime in Northeast Asia: Feasibility and Design," PhD Dissertation, University of Maryland, 2005.

3. 신문 및 인터넷

김병연, "북핵 빅딜,"『중앙일보』, 2018년 4월 18일.
"北, 자발적 핵실험장 폐기에 韓·美 환영…'한반도의 봄' 성큼,"『연합뉴스』, 2018년 4월 21일.
이철민, "호주가 중국 대신 미국을 선택한 이유,"『조선일보』, 2018년 2월 19일.
"전작권 전환 논란: 퍼싱원칙·조건변화·용산잔류.. 韓·美간 잠재적 갈등 부상,"『문화일보』, 2017년 10월 30일.
"한반도 신경제지도 구상이란?" http://unikorea21.com/?p=14203.
Haas, Richard N., "A North Korean Opportunity for America and China," Project Syndicate, June 1, 2018.

제5장 통일비전과 평화체제 추진전략

1. 단행본

강원택,『통일이후의 한국 민주주의』(서울: 나남, 2011).
복지국가소사이어티 엮음,『역동적 복지 국가의 길』(서울: 밈, 2011).
이창재,『동북아 경제협력에서 동아시아 경제통합까지: 동아시아 시대를 향하여』(서울: 대외경제정책연구원 연구보고서, 2012).

임혁백, "평화통일정책과 남남갈등의 극복," 『남남갈등 진단 및 해소방안』(서울: 경남대학교 극동문제연구소, 2004).

정지웅, "민족주의 통일론의 의의와 한계," 『통일 논의의 쟁점과 통일운동의 과제』 (서울: 선인, 2015).

정지웅·장영권, "21세기 통일한국과 동북아 평화," 대한민국 국회 2006년도 연구보고서, 대한민국 국회사무처, (2006).

조민, 『한반도 평화체제와 통일전망』(서울: 도서출판 해남, 2007).

조성렬, 『한반도 평화체제』(서울: 푸른나무, 2007).

통일부 통일교육원, 『통일문제이해』(서울: 통일교육원, 2010).

한국기독교사회문제연구소 "'과정으로서의 통일론' 정립 및 중장기 실행계획,"통일부 연구보고서(2007).

Dewey, John, *Democracy and Education*(New York: The Macmillan Co., 1986).

Padover, Saul K., 양호민 역, *The Meaning of Democracy*(서울: 탐구당, 1972).

2. 논문

김장권 외, "통일을 향한 정치체제의 개혁과 재편: 분권주의 통일 모델의 모색," 한국진흥재단 대학부설중점연구소 지원과제-통일 한국의 사회. 정치적 기반조성을 위한 기초연구, 제4세부과제 결과보고서.

윤덕민, "한반도 평화협정에 관한 연구: 평화협정의 쟁점 사항을 중심으로," 『주요국제문제분석』 (서울: 외교안보연구원, 2000년 6월).

허문영·정상돈·정지웅, "대북정책에 대한 국민적 합의형성 방안," 「대북·통일정책의 국민합의 형성 방안」, 2006. 8.29. 동북아시대위원회 주최 학술발표회.

"A Framework for Peace and Security in Korea and Northeast Asia,"*The Atlantic Council,* April 2007.

Zelikow, Philip, "The Plan That Moved Pyongyang," *Washington Post,* February 20, 2007,

3. 신문 및 인터넷

"4월 말 남북 정상회담...김정은, 비핵화 의지 표명," YTN, 2018년 3월 6일.

김수진, "북한의 비핵화는 얼마나 쉬울까?," 『BBC 코리아』, 2018년 4월 27일.

류은혜, "김정은, 美협상팀에 'CVID 방법 비핵화' 밝혀…ICBM도 폐기,"
『데일리한국』, 2018년 5월 3일.

북한 외무성, "조미잠정평화협정 체결에 관한 조선외교부 대변인 담화,"
1996년 2월 22일.

안은별, "진보' 경쟁, 박근혜가 한발 앞섰다?," 『프레시안』, 2012년 1월
13일.

임동원, "사실상의 통일부터 실현하자," 『통일뉴스』, 2015년 8월 6일.

정주호, "종전 참여가 향후 중국의 한반도 개입 보장," 『연합뉴스』, 2018
년 5월 1일.

『한국경제』, 2018년 6월 12일.

『한국일보』, 2018년 6월 12일.

강태호, "유라시아 이니셔티브와 환동해 네트워크," http://2korea.
hani.co.kr/321689.

김영윤, "사실상의 통일정책에 바탕한 실천적 과제가 바탕,"
http://2korea.hani.co.kr/348571.

"'극동의 바다' 동해가 세계경제의 새 허브로," http://www.hani.co.kr/
arti/poli tics/diplomacy/637109.html,

Kessler, Glenn, "South Korea Offers To Supply Energy if North
Gives Up Arms," Washingtonpost.com.

http://news.joins.com/article/2635741.

http://ourkipf.org/ver2/data/view.htm?num=18&page_no=1&f_
num=&multi=dt2&PHPSESSID=1e5e7d77a9ea126dcf4a08f4fccd
4569,

http://www.globalsecurity.org/wmd/library/report/gao/rc0002
0t.pdf#page=5.

https://econpapers.repec.org/paper/riskieppa/2011_5f002.htm.

결론 및 정책제안

최용호, 『한권으로 읽는 베트남전쟁과 한국군』(서울: 군사편찬연구소,
2004).

"미국의 전사자 수 통계," <metahttp-equiv="refresh"content=>

저자 소개

정경영(鄭京泳. Chung Kyung-young)

한양대 국제대학원 겸임교수
동아시아외교안보정책연구소 소장

교육
육군사관학교 졸업 (국제관계학 학사)
미 육군지휘참모대 졸업(군사학 석사)
University of Southern California대학원
　졸업(체계경영학 석사)
University of Maryland, College Park
　대학원 졸업(국제정치학 박사)

경력
국방대, 가톨릭대 초빙교수
합동참모본부, 한미연합사, 육군본부에서 전략
　수립 및 정책개발, 작계발전
대통령직인수위, NSC. 국방부 정책자문
(사) 동북아공동체연구재단 부설 동아시아국제
　전략연구소 소장

학회
한국국제정치학회, 한반도평화연구원,
한국군사학회, 한국국방정책학회,
국방전문가포럼, Global Korea전략포럼 등
회원 또는 이사

연구 및 강의 분야 : 한미군사관계, 북한군사, 다자
안보, 분쟁관리, 국제관계 이론, 미국 외교안보론,
국제협상론, 전쟁과 평화, International Political
Economy, International Relations in East Asia,
North Korean Studies, Global Issues, and *The
Art of War* by Sun Tzu and *On War* by Carl
von Clausewitz

저술
"Building a Military Security Regime in
　Northeast Asia: Feasibility and Design,"
　University of Maryland 박사학위논문
『통일을 향한 안보의 도전과 결』, 2017, 지성과 감성
『한반도의 도전과 통일비전』, 2015, 지성과 감성.
『한국의 구상력 외교안보정책』, 2014, 지성과 감성.
『동북아 재편과 출구전략』, 2001, 21세기군사연구소.
『변화시대의 한국군』, 2001, 21세기군사연구소.
『미래군의 모습과 자기계발』, 2002, 21세기군사연구소.
『민족분단의 현장에 서서』, 1990, 한원.
『한국 국방의 도전과 과제』, 공저, 2012, 한국학술정보.
『오바마 정부와 한미전략동맹』, 공저, 2009, 한울.
『글로벌 이슈와 한국의 전략』, 공저, 2009, 말레.
『영토분쟁과 국제협력』, 공저, 2014, 다인터.
『통일의 길』 및 『신뢰, 안보 그리고 통일』공저, 2014, 오래
*North Korea and Security Cooperation in
　Northeast Asia*, Co-authors, 2014,
　London, Ashgate.
*A History of Canadian, Australian and
　New Zealand Participation in the
　Korean War*, Co-translators, 2015,
　Daehan Planning Publishing Co,

장삼열(張三烈. Jang Sam yeol)

현 한미안보연구회 총무이사

교육
육군사관학교 졸업
경남대학교 경영대학원 졸업(경영학 석사)
미 육군대학원(USAWC) 졸업(안보학 석사)
한남대학교 사회과학대학원 졸업
 (국제정치학 박사)

경력
제25사단 포병연대장,
국방부 정책실 미국정책과장
한미연합사 화력계획장교, BCD처장,
 EBO처장
이라크 다국적군사령부(MNF-I) 한국군
 협조단장
국방부 군사편찬연구소 국방사부장
한국국방연구원(KIDA) 위촉연구원

학회
한국방위산업학회 이사, 한국군사학회 이사

연구 및 강의 분야 : 한미동맹발전사, 국제
 평화활동, 국가안보론, 조국수호 70년 국군
 발전사, 방위산업발전 등

저술
『한미동맹 60년사』, 공저, 2013, 군사편찬
 연구소
『방위산업 40년 끝없는 도전의 역사』, 공저,
 2015, 플네닛미디어.
『대한민국과 국군의 발전』, 공저, 2015,
 군사편찬연구소.
『지구촌에 남긴 평화의 발자국』, 공저,
 2012, 군사편찬연구소.
『천안함피격사건백서』, 집필TF장, 2011,
 군사편찬연구소.
『국가 Power-Image와 남북한 갈등사례 연구』
 2012, 한남대학교.
『현리한계전투』, 공저, 2009, 육군본부
 군사연구소 등.

오홍국(吳洪國. Oh Hong-guk)

현 한국광물자원공사 비상안전보안실장

교육
육군사관학교 졸업(사학과 학사)
연세대학교 교육대학원 졸업(역사교육학 석사)
경기대학교 정치전문대학원 졸업
 (국제정치학 박사)

경력
주 인도파키스탄 유엔정전감시단
주 이라크 및 레바논 민사협조반장
국방부 군사편찬연구소 전쟁사 연구관

학회
국제군사사학회 회원,
한국보훈학회 회원

연구 및 강의 분야 : 국제분쟁, 한국군 해외
 파병사, 베트남전쟁사, 전쟁과 전략, 게릴
 라전, Mkiss, 스포츠병법, 클라우제비츠
 에게 길을 묻다, 전쟁과 동물 등

저술

『베트남선생과 한국군(직할부대편)』 2014,
 국방부 군사편찬연구소
『손자와 클라우제비츠에게 길을 묻다』,
 2015, 시간의물레.
『지구촌에 남긴 평화의 발자국』 공저.
 2012, 국방부 군사편찬연구소 등.

최용호(崔容鎬. Choi Yong-ho)

전 전쟁과평화연구소 소장
현 한중7·27평화교류 대표

교육
육군3사관학교 졸업
경남대학교 경영대학원 졸업(경영학 석사)
경기대학교 정치전문대학원 졸업
  (국제정치학 박사)

경력
육군대학 교관
국방부 군사편찬연구소 전쟁사연구팀장
경기대학교 사회과학대학 객원교수
경기대학교 정치전문대학원 객원교수
육군대학교 초빙교수

학회 활동
한국보훈학회 부회장
한국정책학회 정회원

연구 및 강의 분야 : 정치학개론, 6·25전쟁사, 베트남전쟁사, 한국군 해외파병사, Mkiss 등

주요 저술
『응답하라1950서울, 무슨 일이 있었는가?』 2016, 전쟁과평화연구소 등 6·25전쟁 관련 저작 30여권
『베트남정글의 영웅들』 2015, 전쟁과평화 연구소 등 베트남전쟁 관련 저작 30여권
『한국군 동티모르파병과 띠모르레스떼 탄생』 2006, 국방부 등 관련 저작 10여 권.

정지웅(鄭智雄. Jung Ji Ung)

현 (사)통일미래사회연구소 소장 및
  아세아연합신학대학 교양학부 조교수

교육
서울대학교 졸업(문학사)
서울대학교 대학원 정치학 석사
서울대학교 대학원 정치학 박사
박사후 과정: State University of New York(Stony Brook)

경력
한국교육개발원 연구원
서울대, 경찰대 등 강의
민주평통 자문위원
치안정책연구소 자문위원

학회
한국국제정치학회, 한국정치학회, 북한연구 학회, 통일교육학회, 기독교통일학회, DMZ학회, 한국국민윤리학회 등 회원 또는 이사

연구 및 강의 분야 : 분단국 통일사례(독일, 예멘, 베트남 등), 통일미래, 통합사상, 국제 관계 이론, 동북아 이해, 국제분쟁과 외교협상, 한국정부론, 통일교육, 국제안보론, 한국정치 와 통일 등

저술
"분단통일국과 한반도 통일: 힘과 통합 이론의 관점에서," 1997, 서울대 박사학위 논문.
『분단과 통합』, 공저, 2006, 한울.
『통일과 국력』, 2002, 학문사.
『북한 핵 프로그램』, 공역, 2000, 사군자.
"한반도의 통일과정과 시나리오: 융합통일 의 제기," 2002, 북한연구학회보.
"한반도 통일과 동북아의 평화를 위한 국제적 여건 조성연구," 2004, 국민윤리 연구.
"동북아 평화협력체제 구축을 위한 단계적 방안," 2005, 국제문제연구.
"교육통합과 민족통합을 위한 이론과 교육 대책," 2005, 통일정책연구.
"한반도 중립화 통일의 조건과 실현가능성 검토," 2006, 국가전략.
"정치교육으로서의 통일교육 내용과 변화 분석," 2005, 한국교육 등.

자립안보와 평화체제 추진전략
Strategy for Self-Reliant Security and Peace Regime
- 한미동맹과 베트남 통일 교훈을 중심으로 -
Lesson from ROK-US Alliance and The Vietnam Unification

제1판 1쇄 2018년 7월 20일 인쇄
제1판 1쇄 2018년 7월 27일 발행

저 자	정경영·오홍국·장삼열·정지웅·최용호
편 집	정경영·최용호
발행자	최용호

발행소	도서출판 KCP7·27 (한중7·27평화교류) 서울시 용산구 한강대로 178 (등록 2018년 4월 11일 제2018-000034호) 전화 02-794-5831, FAX 02-794-5831
인쇄소	(주)예가커뮤니케이션 경기 군포시 당정동 군포아이티밸리 B동 1604호 전화 1577-6605
ISBN	979-11-964514-0-0 (93340)

정가 20,000원

※ 이 책은 (주)우일씨앤텍의 재정지원으로 출간되었습니다.